# 公共文化服务
## Public Cultural Services

— 第1辑 —

主　编◎邵　鹏　　副主编◎吴承忠　李柏仑　吴京辉

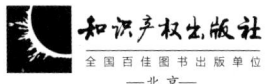
知识产权出版社
全国百佳图书出版单位
—北京—

图书在版编目（CIP）数据

公共文化服务. 第1辑/邵鹏主编. —北京：知识产权出版社，2020.6

ISBN 978 - 7 - 5130 - 6920 - 5

Ⅰ.①公… Ⅱ.①邵… Ⅲ.①公共管理—文化工作—中国—文集 Ⅳ.①G123 - 53

中国版本图书馆 CIP 数据核字（2020）第 077592 号

**内容提要**

习近平总书记在党的十九大报告中号召全国人民"坚定文化自信，推动社会主义文化繁荣兴盛"，提出完善公共文化服务体系。本书为贯彻党的十九大精神，推动进一步完善公共文化服务体系的理论研究和实践探索。本书试图从公共管理学、经济学、艺术学和社会学等多个学科的研究视角出发，并结合北京市基层公共文化服务实践中的优秀经验，为提升我国公共文化服务水平，探索公共文化服务创新提供系列性的思路和举措。

责任编辑：兰　涛　　　　　　　　　责任校对：谷　洋

封面设计：博华创意·张　冀　　　　责任印制：刘译文

# 公共文化服务（第1辑）

主　编　邵　鹏

副主编　吴承忠　李柏仑　吴京辉

| | |
|---|---|
| 出版发行：知识产权出版社有限责任公司 | 网　　址：http：//www. ipph. cn |
| 社　　址：北京市海淀区气象路 50 号院 | 邮　　编：100081 |
| 责编电话：010 - 82000860 转 8325 | 责编邮箱：zhzhuang22@ 163. com |
| 发行电话：010 - 82000860 转 8101/8102 | 发行传真：010 - 82000893/82005070/82000270 |
| 印　　刷：三河市国英印务有限公司 | 经　　销：各大网上书店、新华书店及相关专业书店 |
| 开　　本：720mm × 1000mm　1/16 | 印　　张：12.75 |
| 版　　次：2020 年 6 月第 1 版 | 印　　次：2020 年 6 月第 1 次印刷 |
| 字　　数：254 千字 | 定　　价：58.00 元 |

ISBN 978 -7 -5130 -6920 -5

# 学术委员会

# 编委会

# Academic Board

Bao Xinzhong (Peking University)

Cai Shangwei (Tsichuan University)

Xiong Chengyu (Tsichuan University)

Wei Pengju (Central University of Finance and Economics)

Li Bailun (China Democratic League of Dongcheng District, Beijing)

Felix Schaaf [Co – founder of Neoxphere Technology Gmbh (China)]

# Editorial Board

# 首届北京公共文化艺术发展论坛·2019 年年会综述

　　2019 年 8 月 30 日，由北京市国有文化资产监督管理办公室、北京市文化投资发展集团有限责任公司指导，北京文化产权交易中心有限公司、北京国际艺术博览会基金会主办，北文数字（北京）文化科技有限公司、北京艺博嫦娥国际会展中心、对外经济贸易大学公共文化服务研究中心、北京设计学会共同承办的北京公共文化艺术产业发展论坛在北京中国国际展览中心（静安庄馆）成功举行。

　　习近平总书记在党的十九大报告中指出："文化是一个国家、一个民族的灵魂。文化兴国运兴，文化强民族强。"文化能为人民提供坚强的思想保证、强大的精神力量、丰润的道德滋养，必须不断加强文化建设。本次论坛旨在立足北京市作为全国文化中心的重要地位，探讨如何发挥北京市的文化艺术资源优势，推动首都的公共文化艺术进一步发展，进一步丰富群众文化艺术生活，推动精神文明发展，从而促进新时代的社会和谐。为此，特邀专家学者、政府官员、文化企业和社会组织的相关负责人，共同推动搭建一个更为开放和包容的平台，以便增进了解、达成共识，从而为推动北京市公共文化艺术发展发挥应有的作用。

　　本届论坛由对外经济贸易大学公共文化服务研究中心主任邵鹏教授主持，紧扣论坛主题——公共文化艺术产业发展，旨在发掘北京文化艺术资源，提升公共文化服务水平，共同促进公共文化艺术产业发展。其中金元浦、周正兵、张晓敏、李哲、余润德、董天野等嘉宾分别做了题为《城市公共文化艺术与审美创造》《消费者主权与公共文化》《北京老城更新过程中公共文化空间利用模式研究》《东四南历史街区空间活化探索与实践》《艺术商学教育在公共文化空间的创新价值与作用》《5G 时代来临高科技技术在公共文化艺术产业里的应用》的主题演讲。演讲结束后，吴承忠、马小平、刘伟、洪金桥、娄德龙与邵鹏、王衍臻、冀辉杰、刘巍、吴桐等嘉宾分别进行了两场别开生面的"圆桌论坛"。

　　本届论坛让我们对公共文化的发展和建设有了更进一步的了解，同时，也为丰富北京公共文化生活积累了宝贵的经验。众所周知，北京是有着三千多年历史的世界文化名城和著名现代国际城市，独特的文化特色和丰富的文化资源是首都的城市底蕴。北京市市委书记蔡奇明确提出了"首都文化"的四个方面，即古都文化、京味文化、创新文化和红色文化，这一论断明确了北京市公共文化艺术发展的有利条件和重要抓手。通过深入发掘在地文化艺术资源，能够更好地营造文化空间，重建北京的文化记忆；发掘红色文化艺术资源，弘扬主流价值观，提升北京的文化认同；复兴传统文化的内在价值，构建和谐的社会关系；创新发展文化创意产业，促进北京的产业升级。希望以本次论坛作为一个起点，对促进精神文明建设，北京公共文化艺术发展做出新的贡献，更希望能与大家携手筑梦，愿北京公共文化艺术事业拥有更加精彩的未来。

# 目　录

发掘在地文化资源，推动北京社区营造发展／邵　鹏 ……………………… 1

文化规划和创意城市的研究／吴承忠　马　慧 …………………………… 15

英国艺术委员会演变轨迹及其启示／周正兵 ……………………………… 28

北京老城公共文化空间更新模式、问题及政策建议／张晓敏 …………… 39

从共同话语到融合共享

　　——学院路街区更新规划的实践与思考／刘　巍　田昕丽　张及佳

　　肖　岳　闫　思 ………………………………………………………… 51

基于消费者感知的少儿恐龙主题文化服务体验研究／贾　佳　石　静 …… 76

黑龙江省工业遗产的保护与再利用研究／王文杰　高　铭 ……………… 87

首都公共文化服务设施社会化运营模式研究

　　——基于街道综合文化服务中心的调研／滕　云　贾　佳　冯仕亮

　　高　铭 …………………………………………………………………… 99

服务设计与公共文化艺术服务的发展／〔德国〕费利克斯·沙夫 ……… 109

关于利用首都功能核心区腾退和闲置空间开展社区文化

　　服务的研究／李　卫　邵　鹏　吴京辉 …………………………… 119

从工业遗迹到公共文化场域

　　——以 798 艺术区和 751 时尚设计广场为例／冯仕亮　毕浩哲 …… 131

做精神服务业供给侧结构性改革的生力军

　　——记北京文投集团艺术银行发展之路／吴　桐 ………………… 159

大雅宝胡同甲 2 号红色文化艺术资源发掘和保护的

　　思考／陈智勇　吴京辉　邵　鹏 …………………………………… 167

"小院议事厅"：一个案例解读／李卫华 ………………………………… 175

文化关怀的时代价值

　　——北京市东城区安定门街道文化建设案例介绍／冀辉杰 ……… 181

社区公益慈善文化传承与创新：思诚社区案例介绍／王衍臻 ………… 186

# 发掘在地文化资源，推动北京社区营造发展[1]

邵　鹏[2]

**摘　要**：习近平总书记高度重视社区建设。社区治理是涉及多方面的系统性工程。近年来，社区营造的理论和实践在中国大陆兴起，其中关于社区文化建设方面的经验值得借鉴。北京作为具有独特的文化特色和丰富的文化资源优势，通过发掘北京地区的古都文化、京味文化、创新文化和红色文化，能够提升社区居民的文化认同和凝聚力，促进社会的和谐发展。

**关键词**：北京文化；社区营造；文化资源；和谐社会

## Explore Local Cultural Resources and Promote the Construction and Development of Beijing Community

Shao Peng

**Abstract**：Xi Jinping attached great importance to community building. Community governance is a systematic project involving many aspects. In recent years, the theory and practice of community building have sprung up in mainland China. As a unique cultural feature and rich cultural resources, Beijing can enhance the cultural identity and cohesion of community residents and promote the harmonious development of society by exploring the ancient capital culture, Beijing flavor culture, innovative culture and red culture in Beijing.

**Keywords**：Beijing culture; community building; cultural resources; harmonious society

---

[1]　文章系在"2019北京艺术博览会北京公共文化艺术产业发展论坛"上的主旨演讲的基础上加工而成。文章系对外经济贸易大学2018年本科精品课程立项《政治学》阶段性成果。
[2]　邵鹏（1973—），男，黑龙江省牡丹江市人，对外经济贸易大学公共管理学院教授，公共文化服务研究中心主任，从事文化社会学、公共文化等方面的研究。

习近平总书记高度重视社区建设，并指出社区是基层基础，只有基础坚固，国家大厦才能稳固。近年来，党和政府发布了多项关于社区建设、社区治理、社区文化教育等方面的政策文件，对于提高社区治理能力起到了积极的作用。当前，我国城市化进程发展迅猛，城市社区发生的诸多深刻变化，给社区治理带来了新的挑战。营造适合首都功能和发展的和谐社区，是北京作为国际化大都市发展和建设的重要组成部分。因此，如何发挥北京市的文化资源优势，是进行社区营造，促进首都社会和谐的题中之义。

## 一、社区营造的缘起及其发展

### （一）社区营造在中国台湾

"社区"是指彼此间形成"生命共同体"而在地理上又集聚在一起的人群；"社区营造"就是打破个体的疏离，营造这种人与人、人与地之间社会心理联系的过程，是一个从个体的"我"到群体的"我们"的过程。

社区营造的产生是与现代化进程中城市化的发展息息相关的，起源于20世纪五六十年代日本的"造町运动"。"二战"后，随着日本经济的高速增长，在城市化进程中大量的乡村青壮年人口涌入东京、大阪、神户等大都市，导致了乡村的人口老龄化和衰落。此时，一些有志的青年发起了深耕故土、重振乡村的"造町运动"，以发展地方产业、振兴经济为目标，并希望借此来改变"日本精神"。后来其内容扩展到包括改善景观环境、保存历史建筑、促进健康与福利、生态保育等层面，成为全民社会运动。

中国台湾经历了20世纪七八十年代工业化的发展，社会也经历了从传统到现代的巨变。为解决都市"贫乏性富裕"和乡村"过疏化"问题，中国台湾借鉴了日本的"造町运动"的经验，引入了"社区营造"观念。其中日本千叶大学的宫崎清教授结合台湾的在地资源，提出了社区营造包含"人、文、地、产、景"五个面向，在营造过程中要兼顾居民需求的满足、历史文化的延续、地理特色的维护、在地产品的开发和社区景观的营造，从而产生了借由没落地区利用手工艺和观光旅游业发展乡村社区的案例。因此，中国台湾社区营造的实践是政府在应对城市化中乡村的凋零，并替偏远的原乡部落创造出新的契机。其中发展社区产业是营造乡村社区的主轴，在地经济的振兴使乡村注入了新的活力。

1993年，中国台湾"行政院文化建设委员会"（以下简称"文建会"）推出了

"社区总体营造"政策，试图"透过文化策略的发展，落实社区意识与社区伦理的重建"，开启了社区营造的先声。此后，"文建会"相继推出《充实乡镇展演设施计划》和《辅导美化地方传统文化建筑空间计划》《社区总体营造奖助办法》等一系列政策，提出了"社区总体营造"施政理念，并突出强调社区营造的社会性、功能性和经济性目标，即"造人""造景"和"造产"。2002年，中国台湾"行政院"推动"挑战2008"的社区营造行动，开始强化示范"点"的持续经营和成长，并开始注重各行政部门的整合衔接以及资源的有效配置。2008年，"文建会"提出《磐石行动：新故乡社区营造第二期计划》，期望能够达到"强化地方自主互动""促进社区生活与文化融合""激发在地认同情感""开创在地特色文化观光内涵"的目的，并开始思考如何突破"点"的界限，朝向"线"的串联与"网络"的构建，以期达成"面"的目标。

在20多年的时间里，社区营造这场最基层的社会运动以最温和的形式开展起来，但是它的影响却是难以估计的。可以说，它是一项长期且广泛的社会实践，是一个真正自下而上的家园再造工程，在一点一滴唤醒人们对家乡和土地的感情，拉近了邻里间的关系，也将对生活环境与空间的主控权交还给人民。

（二）社区营造在中国大陆

随着我国经济社会发展中城市化速度的加快，城市社区数量不断增长、类型不断丰富和多元化，形成了传统街区和现代住宅小区等多种类型并存的格局。原有的基层社区从单一职能逐渐成为社会管理、服务和保障等功能比较齐全的"小社会"。但是，城市住宅与其他的硬件建设相比较而言，社区能够成为真正意义上的共同体的软件仍然发展较慢，存在着社区自愿团体的内生性不足，内部成员的互动性不足、参与性不够等问题。同时，我国的传统政府主导下的"行政化""形式化"社区建设也面临着与新的社会发展状况相适应的转型。

面对新形势，我国各地逐渐开始探索新的社会治理模式，社区营造被引入并得以发展，尤其是在经济比较发达的沿海地区发展迅猛。越来越多的地方政府希望通过社区营造这种方式，让老百姓自己动起来，使自下而上的力量与自上而下的力量结合起来，最终实现社区的和谐发展。中国大陆的社区营造在上海、南京、成都、深圳等地发展较快。其中比较典型的如清华大学社会学系教授罗家德的例子，他来自中国台湾，在2008年"汶川大地震"的灾后重建中推进乡村的社区营造工作，并于2011年成立清华大学"信义社区营造研究中心"，在北京的大栅栏街道进行社区营造的实践，并出版了相关系列图书。中国台湾建筑师李德福在福建厦门、漳州以及浙江宁波等地与地方政府合作展开社区营造工作。南京翠竹园社区在建筑师阿甘（吴楠）的组织下开展社区营造实验等。

概言之，当前我国社区营造模式可划分为外生型社区营造模式、中介型社区营造模式和内生型社区营造模式三种类型。其一，外生型社区营造模式是以政府为主导，协同多元社会力量进行的社区营造。如厦门市政府推动的"美丽厦门，共同缔造"的社会治理规划，成都市温江区瑞泉馨城社区"四会联治"与"三级共管"进行的村改居治理，厦门市思明区曾厝垵引入专业社会组织帮扶成立业主协会、文创会等自组织的社区参与式治理工作坊实践等。其二，中介型社区营造模式是由社会组织自主发起，以专业性服务为基础，依托组织与政府资源支持，激发居民参与社区事务的自主性，培育社区自组织的过程。深圳市桃源居社区是较早进行实践的中介型社区营造案例。清华大学社会科学学院依托专业性服务基础，选取多元社区类型共存的清河地区开展清河实验等。其三，内生型社区营造模式以社区居民互助为营造核心，依托社区与政府、社会组织的资源支持，自发完成社区活动项目化、项目组织化过程。南京市翠竹园社区由社区精英自发建立社区互助会，以此为平台整合社区资源是比较典型的实践。

（三）比较分析

虽然中国大陆社区营造的理念和实践在很多方面来自中国台湾，但是由于海峡两岸在社会发展模式等方面有着巨大的差异，因此两者之间仍然有诸多不同。

其一，在产生背景上，中国台湾的社区营造发端于乡村，主要利用保留下来的地域特色发展传统文化创意产业和生态旅游业，如中国台湾彰化县永乐社区的传统菜干的制作工艺，中国台湾宜兰县白米社区的"木屐村"等。而中国大陆的社区营造一开始就在城市和乡村都进行了尝试，其中城市社区营造发展较快。其原因在于，中国社会经历了从"乡土中国"到"单位中国"再到"社区中国"的变迁。[1]改革开放以后，城市中"单位制"政社合一的社会组织形式逐渐瓦解，社区建设中承担满足居民多方面需求的管理与服务职责成为重点。

其二，在行动策略上，中国台湾社会的民主化转型深刻影响了社区营造的行动策略，"自下而上"和"居民参与"是两个重要的特征，从而形成了社会多方的参与和协力。而中国大陆城市的社区营造的主要模式，均是在各级政府的主导下，或"自上而下"或"上下互动"，都离不开政府在政策和资源方面的支持。

---

❶ 刘建军. 社区中国：通过社区巩固国家治理之基［J］. 上海大学学报（社会科学版），2016，33.

其三，在指导思想方面，中国台湾社区营造是在"去政治化"的背景下发展起来的，民间化的特征明显，并无统一的指导思想，只存在"让生命遇到生命""从我到我们"等一些具体的理念和观点。而中国大陆的社区营造则有着明确的指导思想，即习近平社会建设思想是新时代社会治理的重要指导和遵循，贯穿其中的社会民生建设创新观点和论断，蕴含着深厚的为民情怀和实践基础。

## 二、北京市城市在地文化资源优势与社区营造

### （一）中国台湾社区营造中的文化经验与借鉴

即使海峡两岸的社区营造存在着诸多差异，但中国台湾社区营造经验值得借鉴之处仍然很多，其中重视"在地性"和"文化性"是十分重要的方面。概言之，中国台湾社区营造企图寻找一种地方导向型和内发型的发展策略，文化资产的保护和开发融入地方经济发展和居民生活，并发展出地方特色文化产业，不仅加强了地方认同和凝聚力，而且使得文化传统在社会发展中得以永续。因此，发掘在地文化资源，是中国大陆城市社区营造的一个重要的突破口和着力点。

首先，中国台湾社区营造和文化政策的转变，社区营造和文化资产在良性循环中相互依存，开启了中国台湾地区古迹保护的新时代。中国台湾过去的古迹保护是以自上而下保护与维护为主的冻结式保护，造成古迹与民众的隔离，引发地方的不认同和排斥。而社区营造强调自下而上、社区参与、再利用和活化的理念，使古迹保护得以融入地方经济发展和居民生活，并与地方认同产生连结效应。民间力量的加入，为古迹保护注入了新的活力，也直接影响了《文资法》的修订，从而在制度层面上赋予社区参与古迹保护的权利。在社区营造不断推进下，新港经验、宜兰经验、兰投经验等成功案例使原来默默无名的地方开始崛起，加强了地方文化认同和凝聚力，培植了地方社区参与公共事务的自主能力，也为古迹保护带来了巨大的成效，成为目前中国台湾地区古迹保护的重要基石。

其次，中国台湾社区总体营造的计划目标内包含着文化资产的保存与永续发展。中国台湾"行政院"文化建设委员会明确规定："促进社区生活与文化融合：建立文化生活的永续传承模式，转化在地生活经验。透过社区生活影响、文字、图片、记录、社区剧场等方式，结合社区游学，带动学习传统文化的热情，重新激励

在地生气。"❶ 这为深挖在地文化资产，使没落的文化重新被整合利用指明了方向。深度发掘社区的一切文化资产是社区营造的重要切入点，其中不仅包括古迹、建筑、聚落生活空间及地理环境，还有民俗庙会祭奠与地方生活文化、地方文史、人物、传说、典故等。通过在地人的自觉自发整合如上资源，在挖宝、惜宝、展宝的过程中，让这些文化要素重新被翻出来成为社区资源加以利用，同时在历史的脉络进程中，这些文化形态被活态的以各种方式保存下来。❷

再次，传统文化与生活融合，进行开发创意性传承，从而使文化资产得以永续。现代化的进程使很多失去原有功能的历史古迹、建筑等逐渐废墟化。社区营造的草根民主从自下而上的理念发展社区文化，使传统的文化资产以崭新的艺术形态展现出来，如佳冬社区的张阿丁宅和客家祖堂等，美浓社区的烟楼古迹和日据时代的发电厂等，都是以故事的形式来述说历史的。同时，一些传统文化资源融入人们的日常生活中，如鄂王社区的工匠艺术、百年肉羹和美浓的板条等，在这些社区中，传统美食老店不但没有被工业化的"快餐文化"取代，而且被在地人更加推崇，成为游客必须驻足品尝的传统美食。这些事实反映出"居于社区内的人们是文化的创造者、承载者和传承者，他们创造性地构建了地方文化，把握了对文化空间的阐释权，也最终决定了文化会以何种方式存在下去"❸。

最后，中国台湾在构建社区文化特色的过程中，采取了多元和灵活的方式。对地域传统进行保护和挖掘的主要方式有活化利用古迹和建筑，重启复兴庙会和祭典，建立历史文化馆、文化长廊来展示地方历史、人物传说等。对单独的社区而言，"社区营造从资源调查中'培力'，由故事撰写中'讨论'，在剧场演出中'互动'，循序渐进的激发居民对生活环境的关怀，进而参与社区公共事务"❹。其中文化地图、故事绘本、社区剧场和社区影像都分别扮演着不同的角色。文化地图呈现了社区资源调查的初步成果，并能进一步挖掘转化为故事绘本，最后经由社区剧场或社区影像让"社区的人来演社区的事"。这样就使人们依靠地缘关系、传统仪式等形成了一条能够守护认同感的看不见的"边界"，并借助专家知识和外来刺激形

---

❶ 中国台北"行政院文化建设委员会". 台湾社区总体营造的轨迹 [EB/OL]. http://www.elpueblo.ancc.org.tw.1999.

❷ 魏成. 社区营造与古迹保护——20世纪90年代以来台湾地区古迹保护的经验与启示 [J]. 规划师，2010 (2)：224－228.

❸ 马威，邱泽媛. 文化生态保护区的"空间生产"[J]. 中南民族大学学报（人文社会科学版），2013 (4).

❹ 郭瑞坤. 以社区剧场作为参与社区公共事务的实践——高雄市推动社区剧场之经验分享 [J]. 城市发展，2013 (16)：25－36.

成具有自身风格的在地文化。

（二）北京文化的特色与文化资源优势

北京是有着三千多年历史的世界名城，是世界著名的现代化国际城市，北京也有着它自己独特的文化元素，使它成为中国最为重要和典型的文化之都。可以说，北京独特的文化特色和丰富的文化资源优势不仅是中华文明源远流长的伟大见证，而且更成为北京城市的底蕴。2017年8月，北京市市委书记蔡奇明确提出了古都文化、京味文化、创新文化和红色文化是"首都文化"的四个方面，这一论断成为进行北京社区营造的有利条件和重要抓手。

首先，北京古都文化的产生和发展，是与北京城市形成的特定地理环境和历史条件紧密联系的。北京地区是东北平原、华北平原和蒙古高原三大地理单元的交接点，中原农耕文明与欧亚草原文明在此碰撞、融合，由此产生了悠久连贯的历史，并且地位在不断地递升。早在春秋战国时期，北京就是燕国的都城，此后一直是北方重镇。金元时期，北京由金中都上升为元大都。明清时期定名北京，成为世界上最大帝国的都城。中华人民共和国成立之后，定为首都。北京在此基础上形成的历史特点，是我国其他城市无法比拟的，北京文化突显出强烈的都城文化和皇家文化的特色。古都文化既体现出浓厚的儒家文化色彩，又注入了北方游牧民族的生态理念。北京传统的城市建设礼制建筑完备，礼俗文化丰富多彩，同时城市园林、草场、湿地景观处处可见。虽然皇家文化是中国封建文化的重要组成部分，但它在很大程度上影响传统文化的发展方向。北京的文物古迹是典型的中国皇家文化的缩影，存在着独一无二的皇家宫殿、坛、庙，别具一格的皇家园林、帝王陵墓等。古都北京官学发达，辽、金时期的官学也带有明显的少数民族特色；元、明、清的国子监成为全国的最高学府；地方官学、八旗子弟学校等也很有影响。古都北京的经济和商贸文化的特色在于供应和服务宫廷，老字商号建立起了重利尚义的价值观，恪守商业道德，打造了京商文化鲜明和独特的异质性，可以说浓浓的文化氛围造就了京商浓厚的文化底蕴。

其次，北京特色鲜明的京味文化，体现在多元化的民俗风情特色中。"京"是指京城，"味"是指特色。北京民俗文化作为民族文化的根与魂，大多以汉族文化为主体综合其他如蒙古族、满族和伊斯兰等文化特色，是多民族长期融合、凝聚的结果，形成了雅俗共赏的多元化、多层次的风俗民情。自民国开始，原天子脚下的市民在皇城根、什刹海、钟鼓楼、天桥等处逐渐形成特色鲜明的市井民俗文化，这种文化行为大气、维护正义、服务周到、有礼有面、京腔京味，与"海派文化"形成明显不同，一批作家用北京地方语言进行的写作，其作品被称为"京味文学"。在北京还有驰名京华的老字号，这些老字号注重企业文化建设，商品重诚信，服务周到，逐渐形成优质品牌，成为京味文化的重要组成部分。

再次，北京的创新文化是建立在全国的政治、文化、教育和科技中心的基础之上的。中华人民共和国成立以后，海淀区被确定为教育科研所在地，北京大学、清华大学等众多高校和中国科学院、中国工程院和中国社会科学院等研究机构均设立于此。尤其是在改革开放之后，来自全国各地乃至世界各国的年轻人来北京求学深造、创业发展，使北京成为全国科技人才资源最密集的地区，从中孕育出无数的高科技企业，形成了极具青春气息的创新之城，代表着中国经济发展的未来和方向。随着经济全球化的发展，北京迅速融入现代文明的浪潮中，成为世界上重要的国际化大都市，体现出浓厚的现代性特征。北京文化创意产业更是异军突起，身为演艺之都、影视之都、设计之都、网络游戏创新发展之都，北京文化产业呈现出高质量发展特色，在全国起到了引领示范作用。

最后，北京是中国红色文化最重要的发祥地，北京的红色文化丰富且厚重，代表新时代全国红色文化的发展方向。北京的红色文化涵盖了中国共产党从孕育、成立到发展的全过程，成为光荣的革命传统。从1919年新文化运动开始，"五四运动"爆发于天安门前，马克思列宁主义从北大红楼开始传播。此后的打倒北洋军阀，全民族抵抗日寇的入侵，到解放战争时期，中国共产党人在北京都留下了一连串可歌可泣的红色事迹。作为新中国建设的政治中心，1949年中共中央和中央军委从西柏坡迁址到香山，然后在天安门举行了开国大典，北京城十大建筑落成，改革开放发生春天的故事，一直到走进社会主义新时代，北京积淀了更加丰富厚重的红色文化和遗迹。

## 三、深挖在地文化资源，推动北京社区营造的发展和社会和谐

### （一）营造文化空间，重建社区营造的文化记忆

德国社会学家滕尼斯指出："共同体是建立在有关人员的中意或者习惯制约的适应或者与思想有关的、共同的记忆之上的。"❶ 空间和文化是相互交融的，空间承载着文化，文化又赋予了空间以灵性和生命。文化空间是社区记忆产生的物质基

---

❶ ［德］费迪南·滕尼斯. 共同体与社会［M］. 林荣远，译. 北京大学出版社，2011：2.

础，通过对独特的物理空间的文化营造建造来形塑地方意象，能够使居民感受到自己生活的场域的文化气息，对于塑造社区记忆具有重要的意义。

作为元、明、清首都的北京自建立起就十分注重城市的整体规划，形成了中世纪世界上最宏伟壮丽的大都市。目前北京地区的文物遗存堪称世界之最。这些多元一体的文物遗存中很多都是独具特色的城市建筑，为重建社区营造提供了丰富的文化记忆。例如，北京市正在积极筹备的 2035 年中轴线申请世界遗产工作，是北京城市文化空间整体规划的重要一环。作为我国现存最长、最完整的古代城市中轴线，串连起众多地标及人文景观，深刻影响着北京城市发展规划和布局，浓缩了中国古代城市建筑的精华和中华文化的核心意涵。如果中轴线申遗能够取得成功，必将能够极大唤醒市民的古都记忆，增强市民的城市认同感。

东城区朝阳门街道是旧城保护的成功案例。作为北京老城内重要的历史文化精华区，街区内几乎完整保存着自元代形成延续至今的胡同肌理，更有大量有价值的传统风貌四合院和名人旧居。在东四南传统文化街区的更新改造中，规划公众参与成为连接政府与公众的桥梁，也成为激发社区内力、开展社区营造的手段和切入点之一。北京市城市规划设计研究院 2011—2012 年编制完成了《东四南历史文化街区保护规划》，开展了长期、全面、深入基层的规划公众参与和社区营造探索，试图以此为切入点推动历史街区规划实施和社会治理创新。史家胡同 24 号被改造为胡同博物馆，以社会组织"史家胡同风貌保护协会"为平台汇集社会资源，开展了院落公共空间改善试点项目、胡同口述史编制、社区公约制定、"为人民设计"展览等空间改善项目和人文教育活动，推动了街区物质环境的改善与人文精神的凝聚。

海淀区学院路街道是我国高等院校最密集的地区，辖区内高等学校和研究机构星罗棋布。学院路街道从这一地区特色出发，推进了一系列的公共文化建设活动。如与北京林业大学、清华同衡规划设计研究院共同举办的 2018 学院路城事设计节，明确"我的城市我的事"主题，希望通过政府、责任规划师、地区资源、社会力量多方的共建、共治、共享，用设计和创意点亮学院路。"点亮学院路"主题沙龙，围绕"国际人才社区建设，聚焦挖掘学院文化提升城市品质"，提出了挖掘学院路地区的科学创作和文艺作品的展示、加强高校地区之间的沟通交流、构建区域关系网络平台等举措，以促进学院路及海淀区街区发展，构建学院路地区发展的生命共同体。这些举措激发了地区资源聚集和互动，有助于实现共享开放的目标。

"白塔寺会客厅"在北京老城历史文化保护区重建了一个重温胡同情的公共空间。作为"白塔寺再生计划"一部分，在西城区民政局的支持下，交由专业的团队提供策划设计和实施运营，形成了一个多元主体协调联动的社区治理新模式。自"会客厅"开办以来，在2018年北京国际设计周期间举办的以"暖城行动"为主题的白塔寺再生计划分会场，突出邻里共生、社区营造和文化传承特色。2019年2月，举办了为期8天的再现老北京四大庙会之一白塔寺庙会的"微庙会"，使得各种早已消失的老吃食、老手艺、老行当等得以重现。"白塔寺会客厅"力图搭建汇聚各类资源、促成多方合作的平台，通过挖掘的文化故事，传播文化资源，还原北京老城胡同文化，最终实现白塔寺地区的可持续发展。

（二）弘扬主流价值观，提升社区营造的文化认同

主流价值是得到多数人群认可的积极向上的价值体系，它既包含着对社会共同利益的理解，也彰显着对社会公德的提倡，它不仅是社会认同的文化基础，而且是社会秩序得以保持的基础。当前随着我国经济社会的快速发展，社区共同体的利益和价值也在日益多元化，居民彼此间的关系疏远导致社区认同的逐步衰弱。因此，需要通过社区开展内容形式多样的文化活动来传播党和国家的大政方针，引发爱党、爱国、爱社区的情感，有助于为日益"原子化"的个体居民找到本体性的安全感和归属感。

就主流价值观的弘扬而言，北京市具有无与伦比的红色文化资源和社会基础。近代北京曾对中国社会的发展产生过重大而深刻的影响，留下了类型丰富、分布广泛、权威性强的大量红色文化资源。作为新中国的首都，北京是我国的政治中心，是党和国家大政方针的决策和制定地。同时，北京市民中有很大一部分是国家机关、国有企事业单位的工作人员，普通民众的政治意识强，政治觉悟比较高，这为北京能够引领全国主流价值观奠定了重要的社会基础。

北京的红色文化资源可以说是多不胜数，有许多标志性的建筑，如以北大红楼为中心，包括民主广场、五四大街，形成"五四运动"的标志性建筑组合。同时，众多的历史遗存已被辟为文物保护单位，如杨昌济故居和毛主席故居、李大钊故居、鲁迅故居、《京报》馆旧址、"卢沟桥事变"发生地卢沟桥及宛平城、焦庄户地道战遗址、解放战争时期的军调部中共代表团驻地、中华人民共和国成立前的香山双清别墅等。中华人民共和国成立后，天安门广场、中南海、人民大会堂、京西宾馆、全国政协礼堂等建筑成为党的领袖和重要党史人物的活动场所，见证了中华人民共和国建设和改革开放发展的伟大历程，具有重要的地位。

西山文化带和红色文化建设被写入2018年北京市党代会，这是北京市决策层面对全国文化中心建设宏伟目标的一个具体的实施路径。西山文化带作为多文化样

态的地理区域，红色文化资源十分丰富。其中比较具有代表性的有共产党员对"西山会议派"错误思想的批判、抗战时期平西、平北抗日根据地的抗日活动、房山霞云岭的战歌等。还有一些内容散见在《昌平革命史》《丰台地区革命斗争史料汇编》《门头沟革命史》等地区的革命史料中。因此，对西山红色文化资源进行系统梳理和归纳，具有独特的政治价值和文化价值。

延庆区在保护红色文化资源、擦亮红色文化品牌方面成绩显著。延庆区政府采取了多项措施加强对区内 29 处固定革命文物的保护，管好、用好 22 处烈士纪念设施。自 2012 年以来，累计投资 300 余万元对八达岭烈士陵园、彭家窑村烈士纪念碑、珍珠泉乡烈士陵园等纪念设施进行了维护和升级改造。同时，集中力量打造了大庄科开放式红色体验基地、平北抗日战争纪念馆等一批具有影响力的红色品牌，并创编文献纪录电影《北平以北》，创作电影剧本《烽火长城》，出版《白乙化》《家住长城边》等多部红色题材作品。

## （三）复兴传统文化内在价值，构建社区营造的和谐社会关系

从文化功能主义的角度看，任何文化体系的存在与发展都有着维护社会结构的稳定，并再生产社会结构的功能。我国传统文化一个重要的功能就是保持农耕时代的熟人社会关系，这恰恰是社区在营造天然的社区共同体中的一个目标。习近平总书记高度重视优秀传统文化的传承发展，中国传统文化博大精深，中华优秀传统文化是中华民族的精神命脉。北京市作为历史文化名城聚集了大量的传统文化资源，因此，只有保护和发掘其中优秀的中国传统文化资源，复兴传统文化的内在价值，才能推动中华优秀传统文化创造性转化和创新性发展，提高人民的文明素养，坚定人民在新时代的文化自信。

### 1. 保护和发掘优秀传统文化资源，提升在地居民的文化认同感

西城区的大部分街区是老北京的主要城区，每个街道和社区都有着丰富的传统文化和区域特色资源。因此，西城区把推进全域博物馆体系构建作为保持老北京记忆和传承的重要举措。其中，街道博物馆的建设最能凸显特色之举，现已建成街区博物馆 7 家，分别是白纸坊街道的纸文化博物馆、广内街道的空竹博物馆、牛街街道的牛街历史文化展陈室、西长安街街道的西单商业文化博物馆、椿树街道的安徽会馆京剧博物馆、月坛街道的月坛传艺荟和天桥街道的历史文化展览。此外，还因地制宜地将清代法学家沈家本故居建设成为"中华法制名人堂"；按照"民俗博物馆＋文创空间"的项目功能定位，建成天桥印象博物馆。

## 2. 发掘传统宗教文化特色，有助于实现民族宗教和谐共存

北京地区宗教文化的基本特点是应有尽有、和谐共存。佛教、道教、伊斯兰教、基督教（含天主教）、萨满教、摩尼教乃至民间信仰等，都可以在北京地区找到相应的文化遗存。其中比较有代表性的有金元时期道教全真派邱处机建立的白云观，元代忽必烈建造的白塔寺等藏传佛教寺庙和道教正一派的东岳庙；元代伊斯兰教建立的牛街礼拜寺是华北地区规模最大、历史最悠久的清真寺，还有东四清真寺、马甸清真寺等；清代的雍和宫是北京最大的藏传佛教庙宇；天主教建筑有南堂、东堂、北堂、西堂等。虽然北京历史上也曾经出现过佛、道之争，但北京地区的各教各派基本上是相安无事的，民族宗教之间是互相尊重的，并逐渐交流和融合，这是今天解决民族宗教矛盾、和谐相处的宝贵历史经验。

## 3. 发掘传统经贸文化特色，有助于促进诚信商业文化的建设

作为元、明、清政治中心的北京是一个典型以官员、贵族为本的消费城市，服务宫廷、保证供应，是经贸事业的主要任务。它的商业文化体现出以儒家思想作为立身之本，坚持诚信为本、重利尚义的价值观，是中华民族传统美德的体现。如有些世代相传的"老字号"在发展中遵循商业行为规范，注重品牌并以技艺超群求发展，他们的座右铭是"炮制虽繁必不敢省人工，品味虽贵必不敢减物力"。此外，京商的文化底蕴浓厚，"和"文化造就了京商的平和稳重、恬淡安闲的气质，礼仪之都的繁缛礼节使北京商人将热情周到、浓浓的人情味融入在经营之中。

## 4. 发掘特色街区文化，增强社区居民的凝聚力

牛街是一条具有千年历史的多民族宗教并存的老街，伊斯兰文化和儒释文化等多种文化兼容并蓄，增添了当地社区治理工作的复杂性。发掘街区丰富多彩的市井文化，使不同民族宗教的居民都能够参与进来，有助于促进社会的稳定和谐。2013年，牛街街道专门成立了历史文化办公室，开展了"牛街往事"征集、"百位老人话牛街"口述史采集、"牛街记忆"文化沙龙、"这里是北京——回到牛街"系列专题片拍摄等工作，展现了原汁原味的牛街历史文化。此外，牛街西里社区还委托京师社会工作事务所以党建为抓手进行专业的社会服务，成为社区治理的一大亮点。

### （四）创新发展文化产业，提供社区营造的新活力

文化产业与城市更新的结合是世界各国的发展趋势，文化产业与地方特色文化及相关产业的联结，为推动城市社区营造提供了新活力。文化产业作为一种低碳、绿色的产业门类，契合了首都城市转型发展与经济结构调整升级的历史趋势，有助

于增强北京在世界级城市中的地位。

从传统文化资源再利用的视角上，北京悠久深厚的社区在地文化资源是文化创意产业的强助力，传统文化资源可以借助文化产业得以传承和弘扬，促进城市文化软实力的发展。北京市作为历史文化古城，老城区内的众多街区社区中的文化遗产是发展文化产业得天独厚的条件，而且结合社区特有的历史资源，将优秀的文化引进社区，将文化产业融入社区居民的生活中，能够丰富人们的精神生活和提高文明程度，并成为凝聚社区居民的黏合剂，增强居民对社区的归属感和认同感。通过发展社区的创意产业，更有利于增加就业机会，提升城市居住环境，改变城区社区风貌，进而带动社区的永续发展。北京不仅要继承和发扬传统文化的精髓，更要结合新时代的特点繁衍出创意的城市文化，在弘扬城市的核心价值中，提高城市文化品位和文化包容度。

北京一批特色鲜明的文化产业园区的出现和发展，开启了首都文化产业高质量发展的新航程。有的小而美，提供具有行业特色的专业化平台服务，成为引领行业发展的重要力量，如中国北京出版创意产业园、北京 DRC 工业设计创意产业基地等；有的大而全，提供全方位的产业公共服务，如清华科技园、中关村软件园等；有的文化产业园是在保护利用老旧厂房的基础上融入新时代文化元素改造而成，成为城市文化新地标，如莱锦文化创意产业园、天宁 1 号文化科技创新园等；有的文化产业园实现了文化园区与文化社区的有机融合，建设了实体书店、影剧院、小剧场等配套公共文化空间，如 77 文创园、郎园 Vintage 等；还有的文化产业园实现了跨区域连锁经营，通过品牌授权、自主建设、合资运营等方式，如北京文化创新工场、尚 8 等。近年来，北京市制定出台了改造利用老旧厂房拓展文化空间、文创产业"投贷奖"联动、支持实体书店发展、推动文化文物单位文创产品开发试点等政策，打造了"1 + N + X"的文化产业政策体系。2019 年，北京市还将研究出台市级园区配套支持政策，为文化产业园区发展营造良好的营商环境。

## 四、结论

近年来，北京在社区文化建设方面着力尤多，取得了显著的成绩。通过政府政策的扶植、基层政府的努力和居民群众的参与，逐渐构建出社区共同体，为个体时代的居民的本体安全提供了保护，促进了社区的和谐与发展。原有行政意义上的社区逐渐还原为文化意义上的社区，重建出基于共同自然情感的共同体和文化意识的价值共同体。但是，就社区的文化营造方面而言，仍然存在着一些问题，需要进一步思考和行动。

其一，对于传统特色文化资源的发掘仍然处在展览展示阶段，利用效率不高，与人们的日常生活的融合度不够。例如，西城区的街道博物馆政府投入多，硬件建设比较完善，但由于活化利用形式单一，本地居民无法参其中，看过以后就不再来了，但其知名度又不足以吸引外来游客，导致大部分博物馆每周仅仅开放两三个半天，并且门可罗雀；而且负责讲解的当地志愿者普遍缺乏专业知识，自己对本街区文化的认识也是一知半解。

其二，就高等学校和相关研究机构而言，对于北京在地文化资源的发掘程度不够，主要限于课题研究和宣传推广的阶段，不能真正持续地深入街区社区，与居民形成互动关系。台湾社区营造中一个非常重要的经验就是"扎根"，专业人士及团队长期深入社区，根据在地情况及与居民互动中找到真正解决每个不同社区发展的独特模式，并进行经验总结推广。例如，安定门街道钟楼湾社区的"北京老物件陈列室"，很多媒体都曾进行报道，一些高校研究机构也进行了调研，但陈列室负责人表示，在地居民十分需要有高校专业团队长期深入合作来深入发掘其背后的文化资源。因此，安定门街道办事处相关负责人与对外经济贸易大学公共文化服务研究中心、东城区社工联等单位进行以老北京生活馆为主题的活化利用项目，还原原汁原味的北京生活，打造地区"文化名片"。

其三，北京的文化资源相对分散，很多隐于胡同、村落之中，不为人们所熟知。一些红色文化资源，如焦庄户地道战遗址、平西抗日根据地遗址等距市中心较远，交通相对不便，难以设计紧凑的红色旅游线路。随着北京城市建设的发展，许多文化遗产被拆除或面临被拆除改建的危险。如朝阳区建国门街道深入发掘街区文化资源并牵头主编《建国门地区史话》一书，全面地介绍了建国门地区的历史文化，"五四运动"时期的"火烧赵家楼"事件的赵家楼遗址得以保留并建立了纪念馆。其实，朝阳门街道辖区内的红色文化资源也值得进一步发掘。如原大雅宝胡同甲2号，在建国初期是中央美院的家属院，聚集了一大批为新中国美术事业做出巨大贡献的艺术家，是值得深入发掘的红色艺术资源。

城市社区的治理和建设工作是一项长期而又艰巨的任务，社区的文化营造也是一个动态的过程。与时俱进，不断发展创新是北京的鲜明特点，相信政府、学术机构、社会组织和企业等多主体协同推进社区文化的创新发展，能够为北京建设世界性大都市增添新的助力。

# 文化规划和创意城市的研究

## 吴承忠　马　慧<sup>●</sup>

**摘　要**：文化规划和创意城市的关系一直受到专业研究者和众多相关学者的关注、探究与争论，但二者关系究竟为何却始终没有一个明确的结论。文章试从文化规划和创意城市的基本概念、文化规划的功能、创意城市的实现路径等方面入手，对文化规划和创意城市之间的关系展开深入分析。通过文献分析和案例研究，本研究认为，二者间并不存在必然联系，即文化规划的制定、实施并不一定会形成创意城市。但是，正式的文化规划的制定和实施确实对创意城市的形成、发展产生了一定的积极作用，创意城市确实是文化规划的重要目标之一。

**关键词**：文化规划；创意城市；文化资源；城市复兴

## Cultural Planning and Creative City Research

### Wu Chengzhong　Ma Hui

**Abstract**：The relationship between cultural planning and creative cities has always been concerned, explored and debated by professional researchers and many relevant scholars, but there is no clear conclusion on the relationship between the two. This paper attempts to analyze the relationship between cultural planning and creative cities from the aspects of cultural planning and the basic concepts of creative cities, the functions of cultural planning, and the realization of creative cities. Through literature analysis and case studies, this study believes that there is no necessary connection between the two, that is,

---

● 吴承忠（1971—），男，湖北省武汉市人，对外经济贸易大学公共管理学院教授，博士生导师，研究方向：文化产业管理、文化经济与休闲产业等。

马慧（1997—），女，辽宁省海城市人，对外经济贸易大学公共管理学院 2018 级硕士生。

the formulation and implementation of cultural planning does not necessarily form a creative city. However, the formulation and implementation of formal cultural planning has indeed played a positive role in the formation and development of creative cities. Creative cities are indeed one of the important goals of cultural planning.

**Keywords**: cultural planning; creative city; cultural resources; urban renewal

## 一、引言

20 世纪四五十年代，第三次科技革命在西方发达国家悄然开始，科学技术的力量再一次推动资本主义经济发生变革，最显著的表现就是第一、二产业在经济中所占的比重急剧下降，第三产业比重上升，全球经济向消费型、服务型方向发展。在信息经济、知识经济的影响下，工业化从发展阶段逐渐过渡到成熟阶段，以数字、知识编码为主要方式的生产要素集合逐渐代替传统的生产方式，而以顾客需求与灵活性的市场变化为主要代表的大规模定制也陆续成为企业的主导性生产方式，并带动全球由制造经济时代陆续转向服务经济时代。[1]经济结构转型对西方诸多发达的工业城市造成致命打击，传统的钢铁工业城市在一夜之间失去吸引力，城市面貌衰败不堪，经济发展停滞，社会问题丛生，急需寻找一条城市复兴之路。另外，此时的文化政策集中在鼓励文化生产和文化消费，[2]文化政策的实施有着导致诸如地区竞争力下降、缺乏个性等难以弥补的缺陷，无法实现城市经济复兴的任务，文化规划应运而生。

20 世纪中叶以来，西方发达工业国家普遍开始了工业转型发展，"文化"被赋予了"地区发展资本"的全新含义，20 世纪 80 年代，西方国家兴起了以"文化"为主导的复兴潮。[3]文化规划作为现代西方国家复兴城市经济、改变城市面貌的主要手段之一，日益受到各级政府的认同、赞扬及追捧。以复兴城市经济、创建更宜居的城市环境为目的的创意城市的概念也逐渐获得政界、学界的关注和重视。一方面，由于文化规划与创意城市在某些方面确有相似性，使得二者之间仿佛存在着一种简单的线性因果关系，即文化规划的实施便能够增加城市的文化性、创意性，从而形成创意城市。这种对于二者关系的简单观点并没有认识到二者间的本质关系，反而阻碍了现实的实践和理论发展。另一方面，我国城市经济的快速发展也引发了对城市未来发展的思考，城市建设、城市经济的未来走向成为各界关注的焦点。

本文作者主要采用了文献分析法对文化规划、创意城市这两个概念进行深入探析，并对二者的关系进行了简要辨析。本文作者认为，文化规划是实现创意城市的重要手段，创意城市是文化规划的重要目标之一，但并不是唯一目标，文化规划的目标还包括促进提供文化服务、提高城市居民生活质量、实现文化民主等。本文作者希望通过文章对文化规划和创意城市的研究，能够为我国文化规划、创意城市的理论研究和实践提供更加完整、坚实的认识。

## 二、国内外对于"文化规划"的相关论述

### （一）国外对于"文化规划"的论述

"文化规划"一词正式使用是 1976 年，出现在美国一个州政府的文件中，说明国外政府较早地开始了对"文化规划"的实践探索。1979 年，哈维·佩洛夫（Harvey Perloff）最先提出了"文化规划"的概念。[4] 这是学者从研究的角度首次明确提出了"文化规划"的概念。哈维（1979）提出使用文化规划建设艺术社区，从而增强社区凝聚力，推动地区经济发展，最终实现艺术对社会的双重目标，即达到每一代人认可的杰出艺术成就和做出社区贡献。[5] 哈维主要从艺术社区的角度论述了城市、地区进行文化规划的方式和目的，并表达了文化规划所具有的社区凝聚力、经济推动性和文化民主等特点。

而 Deborah Stevenson（2004）则主要从政治的角度对"文化规划"进行理性分析，指出其存在的导致其必然失败的重要因素，即议程的广泛性和"第三条道路"的政治优先事项，为当下文化规划理论及实践的发展敲响了警钟。[6] Ann Markusen（2006）在《文化规划和创意城市》中较为模糊地提及了文化规划和创意城市的关系，将领导者进行城市规划、处理文化事务看作建立创意城市的前提和条件，但没有明确提出文化规划与创意城市的关系。Graeme Evans（2003）主要想说明各地所使用的文化规划应具有独特性，必须考虑当地原有的文化、社会、政治等情况，不可以盲目进行文化规划的复制应用。[7]

众多国外文献表明，国外学者对于文化规划的论述较为深入、广泛，包含从理论探讨到实践应用，从社区建设，公民凝聚力到经济、政治层面，并且也看到了文化规划自身存在的一些重大缺陷，对文化规划进行了批判性的理解。

此外，国外政府也出台了众多文化规划文件以系统性指导本地区进行文化规划，例如，《*Louisiana: Where Culture Means Business A Strategic Plan for Louisiana's Cultural Economy*》《*Planning the Cultural Quarter in Birmingham's Eastside*》《*Planning Sydney's Cultural Facilities*》《*City of Chicago Cultural Planning* 2012》等。

（二）国内对于"文化规划"的论述

国内有关文化规划的研究起步较晚，学者的相关研究主要包括介绍西方文化规划理论与实践以及我国文化规划理论及实践的本土化创新。介绍西方文化规划理论的主要有吴承忠、田昀的《文化规划的内涵及实践》；李祎、吴义士、王红扬的《从文化政策到文化规划——西方文化规划进展与编制方法研究》；黄鹤的《西方国家文化规划简介：运用文化资源的城市发展途径》等。学者们从文化规划的定义、类型、编制方法、编制内容以及部分实践案例，对西方文化规划的相关理论及实践进行了梳理，对文化规划有了一个较为完整、清晰的认识。李明超（2015）则是详细分析了英国文化规划的成效与模式，对于我国进行文化规划实践具有较强的现实指导意义。此外，王长松、田昀、刘沛林（2014）利用对比的手段比较完整清晰地呈现了国外对文化规划、创意城市及城市复兴的研究，并对它们进行了理论上的界限划分，但是对于文化规划和创意城市之间的关系却没有给予明确说明。

我国文化规划理论本土化创新的文献包括屠启宇、林兰的《文化规划：城市规划思维的新辨识》、王金花的《对城市文化规划及其创新初探》。屠启宇、林兰（2012）分析了我国文化规划实践现状、中国城市规划缺乏文化规划的深层次原因，对中国城市文化规划进行了深度思考。王金花（2006）则主要从文化创新的角度指出了城市文化规划制定的五个原则，即保留城市历史、现代与历史的结合、"引进"文化、城市包装、经营城市文化，以推动城市文化建设。

## 三、国内外对于创意城市的相关论述

（一）国外对于创意城市的论述

国外学者主要集中于创意城市的特征与评价体系研究，理论性较强。其中最具代表性的学者是理查德·佛罗里达及查尔斯·兰德里。理查德·佛罗里达在其著名的《创意阶层的崛起》一书中提出了创意城市所具有的三个特征（主要针对美国），也是评价创意城市的三个指标，即"3T"指标，技术（Technology）、人才（Talent）、宽容度（Tolerance）。佛罗里达"创意资本理论"的基本观点是区域经济增长的驱动力是创意人才，因为创意人才总是愿意往多样化、有着较高宽容度和对新观念持开放态度的地区聚集。[8]佛罗里达的"3T"指标体系确实体现了创意城市的一些显著特征，但是也存在着明显的缺陷，例如，理论过于简单化，不具有普遍适用性等。

查尔斯·兰德里（2000）则认为，创意城市的基础建立在以下七个因素之上，即个人品质、意志与领导素质、人力的多样性与各种人才的发展机会、组织文化、地方认同、都市空间与设施、网络动力关系。[9]与佛罗里达的"3T"指标相比，兰德里的指标更为完善，更多地考虑了地区人文环境及设施环境对创意城市建设的影响。但是，也应注意到，其指标体系的量化性较差，难以准确进行衡量以及进行不同地区的比较。

总之，当下创意城市的评价理论仍处于争论探索中，已提出的指标体系都存在这样或那样的问题，而无法很好地、大范围地应用到创意城市评价的实践中去。

## （二）国内对于"创意城市"的论述

国内对于创意城市的研究则集中于创意城市评价指标体系的构建、创意城市的打造路径与模式研究，研究主题偏重实践性。

肖永亮、姜振宇（2010）提出了一套创意城市的指标体系，指标体系由"文化产业规模指标""城市管理指标""创意人才指标""居民消费能力和消费习惯指标"等9个一级指标、17个二级指标、118个三级指标构成，并且详细指出了创意指标的应用方法。段学芬、马晨晨（2011）通过对创意城市特征的分析构建了城市经济及产业规模、城市科教水平、城市文化环境、城市开放性、城市便利性等五个方面的评价体系。吕庆华、芦红（2011）则构建了一个拥有创意成果、结构/制度等六大一级指标以及众多副指数及指标构成的评价指标体系。通过文献阅读可以发现，我国的创意城市评价指标体系的研究基本还是建立在佛罗里达等人研究的基础上，都表现了对科技、人才、城市创意环境的关注，创新之处主要在于结合了我国具体的政府管理、经济水平等方面的实际，并且对各个指标更加细化、更加可衡量。

在创意城市打造方面，臧华、陈香（2007）指出，文化政策在创意城市建设过程中具有重要作用。李蕾蕾（2008）则通过回顾和述评的方式对发展文化创意产业和创意城市的创意集群战略、3T城市战略、3C城市策略等进行了总结，对建设创意城市的实践起到了引导和启发的作用。王克婴（2010）分析了自然资源主导型和人文资源主导型两种创意城市发展类型，并在此基础上形成了三种创意城市发展路径：欧洲模式、美国模式、亚洲模式。王慧敏（2010）在综合国内外研究、结合中国城市发展现状的基础上，明确提出了我国创意城市的发展路径——NIP

（Network，Interactivity，Policy）。梁姝娜等人（2014）则从创意城市形成发展的动力方面展开论述，分析了其内在的良性循环发展机制——创意、创意产业、创意城市、创意产品生产和消费。

我们可以看到，在西方现有研究的基础上，国内学者的研究越来越多地考虑中国城市发展的特点与现状，适应了中国城市发展的需求。

## 四、"文化规划""创意城市"的定义与内涵

### （一）"文化规划"的定义与内涵

#### 1. 定义

世界范围内文化领域的繁荣发展推动了针对文化资源和文化需求的规划方法的探索和建立。[10]20世纪70年代，政府官员、城市规划者、学者等开始定义"文化规划"的概念，并界定其涵盖范围。黄鹤在《文化规划——基于文化资源的城市整体发展策略》一书中对西方文化规划的定义有较为全面的论述，主要论述了四种来源于权威性机构和知名学者的定义，在此，作者不再赘述。

#### 2. 内涵

至今，学者们对"文化规划"的定义也缺乏一个统一的认知，因而对"文化规划"的内涵也莫衷一是，各执一词。学者们纷纷从自己的研究领域出发，对"文化规划"的内涵进行了相应阐述。其中，国内较为认同的便是黄鹤老师的观点。黄鹤在其专著中指出，西方学者对文化规划定义中的文化不是最为广泛的文化定义——文化作为生活方式，也不是局限在最狭义的定义上——文化作为艺术，它针对的目标是城市的文化资源，包括历史文化资源、当代文化资源、城市建成环境。[11]

她认为，针对中国城市的状况，文化规划一方面是作为针对文化资源和文化需求的规划方法，是在城市和地区发展中对文化资源整体性及策略性的运用；另一方面，文化规划作为一种规划思想和理念，是城市规划设计的艺术，代表了以文化的观念来解决城市问题的发展理念。[12]黄鹤对于文化规划的论述侧重于文化资源，即文化资源是文化规划的目标、对象，通过对城市、地区文化资源的正式规划，将文化渗透到城市、地区的发展过程中，以提升城市的文化品位，最终推动城市经济发展、提升城市生活质量。而这也是当下我国各个城市进行文化规划实践的主要方向及模式。

（二）"创意城市"的定义与内涵

1. 定义

理查德·佛罗里达主要从创意阶层的角度定义了"创意城市"。他认为，创意城市就是能够吸引创意阶层的城市。一方面，创意阶层具有个性化、精英化、多样性和包容性的价值观，他们的到来使得城市也具有了活力和创造性；[13]另一方面，当前企业发展中最突出的现象就是公司追逐人才，人才密集之地总是吸引着公司来此运营或创业。创意阶层在城市中的聚集带来了各种创意型企业的集聚，推动城市创意经济的发展，创意城市逐渐形成。

查尔斯·兰德里（2000）指出了创意城市的七个创意城市所应该具有的基础，因而定义了创意城市。他认为城市要想真正拥有创造力，成为创意城市，至少要包含七组因素：个人品质、意志与领导素质、人力的多样性与各种人才的发展机会、组织文化、地方认同、都市空间与设施、网络动力关系。[14]

国内学者也对"创意城市"进行了定义。例如，徐彦武、胡俊成（2009）认为，创意城市是指能吸引文化创意人才与团体，通过创意产业的兴起赋予城市以新的生命力和竞争力，以创意方法解决城市经济社会发展的实质问题，实现依靠文化经济、知识经济来推动发展的重要经济发展模式。[15]陆恒、冯诗琪（2015）提出创意城市是创意集群发展的结果。[16]

2. 内涵

国内大部分学者主要是从创意产业等城市经济角度定义了创意城市，着重强调创意城市建设的经济性，即城市创意产业的发展推动了创意城市的建设、形成，这或许受到我国这些年来注重经济发展的国家总体战略的影响。但是，仍有部分学者从其他角度对创意城市的内涵进行认识。王林生（2016）认为，创意城市并不能简单地从经济层面理解其意义，即创意城市仅仅只是探索以文化经济为主要驱动和支撑的城市发展模式。创意城市更为注重发展中国家、地区的城市发展的多样性道路。[17]这为我们提供了一种新的研究思路。此外，徐彦武、胡俊成（2009）认为，创意城市的内涵主要体现以下六个方面：创意与城市发展关系、创意城市产生的条件、创意城市的五种类型、创意城市构成要素、创意城市与公共政策、创意城市的支持与约束条件。[18]徐彦武、胡俊成对于创意城市内涵的概括基本涵盖了当前创意城市研究的主要内容，对于创意城市内涵的表述较为完整。

## 五、文化规划与创意城市的关系

### （一）文化规划的功能

#### 1. 城市规划发展的必然

自工业革命以来，随着城市经济发展的变化，西方的城市规划也经历了重大转变。工业革命初期，机器大工厂纷纷在城市中心建立，因此也就有了美国的"汽车城"底特律、"钢城"匹兹堡、石油和航天工业发达的休斯敦，有了英国的伯明翰、格拉斯哥，有了德国的鲁尔区，工业发展成为当时城市规划的主要目的，工厂成为城市规划的主要对象。但是，这样的城市规划显现出了诸多弊端，最主要的弊端就是城市污染严重，城市的宜居性大大下降，使得城市渐渐失去了发展基础——人口。尤其是随着第三次科技革命的兴起，以机器大工厂为代表的第二产业急速衰落，以服务业和高科技为代表的第三产业兴起，众多工业城市突然陷入经济停滞状态，人口流失严重，失去发展动力。这使城市管理者意识到城市中人的重要性，城市规划开始转向提升宜居程度以吸引人才，在城市规划中渗透文化因素就成为一种提升城市宜居性的最佳手段。

人口是城市经济发展的基础，人才是城市经济发展的主要动力之一，现代城市实现发展的最主要的任务之一就是吸引到足够多的人。过去城市规划注重城市的功能性，忽略了人在城市中的主体和核心地位。第二产业的衰落、第三产业的发展则凸显了人口、人才的作用，城市规划因此而转变，文化规划是现代城市规划发展的必然选择。

#### 2. 城市经济复兴的手段

第三次科技革命带来了城市经济结构的转型，最直接的表现就是城市工业的衰落，这对于西方的城市，尤其是经济发达的工业城市来说是一次巨大的打击，城市经济一度陷入停滞，失去发展方向。在此情况下，文化规划实际上成为城市经济复兴的一种手段，尤其是从文化旅游的角度来说。欧洲知名的工业城市、工业地区在原有工业经济衰落、城市面貌衰败的基础上，对工业建筑进行重新规划、设计以及再利用，引入艺术家进驻，发展成为文化艺术场所，在发展艺术经济的同时，促进了城市工业旅游、文化旅游的发展，这种做法成为西方大部分工业城市复兴的可行选择之一。

格拉斯哥和毕尔巴鄂可以说是使用文化规划复兴城市经济的典范。这两个城市一个位于苏格兰，另一个位于西班牙，二者都是工业革命的受益者。其优越的地理位置、便捷的海陆交通、丰富的资源，成就了地区发达的制造业、重工业，是典型的西方工业城市。两个城市在 20 世纪中后期都经历了城市衰败、经济发展停滞的窘境。城市经济发展陷入危机的现状，使得格拉斯哥首先开始做出改变，试图通过城市面貌重塑实现城市经济从制造业向服务业的转变，同时增加城市活动、创建城市精神，以突出艺术、文化的作用，发展旅游业。格拉斯哥的行动效果明显，城市面貌、城市经济焕发生机，毕尔巴鄂对格拉斯哥的发展方式进行了模仿，城市经济实现了复兴。

### 3. 适宜居住环境的需要

工业革命后，工业发展对城市环境造成巨大破坏，空气污染、水源污染、噪声污染等早已司空见惯，重要的工业城市已不适于人类长期居住，逃离大城市成为这一时期人口迁移的主要方向。城市想要重新吸引、保留人口与优秀人才，首先要改变的就是城市建成环境，使得城市环境更宜居。佛罗里达在《创意阶层的崛起》一书中指出，创意阶层首先选择理想的生活地区、城市、社区，然后才会在区域范围内寻找工作，建成环境的宜居性是创意阶层，也就是高端人才的首要关注点。

文化规划是城市宜居环境建设的重要手段之一。文化规划就是要利用文化资源对城市建成环境进行重新设计，赋予城市建筑、设施以文化含义，使得城市更加具有柔性，即充满人类生活的印记与气息，而不再是工业城市中机器所带来的冷冰冰的刚性。

### 4. 城市文化传承的方式

文化规划是城市文化传承的方式之一。在全球化背景下，世界城市在城市形态、制度规范、市民行为等方面日趋雷同，只有文化上的区别显得尤为重要、更有价值。[19]城市文化是城市的独特印记和符号，其中一个突出表现就是城市建成环境（包括建筑物和已有设施）。当前，各国对城市历史建筑、遗留设施都给予了相当多的关注，并且都意识到了它们所具有的经济价值。但是，城市管理者更多注重的是建筑物及设施本身的保护和开发，目的更多的是发展城市旅游，没有把其作为城市的一部分，从文化规划的角度对城市整体建成环境进行整合、谋划，其管理是分散化的、碎片化的。例如，在中国，每一个历史建筑都会有一个专门的建筑或景区管理部门，这些部门虽同属于一个上级部门，但经营是相互独立的，缺乏联动性。

对城市建成环境进行管理的传统方式就是"保护 + 开发"模式，一方面通过保护，尽量保留城市原有风貌；另一方面，对原有建筑、设施进行艺术性改造、商业性开发，发掘其经济价值以保持其持续发展的活力。文化规划方式则更加系统、全面，体现出一定的参与民主。首先，对城市建成环境进行整体性调查、评估，并充分吸收城市居民的反馈意见，在政府的统一组织和引导下，在专家尤其是城市规划和文化管理专家的充分参与下，运用规划手段及程序发展出的一整套文化规划方案。

## （二）创意城市实现路径

国外创意城市已形成内生型和外生型两种发展模式。[20]内生型创意城市主要是指一些城市本身带有创意城市形成、发展的一些必要特征，在城市经济发展过程中自然而然地产生了大量创意经济，形成了创意城市，本文作者将内生型创意城市又细分为资源型创意城市和环境型创意城市。外生型创意城市是指城市本身并不具有突出特色，主要依赖外力的推动，最主要的是政府的推动，从而催生特色创意经济，形成创意城市，所以外生型创意城市主要指规划型创意城市。

### 1. 内生型创意城市

### （1）资源型创意城市

王克婴将创意城市发展的资源基础分为自然资源与人文资源两种，两种资源基础上各自有三种类型的创意城市。自然资源主导型的创意城市有自然资源充分利用型城市、自然资源改造利用型城市、自然资源创新性再利用型城市。人文资源主导型的创意城市有工业遗址的利用和改造模式、城市重建中的旧城改造模式、城市民间传统手工艺的产业化开发模式。[21]王克婴老师基本将当前世界上的资源型创意城市进行了较为完整的概括，我们可以看到，大部分创意城市的发展还是建立在资源基础上的。

### （2）环境型创意城市

除了资源所带来的发展优势之外，环境也是创意城市发展必不可少的因素之一。这里所说的环境因素主要是指一个城市在某个国家中的独特地位，例如，首都以及拥有交通环境、社会环境等能够产生吸引力、信息流动性强特点的城市。

国家的首都拥有国家、国际双重吸引力，能够最大限度地吸引各类资源，为创意城市的建设提供助力，英国的伦敦、法国的巴黎、中国的北京就是这方面的突出代表。此外，不同于资源型创意城市主要利用自身资源，环境型创意城市胜在能够充分吸引外部资源，便利的国内外交通、具有包容性的社会环境为资源的流动提供了必备条件和通道。

### （3）外生型创意城市

由于当前的外生型创意城市的建设、发展主要是由当地政府牵头和推动的，所以笔者在这里提出的外生型创意城市主要就是指规划型创意城市。已经加入"创意城市网络"被联合国教科文组织授予"设计之都"称号的布宜诺斯艾利斯、蒙特利尔、名古屋、神户等当属这种类型。[22]

当然，这两种发展模式的划分并不是截然分离的。[23]我们可以看到，在诸多城市的发展过程中，其实是综合利用了这两种模式。城市管理者对城市本身历史的、现代的资源进行规划、整合和管理，并在此基础上，合理吸引优质外部创意资源，培育创意经济，激发城市创意性。简言之，就是政府和市场同时发力，有效利用内生与外引资源，各界共同参与打造创意城市，这是创意城市建设发展的核心策略。

通过对文化规划功能和创意城市的实现路径进行解析，可以发现文化规划是现代城市在发展到一定阶段后完善城市功能、满足人类需求的必然选择，事实上是对城市基础设施、城市功能区划、城市发展定位等方面进行重新规划设计以期提升城市的宜居性、更好满足人类发展与生活的需求。在此过程中，大部分学者所认为的"创意城市"逐渐形成，可以说城市文化规划是创意城市形成的最重要的诱因之一，是实现创意城市最直接、有效的手段之一。但是，文化规划的目的并不仅仅是激发城市发展活力、塑造创意城市，其追求的更是城市中人类社会的健康和谐，因而其发展目标不仅仅是形成创意城市，而是包含更丰富、多元的价值，例如，建立完善的公共文化服务体现、推动更加广泛的文化民主、提升城市居民生活质量等。因而，城市的文化规划将会是一个更加漫长的过程。

## 六、结论

当前，国外文化规划的研究与实践方兴未艾。随着我国经济发展走入新时代，改革开放深入推进，我国对于文化规划学术研究和实践正如火如荼地进行，在积极引入国外众多学者理论并对其进行深入挖掘、重新认识的基础上，进行了本土化实践，杭州提出要建设创意城市就是我国本土化实践的一个重要例子。因此，对于文化规划和创意城市的概念、内涵及相互关系的认识在当下就显得尤为重要。

综上所述，笔者认为文化规划是实现创意城市的重要手段，文化规划的实施是形成规划型创意城市的必要前提。当然，城市实行文化规划也是为了对本地区的文化资源进行整合管理、为了实现文化民主、为居民提供均等的公共文化服务、提升宜居性、提高文化生活质量，其目的具有多样性，创意城市是文化规划的重要目标之一，并不是全部目标。

## 参考文献

[1] 何晰，李建华．"服务型制造"的创新机理及其竞争优势——对第三次工业革命先进生产方式的分析与思考［J］．理论与改革，2014（6）：72-75．

[2] 李祎，吴义士，王红扬．从"文化政策"到"文化规划"——西方文化规划进展与编制方法研究［J］．国际城市规划，2007（5）：75-80．

[3] 李祎，吴义士，王红扬．西方文化规划进展及对我国的启示［J］．城市发展研究，2007（2）：1-7，22．

[4] 吴承忠，田昀．文化规划的内涵及实践［J］．城市问题，2014（9）：71-74．

[5] Harvey S. Perloff. Using the arts to improve life in the city［J］. Journal of Cultural Economics，1979（2）．

[6] Deborah Stevenson. "Civic Gold" Rush：Cultural planning and the politics of the Third Way［J］. International Journal of Cultural Policy，2004（1）．

[7] Graeme Evans. Cultural Planning：An urban renaissance［M］. Taylor & Francis e - Library，2003：215．

[8] Richard Florida. 创意阶层的崛起［M］. 北京：中信出版社，2010：287．

[9] Landry Charles. The Creative City——A Toolkit For Urban Innovators［M］. London：Earthscan Publications LTD，2000．

[10] 黄鹤．文化规划——基于文化资源的城市整体发展策略［M］．北京：中国建筑工业出版社，2010：5．

[11] 黄鹤．文化规划——基于文化资源的城市整体发展策略［M］．北京：中国建筑工业出版社，2010：6．

[12] 黄鹤．文化规划——基于文化资源的城市整体发展策略［M］．北京：中国建筑工业出版社，2010：7．

[13] Richard Florida. 创意阶层的崛起［M］. 北京：中信出版社，2010：88-89．

[14] 同［9］。

[15] 徐彦武，胡俊成．战略、机制和产业——南京市加快构建创意城市的发展框架［J］．现代城市研究，2009，24（4）：46-53．

[16] 陆恒，冯诗琪．基于创意产业和创意集群的创意城市发展研究［J］．郑州大学学报（哲学社会科学版），2015，48（4）：83-86．

[17] 王林生．文化多样性：创意城市的价值理念、测度与启示［J］．福建论坛（人文社会科学版），2016（12）：167-174．

[18] 同［15］。

[19] 屠启宇，林兰．文化规划：城市规划思维的新辨识［J］．社会科学，2012（11）：50-58．

［20］刘平. 国外创意城市的实践与经验启示 ［J］. 社会科学，2010（11）：26－34.

［21］王克婴. 比较视域的国际创意城市发展模式研究 ［J］. 山东社会科学，2010（4）：39－44.

［22］［23］同 ［20］。

# 英国艺术委员会演变轨迹及其启示

周正兵[1]

**摘　要:** 全球文化政策演变的历史表明,艺术委员会是国家支持艺术的有效方式。自1946年英国设立艺术委员会以来,全球各国纷纷设立类似机构,发挥着十分重要的角色——他们参与艺术政策咨询,提供政府资金支持,扶持艺术发展与普及——成为国家支持艺术发展最为倚重的机构之一。而英国艺术委员会无疑是其"鼻祖"与样板。文章在此背景下梳理英国艺术委员会的发展历程,描述其发展的两个重要历史阶段——凯恩斯时期与后凯恩斯时期的社会背景、制度框架、运行机制,以期准确还原英国艺术委员会的本真面貌,以期起到拾遗补阙之用,并为我国艺术基金的运行提供若干经验借鉴。

**关键词:** 英国艺术委员会;凯恩斯;一臂之距

## The Evolution of British Arts Council and Its Enlightenment

Zhou Zhengbing

**Abstract:** The history of global cultural policy evolution shows that the arts council is an effective way for the state to support the arts. Since the establishment of the arts council in Britain in 1946, similar institutions have been set up around the world, playing a very important role—they participate in the art policy consultation, provide government financial support, support the development and popularization of the arts—and become one of the most important institutions for the state to support the development of the arts. And British art committee is definitely its founder and model, this paper under the background of the development of the arts council, describe the two important historical stage of devel-

---

❶ 周正兵(1973—),男,安徽省枞阳人,中央财经大学文化产业系教授,博士生导师。

opment, the period of Keynes and after Keynes, social background, the institutional framework and operation mechanism, in order to restore the true face of British art committee accurately, so as to play a gleaning, and provide some experience for our country art fund running.

**Keywords**: British arts council; John Maynard Keynes; An arm of the distance

# 一、引言

如今，学术界言及英国文化政策自然要提到英国艺术委员会及其"一臂之距"原则，但是这些都是"二战"后兴起之事。其实在"二战"之前，除了博物馆与体育馆法案（1891）以及公共图书馆法案（1892）两个法案外，英国并无所谓的文化政策，更无相应的政府部门。❶ 更为重要的是，与德、法等大陆国家不同，英国缺乏文化领域国家资助的传统：一方面，作为新教国家，英国政府对于艺术的态度没有德、法两国那样积极，因而政府在艺术领域的作为并无社会合法性依据；另一方面，工业革命兴起的资产阶级坚信"管理最少的政府是最好的政府"的信条，因此，在艺术领域中，任何政府行为都可视为对现有市场秩序的破坏，没有任何的经济合理性。❷ 因此，对于英国艺术委员会形成原因的解读并无多少深远的历史渊薮可以追溯，其最近可以追溯的历史是"二战"时期设立的音乐与艺术鼓动委员会（Council for the Encouragement of Music and the Arts, CEMA），我们对于英国艺术委员会历史的梳理也自此开始。见表1。

表1　英国艺术委员会重大事件一览表

| 时期 | 年份（年） | 标志性事件 |
|---|---|---|
| 20世纪40年代 | 1940 | 根据皇家特许令设立音乐与艺术鼓动委员会 |
| | 1942 | 凯恩斯被任命为委员会主席 |
| | 1945 | 音乐与艺术鼓动委员会资助46家艺术机构 |
| | 1946 | 艺术委员会特许令颁布 |
| | 1948 | 地方政府授权艺术政府资助 |
| 20世纪50年代 | 1951 | 艺术委员会资助艺术机构数量升至92家，其中包括皇家戏剧院 |

---

❶　Green and Michael Wilding. Cultural policy in Great Britain [R]. Unesco, 1970.

❷　John W. O'Hagan. The State and the Arts: an Analysis of Key Economic Policy Issues in Europe and the United States [M]. Cheltenham, U. K.; Northampton, Ma.: Edward Elger, 1998.

| 时期 | 年份（年） | 标志性事件 |
|---|---|---|
| 20世纪60年代 | 1964 | 珍妮·李（Jennie Lee）被任命为艺术部长 |
| | 1967 | 修订艺术委员会特许令 |
| 20世纪70年代 | 1975 | 艺术委员会资助262家机构 |
| 20世纪80年代 | 1984 | 艺术委员会发布报告宣称伦敦与地方在获得资助方面不均衡 |
| | 1987 | 诺曼·泰比特（Norman Tebbitt）发起重组艺术委员会资助系统的运动 |
| 20世纪90年代 | 1992 | 国家遗产部设立 |
| | 1993 | 国家彩票法案通过 |
| | 1997 | 国家文化、媒体与体育部设立 |
| 21世纪 | 2002 | 英国艺术委员会与10家地方艺术委员会合并 |
| | 2010 | 英国艺术委员会发布十年战略规划——为所有人创造伟大的艺术 |

*资料来源：英国艺术委员会网站。

## 二、凯恩斯时代（1940—1966年）

音乐与艺术鼓动委员会的前身颇有意味，有必要加以详细表述。1930年，大洋彼岸美国的铁路大亨埃德华·哈克尼斯（Edward Harkness）捐资200万英镑设立了朝圣者基金（Pilgrim Trust），该基金旨在保护英国的历史遗产，包括社会、智力和物质等所有方面的遗产。随着第二次世界大战的全面爆发，艺术特别是表演艺术生存面临着巨大困境，为了帮助这些艺术机构尽可能地适应未知的战争局面，鼓励它们继续从事艺术工作，朝圣者基金于1939年年底设立了一个由六人组成的音乐与艺术鼓动委员会。在音乐与艺术鼓动委员会的指导之下，朝圣者基金支持各类艺术团体进行"艺术为了人民"巡演，这不仅缓解了艺术团体的经济困难，而且在战时起到了凝聚人心的作用。这些举措得到政府的高度认同，1940年，英国教育委员会主席正式任命音乐与艺术鼓动委员会的九位委员，并将音乐与艺术鼓动委员会升级为政府性质的艺术促进机构。

升级之后的音乐与艺术鼓动委员会原本应该与之前的机构一样平淡，但是这一切都因为一个人的介入而彻底改变，这位巨人就是约翰·梅纳德·凯恩斯（John Maynard Keynes）。

凯恩斯（1883—1946），英国著名经济学家，被世人誉为"资本主义的'救星'""战后繁荣之父"。他一反18世纪亚当·斯密以来自由主义市场经济的思想，强调政府应该积极扮演"经济舵手"的角色，通过财政、货币等手段调控经济，以摆脱经济萧条和防止经济过热。与此同时，凯恩斯也是一个十分活跃的社会活动家与艺术爱好者，他赞助艺术，同时也做收藏，1942 年他还被委任为音乐与艺术鼓动委员会第二任主席。凯恩斯对于音乐与艺术鼓动委员会以及后来的艺术委员会的影响是决定性的，这主要体现在两个方面。其一，凯恩斯经济思想为政府资助艺术以及这些机构的设立提供了合法性。依据按照凯恩斯理论，市场并非万能，也存在大量的失灵现象，在艺术领域中市场失灵现象更为明显——如艺术机构由于成本高、信息不对称等原因而生存困难，消费者由于收入与教育水平等因素而很难接触艺术——而"艺术使人们接触到'全人类'的普泛价值，所以，应该保证它既不受市场的冲击也不受政府的干预，就如同教育、健康和社会安全一样，它是现实的公民生活中不可或缺的要素"❶。质言之，凯恩斯为这一时期乃至战后相当长一段时间英国艺术资助政策提供了理论基础与合法性依据。其二，凯恩斯通过自身的实践确立了这些机构运营的基本规则。作为经济学家，凯恩斯在其主政期间对音乐与艺术鼓动委员会做了极富有创造性的组织与流程改造，并大致确立了今天为世人所熟知的"一臂之距"的管理模式。首先，作为独立机构，音乐与艺术鼓动委员会虽然接受政府的资金资助，但独立决策，只就资金问题向财政部门汇报，而不受艺术行政部门的干预，保持其既有的使命、愿景及决策权力，即与政府与政治保持"一臂之距"。其次，作为艺术资助机构，音乐与艺术鼓动委员会开创性地设立"同行评议"制度。委员会在机构设置上，除了重大决策的委员会之外，还根据艺术门类不同设立专门小组，如音乐、戏剧等专门小组，小组成员均来自该领域的艺术家，并设小组主管一名，这些专门小组具有委员会的决策权限，能够自行决定是否资助等事项，这是典型的"同行评议"，也是"一臂之距"原则中重要的一环。

凯恩斯的贡献不仅在于此，也正是在他的推动下，作为战时组织的音乐与艺术鼓动委员会也在战后实现了平稳过渡，变身为我们今天所熟知的英国艺术委员会（Art Council of Great Britain），而他本人也顺理成章地被推选为艺术委员会的首任主席。不过十分遗憾的是，在担任英国艺术委员会主席之后不久，凯恩斯便与世长辞，甚至没有来得及看到他所倾注心血的英国艺术委员会特许令的颁行。而后者作为凯恩斯的遗产，将凯恩斯思想转变为法律文本，为艺术委员会及其管理、资助等政策提供法律依据，为艺术委员会半个多世纪来的发展提供坚强的支撑与科学的指引。以下我们结合艺术委员会特许令，对起步阶段艺术委员会的运作情况加以总结。

---

❶ 柯肖. 令人沮丧的民主：1979—1999 年的英国戏剧与经济 [EB/OL]. http://wen.org.cn/modules/article/view.article.php/c13/2455.

　　首先，特许令是英国宪政制度中的"特别授权"法律，它不仅明确了艺术委员会作为独立机构的权利，而且明确界定了政府与艺术委员会之间的权利义务关系。按照特许令的契约安排，艺术委员会将在特许令的规制下独立运转，充分享有其独立自治的权利，而政府的管辖只能在特许令设定的条款中寻求合法依据，否则政府就无权干涉其内部事务。这种政府权力在宪政内运作的宪政思想，是英国艺术委员会设立的思想基础，也正是按照宪政中的权力制衡原则，艺术委员会确立其独特却又具有普遍意义的"一臂之距"原则。艺术委员会特许令其间虽经多次修改（1967、1994、2002 等），但是其立法的思想基础与原则并无改变，这在立法上保障了艺术委员会的稳定性与持续性。

　　其次，特许令确立艺术委员会的目标及其管理框架。1946 年颁布的特许令对艺术委员会的目标做了如下描述："致力于推动有关艺术（fine arts）更为广泛的认知、理解以及实践，特别是要提升公众对于艺术的接触程度……提高艺术的运作水平，同时就上述目标直接或间接相关的所有问题，与政府部门、地方当局和其他机构协作并提供建议。"这个表述中有着明显的凯恩斯痕迹，不过这种痕迹不是来自其经济学家的身份，而是源于其英国精英知识分子的国家情怀，在凯恩斯看来，美的艺术（fine arts）的创造与普及最终能够塑造一个更为团结而文明的英国。在今天看来，这样的目标表述多少有些崇高，甚至有点宏大叙事，但是在战后的英国也许只有这样的叙事方式才能获得立法的支持，而且从艺术委员会起步阶段的历史来看，艺术委员会在这个目标的推进过程中厥功至伟。至于其管理构架，其原理与模式与凯恩斯主政的音乐与艺术鼓动委员会并无太多差别，只不过这次是以立法的形式予以固化而已。前文我们对此已有所表述，这里就不再赘述了。

　　凯恩斯在接受 BBC 关于刚刚成立的英国艺术委员会的采访时，说了这样一段话："我并不认为它现在已经实现其全部的重要性。作为艺术资助的一个异类，她以一种十分英式的、非正式的、不张扬的，甚至可以说是半生不熟的方式，突然出现在艺术资助者的行列之中。这个半独立机构被赋予一定的资金来激励、抚慰以及支持那些有着严肃目标的，能够用戏剧、音乐与绘画等艺术方式为民众带来快乐的组织与机构。"❶ 在我们看来，这是对起步阶段的英国艺术委员会最中肯的评价：虽然它还不成熟，尚在蹒跚学步，但是它注定是一个影响全球文化政策史的大角色，在其后的半个多世纪内，它逐步发展为全球范围内国家艺术资助最重要

---

❶ John Maynard Keynes. The Collected Writings of John Maynard Keynes（Vol. 28）[M]. D. Moggridge. London: Macmillan Press, 1982.

的方式。

## 三、后凯恩斯时代（1967年至今）

经济学家普遍认为，从凯恩斯出版《就业、利息和货币通论》开始直到20世纪60年代中期这一时期称作"凯恩斯时代"，这主要是因为《就业、利息和货币通论》及其代表的凯恩斯主义不仅在经济思想领域占据主流地位，而且在国家经济治理领域大行其道。然而，进入20世纪60年代以来，西方国家的经济陷入滞胀状态，凯恩斯主义的经济政策失灵，不仅在理论上受到货币学派、供给学派等的挑战，而在实践上受到诸多国家的质疑，包括他自己的祖国——英国，全球范围内的经济与社会发展进入了"后凯恩斯时代"。这种历史分期在英国艺术委员会的发展历程中尤为明显。20世纪60年代之前的英国艺术委员会无处不受凯恩斯的恩泽与影响——从其独立的主体地位，到"一臂之距"的管理原则，甚至到"同行评议"的管理方式——是完全的"凯恩斯时代"。而以1967年艺术委员会特许令修订为标志，凯恩斯时代为艺术委员会所确立的目标及其管理模式开始不断地调整，以适应"后凯恩斯时代"的社会背景，英国艺术委员会进入了"后凯恩斯时代"。

1967年艺术委员会特许令修订与实施是艺术委员会自成立以来第一次最为重要的调整，虽然这次调整并没有涉及委员会的目标与任务，但是在艺术的范围以及管理模式等方面还是做了一些重要的调整，其中最为重要的调整有两个方面：其一是关于艺术范围的调整，即将"美的艺术"（fine arts）调整为"艺术"（arts）；其二是关于管理模式的调整，即将教育与科技部（Department of Education and Science）作为政府主管部门纳入管理框架当中。前文的分析表明，凯恩斯治下的艺术委员会关于艺术的理解有着明显的精英特征，艺术委员会资助的主要目标是精英艺术，而且主要是表演艺术及其团体，随着20世纪60年代英国文化大众化运动的风靡，这种精英的立场逐渐失去合法性与市场，文化与艺术的边界逐渐消融，直至被雷蒙·威廉斯等人概括为"生活方式"。而这种潮流在特许令修订中的直接表现就是去掉那个代表精英的"fine"，而艺术委员会资助的范围也逐步扩大到表演艺术之外的更多艺术门类，特别是大众艺术。与此同时，我们知道，凯恩斯的夫人以及诸多挚友都是艺术圈的精英人士，而且他本人常常深度参与艺术，对于艺术的理解非同寻常，他自己常常以他经济学家的专长来扶持甚至是直接参与管理艺术，这种特殊经历让凯恩斯对于艺术自由与政府管理之间的悖论关系有着深刻的理解。因此，在他治下，艺术委员会不受艺术行政部门干预，而只是就资金问题向财政部门汇报，艺术委员会及其资助的艺术享有充分的自由空间。但是，这次修订对此做了调整，将教育与科技部作为政府主管部门纳入管理框架，虽然其管理权限仅限于资金层面，这也就是我们今天国人通常理解的"一臂之距"管理模式：国家对文化拨款的间接管理模式，其基本框架是中央政府部门在其与接受拨款的文化艺术机构之间，设置了一级作为中介的非政府的公共机构。其实，这与凯恩斯当初设计的制度已经有所区别，因为在凯恩斯时代，是没有这个中央政府文化业务部门的。

以此为起点，英国艺术委员会在其后的发展历程中经历了多次冲击，其中冲击较大且影响深远的主要来自撒切尔政府，以下我们就此展开分析。众所周知，撒切尔夫人是亚当·斯密自由市场观的忠实拥趸者，为此她必须与以凯恩斯主义及战后"共识政治"（consensus politics）决裂，进入一个全新的后凯恩斯时代。后凯恩斯时代最明显的特征就是以市场经济为导向，尽量减少政府的干预，对此撒切尔夫人这样分析道："我们不认为缩减政府的干预就意味着你减弱了它的权威（威信）。相反，一个做得少同时做得又好的政府，是一定会强化其权威的（威信）。我们的路线可以用若干世纪前中国古代先哲的话来形容，那就是'治大国如烹小鲜，无为'。"❶ 在此背景下，艺术委员会与其他公共部门一样，受到较大的冲击，并做出若干重要制度性调整，其中主要包括：缩减财政投入的增幅，强化艺术机构的商业性；按照新公共管理改革思路，重塑艺术委员会的角色与管理。

首先，按照撒切尔夫人自由主义市场经济理念，政府应该通过减少甚至是废除财政补贴以使艺术机构市场化，在其上任不久就开始消减艺术委员会的预算。从公开的数据来看，从1982年开始，艺术委员会的预算额度大幅降低，从成立以来的两位数增幅降到个位数，甚至大多数年份的增幅低于通胀水平，这在一定程度上意味着艺术资助额度的减少。而这看似残忍的手段背后却有着一个十分高尚的目标——促进艺术商业化，面向市场获得资金支持，对此1981获任艺术委员会主席的威廉·里斯－莫格（William Rees－Mogg）这样表述道："在这个时代生存下去需要的素质应该就是这个时代本身的素质。这些素质包括自力更生的信念、丰富的想象力、把握机遇的观念、选择的广泛性以及小型专业团队的企业家行为。政府应该继续帮助艺术，但艺术为了自己的前途和成长，也应该首先看清自己，然后再面向观众。"❷

❶ Frank O'Gorman. British conservatism, conservative thought from Burke to Thatcher [M]. Longman, 1986: 22. 转引自王春. 浅析撒切尔主义和撒切尔政府的文化政策 [D]. 呼和浩特：内蒙古民族大学, 2008.

❷ Rees－Mogg, William. The Political Economy of Art [R]. London：Arts Council of Great Britain, 1985: 8. 转引自柯肖. 令人沮丧的民主：1979—1999年间的英国戏剧与经济 [EB/OL]. http：//wen. org. cn/modules/article/view. article. php/c13/2455.

为了达到这个目标，英国艺术委员会不惜降下身段，向后辈美国艺术基金会学习，模仿其陪同资助的方式，同时提供商业与市场营销咨询，以提升这些机构获得自营收入与可持续发展的能力。❶ 而从实际的效果来看，铁娘子这一系列铁腕措施起到了一定的成效，这些获得政府资助的艺术机构的商业意识与市场观念在不断提升，这些机构自营收入的比重也在逐步提升，其可持续发展能力得到进一步夯实。

其次，按照新公共管理改革思路，重塑艺术委员会的角色。英国学者 E·费利耶 (Ewan Felie) 等人在其新公共管理学术名著《行动中的新公共管理》中认为，早期新公共管理的代表人物——撒切尔所奉行的是效率驱动模式，该模式的核心是将私人部门管理方法和技术引入公共部门，强调公共部门与私人部门一样要以提高效率为核心。在撒切尔眼中，艺术委员会与其他接受政府拨款的单位一样，都必须实施新公共管理改革，涉及艺术委员会的改革主要集中在两个层面，以下分别予以阐述。其一，在撒切尔推动的政府机构改革中，艺术委员会的角色定位发生了微妙的变化，从凯恩斯时期"一臂之距"的独立机构演变为非部委的公共机构（Non-Departmental Public Bodies），是指在政府中扮演着一定的角色，但不是政府部委，也不属于政府部委，在运作上享有一定程度之自主权，但设立该机构的部委仍应对其作为负最终责任。这种制度设置在一定程度上强化了 1967 年艺术委员会特许令强调的政府部门对艺术委员会的约束作用，具有明显的后凯恩斯时代特征。在后凯恩斯时代，艺术委员会与文化部门之间被描述为"伙伴关系"，即一方面，艺术委员会要对其承担的目标、日常管理及其负责之项目要全权负责；另一方面文化部门要当好"看门人"（gatekeeper），做好内外部协调沟通工作，并对不能实现预期目标的风险负有最终责任——双方共同协作，优化管理流程，提升运行效率。其二，在艺术委员会的管理中，更加注重从私营管理方法中汲取营养，特别注重要求明确的目标设定和绩效管理。正是在这一思想的指导之下，1984 年，艺术委员会出台了"第一个也是最大规模"的文化政策反思性文件——《花园的荣耀》（Glory of the Garden），这份文件尖锐地指出其中的不公平现象，如"伦敦地区仅占英国人口的 1/5，却吸纳了委员会近半的支出"，艺术委员会在今后一段时间内要将均等化目标置于首位，为了实现这一目标，委员会制定了详细的十年规划。❷ 与此同时，绩效也成为艺术委员会管理改革的重要目标，对此，英国学者柯肖有着十分生动的表

---

❶ Antony Beck. The Impact of Thatcherism on the Arts Council [J]. Parliamentary Affairs, Volume 42: 362-379.

❷ Nobuko Kawashima. Planning for Equality? Decentralization in Cultural Policy [EB/OL]. http://www2. warwick. ac. uk/fac/arts/theatre_ s/cp/publications/centrepubs/.

述："到 20 世纪 80 年代末，英国的文化政策（如英国艺术委员会所代表的那样）就被主张艺术商品化和市场化的货币主义的意识形态重新改造了；而且，至少在修辞层面上，在这个漫无边际的领域里，公众原有的力量和权威被剥夺，它们转而被赋予了占据至高无上的地位的消费者这个想象的图像中。"❶ 也就是说，在市场化的绩效管理框架中，消费者取代艺术成为评价的标准，艺术委员会也与其他商业机构一样成为一个消费者导向的机构。此后，英国艺术委员会在年度报告中都在显著的位置说明消费者服务数量以及人均财政支出等情况，作为其管理绩效的重要指标向社会公布。

撒切尔之后，特别是自 1992 年起，文化部门首长成为内阁成员，随着文化部门的权力显著提升，艺术委员会不得不被动地与之建立更为紧密的合作关系。此后，文化部门与艺术委员会之间动态而微妙的关系，构成后凯恩斯时代艺术委员会最具特色的风景，"艺术委员会如同一个钟摆，在作为艺术资助机构的自治性与作为政令的责任性之间不停摆动，政府与艺术委员会之间的关系悬而未决，而政治影响的程度也起伏不定"❷。这些在后凯恩斯时代的两个重要文本——《为所有人创造伟大的艺术：艺术发展的战略性目标》（2010）与《艺术委员会管理协议》（2012）都有着明显体现。前者作为艺术委员会与文化行政部门签署的协议，为艺术委员会的运作设立了基本框架，虽然这种约束并不具备法律效力；后者则是艺术委员会为自身设立宏伟目标，为此艺术委员会要保持充分的独立性，"成为艺术发展更为有效的推动力量"❸。

## 四、几点启示

第一，英国艺术委员会是特定社会的产物，一个国家的政治、经济制度，甚至是非正式的文化制度乃至个人魅力都会对英国艺术委员会的演变产生影响。❹ 从显在的层面来看，英国艺术委员会发展的两个阶段——凯恩斯时代与后凯恩斯时代，

---

❶ 柯肖. 令人沮丧的民主：1979—1999 年的英国戏剧与经济 [EB/OL]. http：//wen. org. cn/modules/article/view. article. php/c13/2455.

❷ Ruth – Blandina M. Quinn. Distance or intimacy? The arm's length principle，the British government and the arts council of Great Britain [J]. International Journal Cultural Policy，Volume 4：127 – 160.

❸ Arts Council England. Achieving Great Art for Everyone：A strategic framework for the arts [EB/OL]. ww. artscouncil. org. uk.

❹ Annette Zimmer，Stefan Toepler. The Subsidized Muse：Government and the Arts in Western Europe and the United [J]. Journal of Cultural Economics，1999（23）：33 – 49.

其实与英国政治与经济制度的演变轨迹并无二致，甚至我们可以概括地说，英国艺术委员会演变的历史分期就是英国整体性制度在文化这个局部领域的具体呈现。而从潜在的层面来看，英国艺术委员会其实有着十分明显的文化制度方面的"路径依赖"——英国既缺乏欧洲大陆国家如法国那样的政府扶持艺术的传统，更由于文化领域的重商主义与市场化倾向，导致英国政府对于艺术的支持常常保持着一种若即若离的距离——这显然是英国艺术委员会演变的基本路径。与此同时，在潜在层面的各种要素中，历史人物的个人魅力与影响也不可忽略，如果说凯恩斯时代的英国艺术委员会几乎依赖凯恩斯的一己之力确立其基本的原则与规范，那么在后凯恩斯时代，作为首相的撒切尔夫人则重塑了英国艺术委员会的角色，并对其演变施加了革命性的影响。

第二，不管艺术委员会的目标或者功能如何演变，独立性与专业性是其根本属性。在英国艺术委员会发展的早期，凯恩斯作为主席就为艺术委员会确立了两条基本原则：其一，作为立法授权机构，虽然接受政府的资金资助，但其决策具有充分的独立性，这就是著名的"一臂之距"原则；其二，作为艺术资助机构，艺术委员会通过设立专门委员会以及实行"同行评议"制度，保障其服务的专业性。其后，英国艺术委员会在后凯恩斯时代，虽然艺术委员会与政府文化行政部门的关系变得更为紧密与微妙，但是总是能够保持在"合作伙伴"这样一个恰当的限度之内，其独立性与专业性仍然保持鲜活、有力。

第三，全球文化政策演变的历史表明，艺术委员会是国家支持艺术的有效方式。全球文化政策历史表明，"早期较多以检查监督或是课以重税以压抑某些政府不赞同的艺术表演或是形式，随着民主自由制度的落实，当代主要民主国家多半放弃检查式的政策，直接介入文化艺术事务，比避免伤害言论自由，而以赞助的方式鼓励"[1]。特别是12世纪60年代，这种趋势愈演愈烈，并直接影响了很多国家文化管理模式及其机构的设置，而艺术委员会则是这一趋势的直接产物。自1946年英国设立艺术委员会以来，全球各国纷纷设立类似机构以管理与资助本国艺术，其中包括：瑞士艺术委员会（1949）、爱尔兰艺术委员会（1951）、加拿大艺术委员会（1957）、新西兰艺术委员会（1964）、美国国家艺术委员会（1965）、挪威艺术委员会（1965）、芬兰艺术委员会（1967）、澳大利亚艺术委员会（1968）、瑞典国家文化委员会（1974）、荷兰文化委员会（1995）。根据国际艺术委员会和文化机构

---

[1] 刘宜君，等. 我国文化艺术补助政策与执行评估 [R]. 中国台北：行政院研究发展考核委员会，2010.

联盟（International Federation of Arts Councils and Culture Agencies）针对全球 201 个国家文化管理机构的统计表明，59% 的国家只有政府部门负责文化管理与资助，而有 40% 的国家兼有艺术委员会和政府部门，而美国只有非官方机构而无政府部门。❶ 而学术界更是有人将政府部门和艺术委员会视为国家层面政府资助艺术的两大基本机构形式，而英国艺术委员会又以其通过"一臂之距"原理而远离政府的政治干预而区别于政府。❷ 实际上，自英国艺术委员会设立以来，国家艺术委员会作为非官方机构，在全球范围内发挥着十分重要的角色，即他们参与艺术政策咨询，提供政府资金支持，扶持艺术发展与普及，并且已成为国家支持艺术发展最为倚重的机构之一。

---

❶ Madden，C. The Independence of Government Arts Funding：A Review［R］. D'Art Topics in Arts Policy，2009（9）. International Federation of Arts Councils and Culture Agencies. Sydney，www. ifacca. org/themes.

❷ Schuster，J. Supporting the Arts：An International Comparative Study［R］. Cambridge：Massachusetts Institute of Technology，1985.

# 北京老城公共文化空间更新模式、问题及政策建议[1]

张晓敏[2]

**摘　要：**北京老城公共文化空间更新的现状和模式对于北京其他区域、其他层面的更新具有十分重要的借鉴意义。文章对北京老城内 10 个长期跟踪的典型案例做法进行系统梳理和分析。结果表明，从不同空间类型看，纯公共空间一般需要政府、社会与市场力量等多方主体合作，半公共空间和具有公共属性的私人空间一般仅有两方主导或者单方主导。从不同环节看，在升级和腾退环节中一般由政府来主导，在改造环节中由企业主导实施推进，在运营环节中引入了专业领域较为突出的社会力量参与。不同的更新模式在资金平衡、空间发展的可持续性、空间开放度等方面具有明显的差异。因此，综合空间不同的模式特征和当前公共文化空间中存在的问题，对公共文化空间更新中的主要路径、发展动力、重点方向、重点面向的人群、创新方向提出了相应的政策建议。

**关键词：**公共文化空间；更新模式；空间类型；环节

## Urban Renewal Model, Problems and Policy Suggestions of Public Cultural Space in Old City of Beijing

Zhang Xiaomin

**Abstract：**The present situation and mode of the renewal of public cultural space in Beijing's old city are of great significance for the renewal of other areas and other levels in Beijing. This paper systematically combs and analyses 10 typical cases of long – term fol-

---

❶　项目名称及编号：北京市哲学社会科学北京学基地项目（BJXJD – KT2016 – YB01）。

❷　张晓敏（1984—），女，内蒙古自治区呼和浩特市人，管理学博士，北京市经济与社会发展研究所副研究员，研究方向：城市更新、首都功能研究。

low – up in the old city. The results show that from different types of space, pure public space generally needs the cooperation of government, society and market forces. Semi – public space and private space with public attributes are generally dominated by two parties or unilaterally. Seen from different chain, in the process of upgrading and evacuation, the government is generally dominant, In the process of transformation, the enterprise is dominant to implement and promote, And in the operational chain, more prominent social forces in the professional field are introduced. Different renewal modes have obvious differences in capital balance, sustainability of space development and openness of space. Therefore, combining the characteristics of different modes of space and the problems existing in the current public cultural space, this paper puts forward corresponding policy suggestions on the main path, development impetus, key direction, focus on people and innovation direction in the renewal of public cultural space.

**Keywords**：Public cultural space；Urban Renewal Model；Space Type；Chain

## 一、引言

当前，北京城市更新已经进入了一个连片状的、精耕细作的阶段（张晓敏，2019），受到了各界的广泛关注。北京老城公共空间的更新，开展范围较广、涉及的利益主体众多、产权和历史遗留问题等情况较为普遍，其城市更新对其他空间具有示范作用。北京公共文化空间既是城市空间组织的核心，也是城市形象的重要标志，更是体现首都风范、古都风韵、时代风貌的组成部分。联合国第三次住房与可持续城镇化大会强调，公共空间不只是规划的一个要素，也是城市可持续发展的核心要素，还是实现全球可持续发展战略目标的重要因素（石楠，2017）。因此，关注北京老城公共文化空间的更新具有十分重要的现实意义。

公共文化空间是个涉及多学科的综合概念，包括政治学、法律学、规划学、建筑学、艺术学、社会学、管理学和经济学等。一般来说，政治和法律学关注的是国家的意志如何在空间上得以呈现；建筑和艺术等学科关注空间美感和建筑的外观，更多体现的是对空间本身的关注；规划学则从项目角度出发，关注的是某个微观项目能够持续运行下去的因素，缺乏更为宏观视角的考量。虽然物质空间或者物理上的空间本身也很重要，但在当前北京城市进入存量阶段后，城市进入了一个长期的深刻转型期，能够更为宏观反映转型城市中人与人、人与空间之间的经济社会关系更为重要。此外，不同国家的城市更新虽各有特色，但也呈现出一些共性和规律性的特征。比如更新改造的模式，国外一般呈现出多方主导的趋势性特征（董玛力等，2009）。典型的公共空间更新案例如英国科文特花园公共空间的改造（胡赟、尹瑾珩，2016）、日本东京的历史博物馆更新改造过程中众多主体的共同参与（乔丹·桑德，2018）、上海衡复艺术中心多方参与筹建的过程。总之，从更长的时间维度看，由单方向政府、市场和社会等多方共同合作转变的模式越来越成为普遍趋势。

对比国内外城市，北京公共文化空间的更新可能已呈现出上述的普遍性趋势，也有可能还不明显，这需要对现实的总体情况进行梳理和把握。在公共文化空间更新这个多视角命题下，我们试图从更为务实的经济社会学角度来研究，具体围绕以下几个核心命题展开：北京公共文化空间的更新是以什么模式为主，不同模式的效果、优劣势如何。通过回答这些问题，可以对北京公共文化空间的更新有一个框架性、系统性的认识，也对当前快速推进的老城更新提供有益的决策参考。

## 二、北京老城更新案例的选取和调研说明

与传统的宏观数据的获取有所差别，城市更新案例所涉及的环节很多，城市更新的数据和资料获取更多地需要通过实地调研了解细节，所以资料获取上有一定难度。当然，这也是由于城市存量阶段中会面临更为复杂的城市问题，需要更加精细化的处理，这要比城市在建设阶段通过宏观数据了解背后的规律难度要更大。因此，我们应该多角度、多个时间段、多主体地进行调研和跟踪。首先，我们数次实地走访，主要是为了确认公共文化空间本身的变化和发展情况，比如，运营状况如何，居民的参与度如何，这些都在实地走访时通过肉眼可以观察到。其次，我们对不同主体开展了多次访谈，并对这些案例持续跟进。调研的对象主要包括以下几方面：实施主体（一般是国企）、民营企业、社会组织、居民、街道、社区、在地的责任规划师和在地专业运营机构。最后，我们会通过亲自参与来了解公共空间活动开展的质量和效果。

近年来，北京老城区域内开展了大量公共空间更新方面的实践。我们持续几年跟踪和记录了一些典型案例，并且开展了系列访谈和调研，以尽可能全面客观地反映事实。因规划调整、市场变动或者政策改变等多种原因，部分案例的工作推进可能比较慢，我们从中选取了 10 个持续推进的项目作为本文的分析样本。具体包括红楼公共藏书楼、东四胡同博物馆、史家胡同博物馆、朝阳门社区文化生活馆、z-space、白塔寺会客厅、童行书院、大栅栏的大家客厅、隐海民宿文化空间和顺益兴

改造的四合院。这10个案例基本均匀分布于老城的不同区域，项目总体能够按计划推进，有的案例被当地政府作为亮点展示，总体上这些案例具有较强的代表性。

## 三、北京公共文化空间的不同更新模式

### （一）不同类型的公共文化空间更新模式

公共文化空间的类型可以从多个维度进行划分，可以按照提供的服务内容划分，比如戏剧类、民俗文化类、胡同四合院文化体验类、禅茶类等；也可以按照人群划分，可以划分为亲子类空间、中老年养老服务驿站空间、年轻人的社会交往活动空间等。本文是从经济学视角分析公共空间，按照空间的核心服务或产品是否收费及收费的比例，将公共文化空间分为三类：纯公共空间、半公共空间和具有公共属性的私人空间。纯公共空间，是指不需要付费所有进入的人即可享受到同样的服务和内容；半公共空间，对于所有人是开放的，但付费和未付费间的人群间享受到的服务和内容是有差别的；具有公共属性的私人空间，是指必须付费才可进入的空间。

如表1所示，在跟踪的10个案例当中，有6个是纯公共空间，有2个是半公共空间，还有2个是具有公共属性的私人空间。纯公共空间包括史家胡同博物馆、东四胡同博物馆、红楼公共藏书楼、z－space、白塔寺会客厅、大栅栏的大家客厅。纯公共空间因涉及的受众群体广泛，要协调的利益较多，因此一般需要政府、社会与市场力量等多方主体的合作。例如，白塔寺会客厅与大栅栏的大家客厅，涉及居民、项目实施主体、政府、商业、运营方等多方利益主体，所以更新模式都是政府＋市场＋社会多方主导的模式。半公共空间包括朝阳门社区文化生活馆和童行书院这两个空间。具有公共属性的私人空间，这些私人空间因位于北京历史文化保护区内，虽然它具有较高的"进入"门槛，但是它的设计、功能定位受到区域整体的规划约束和限制，因此具有一定的公共属性，比如，隐海民宿文化空间、顺益兴改造的四合院。半公共空间和具有公共属性的私人空间面向的对象比较明确，一般仅有两方主导或者单方主导，例如，朝阳门社区文化生活馆的改造环节主要由街道和企业两方主导，腾退环节和运营环节则都由一方来主导，顺益兴改造的四合院都由企业单方来主导。

### （二）不同环节的公共文化空间的更新模式

北京老城的更新，不仅包含闲置空间再利用的过程，也包含政府主动介入后将不符合首都功能定位的业态和人口腾退的过程，因此目前北京公共文化空间的更新包含"升级和腾退—改造—运营"这三个环节。不同环节中各事项的复杂程度不同，各主体的参与程度也呈现出一定差异。在升级和腾退环节中，因涉及的产权和利益协调等复杂事项，因此一般由政府来主导，或由区级政府出资、国企实施推进，如白塔寺会客厅和大栅栏的大家客厅；或产权掌握在区级政府、街道手中，政府对闲置空间进行升级改造，如公共红楼藏书楼。在改造环节中，因无法设立统一的设计和改造标准，所以一般由企业主导实施推进，例如，国企主导实施的东四胡同博物馆、白塔寺会客厅、大栅栏的大家客厅的改造等，民企实施的 z - space 的改造。在运营环节中，公共空间对运营团队的专业性要求较高，所以运营环节一般都引入了有一定资源基础的、专业领域优势突出的、影响力大的社会及市场团队，如公共红楼藏书楼引入了在出版方面专业性突出的中国新闻出版研究院运营，东四胡同博物馆由改造方首创集团运营，史家胡同博物馆引入了在规划设计领域有优势的北京市规划设计研究院运营，z - space 则由在客户资源积累丰富的自如公司进行运营。总体来看，升级和腾退环节多数由政府主导，改造环节一般由政府与企业主导，社会力量在这个环节介入的比较少，运营环节呈现由政府、企业和社会力量多方合作的现状。

**表 1　各公共文化空间不同环节的主导模式**

| 空间类型 | 案例名称 | 腾退环节 | 改造环节 | 运营环节 | 模式 |
|---|---|---|---|---|---|
| 纯公共空间 | 公共红楼藏书楼 | 政府主导（前身为老字号影院，暂停运营。属闲置空间再利用） | 政府主导（区政府出资） | 社会力量（中国新闻出版研究院运营） | 政府＋社会 |
| | 东四胡同博物馆 | 政府主导（前身为某单位办公所在地，由区政府主导腾退） | 政府＋国企主导（区政府与市属国企首创集团共同推动） | 国企主导（市属国企首创集团） | 政府＋市场（国企） |
| | 史家胡同博物馆 | 政府与社会力量主导（原为凌淑华故居，其后代捐献给了朝阳门街道，产权为朝阳门街道） | 政府与社会力量合作主导（英国王储慈善基金会与朝阳门街道） | 社会主导（北京市规划设计研究院） | 政府＋社会 |

续表

| 空间类型 | 案例名称 | 腾退环节 | 改造环节 | 运营环节 | 模式 |
|---|---|---|---|---|---|
| 纯公共空间 | 白塔寺会客厅 | 区政府+国企主导（原为某单位办公所在地，区政府出资，区属国企华融金盈实施） | 国企主导（华融金盈实施） | 政府+国企主导+社会（西城区民政局、新街口街道办提供扶持政策与引导资金，华融金盈提供场地及社区资源，熊猫慢递团队负责策划设计和实施运营） | 政府+社会+市场（私企） |
| | z-space | 市场主导（前身是高端会所，受到"八项规定"政策影响不再营业） | 市场主导（由民营公司自如聘请设计师设计） | 市场主导（由民营公司自如运营） | 市场（私企） |
| | 大栅栏的大家客厅 | 政府+国企主导（区政府出资，区属国企实施） | 国企主导（广安控股、大栅栏投资公司） | 政府+国企+社会主导（大栅栏投资公司、大栅栏街道、社会机构） | 政府+市场（国企）+社会 |
| 半公共空间 | 朝阳门社区文化生活馆 | 政府主导（前身为某单位办公所在地，暂停办公后空间闲置，由区里统筹后给街道用） | 政府+市场主导（朝阳门街道与北京ONE艺术创意机构） | 市场（类社会企业北京ONE艺术创意机构负责运营，其注册类型是营利性企业，但实际承担了街道和社区的一部分公共职能） | 政府+市场（私企） |
| | 童行书院 | 政府+国企主导（区政府出资，区属国企华融金盈实施） | 国企主导（区属国企华融金盈） | 市场主导（北京童行星球教育科技公司运营，属营利性企业，会为社区做一些公益的事） | 政府+市场（私企） |
| 具有公共属性的私人空间 | 隐海民宿文化空间 | 政府+国企主导（前身多为大杂院，区政府出资、区属国企天恒集团主导腾退） | 国企主导（区属国企天恒集团） | 市场主导（由区属国企和私企合资成立的天恒自在场头酒店管理有限责任公司负责运营） | 政府+市场（国企、私企） |

| 空间类型 | 案例名称 | 腾退环节 | 改造环节 | 运营环节 | 模式 |
|---|---|---|---|---|---|
| 具有公共属性的私人空间 | 顺益兴改造的四合院 | 市场主导（北京顺益兴联行房地产经纪有限公司） | 市场主导（北京顺益兴联行房地产经纪有限公司） | 市场主导（北京顺益兴联行房地产经纪有限公司） | 市场（私企） |

＊资料来源：由访谈、公开资料整理。

## （三）比较分析

### 1. 不同类型公共文化空间更新模式的优劣势明显

纯公共文化空间，由政府主导推进的缺点是资金压力比较大，财力、物力、人力的投入多，优点是汇聚各类社会资源的能力强；由企业主导推进的优点是可以较好地平衡政府的资金压力，缺点是可持续性不强；"政府＋社会"或者"政府＋市场"或者"政府＋市场＋社会"几方合作的模式共同推进，能在一定程度上缓解资金压力，同时由于各方的监督使得可持续性增强。半公共空间和具有公共属性的私人空间，由两方推进或者单方推进，优点是对于政府来说缓解了资金平衡的压力。其缺点是管理难度加大，很多空间与文保区的其他公房修缮难以保持统一协调，比如，欧美式风格的四合院民宿、较为西式化的审美和设计与北京要发扬的文化中心的理解不一致，同时会造成一定的"社区割裂"，居民参与度下降。

因此，纯公共空间一般由多方推进，半公共空间和具有公共属性的私人空间一般由双方或者单方推进，这也是各方在资金平衡、功能定位、居民参与度等因素博弈后的结果。对于政府来说，不同类型的公共文化空间的优势和劣势也比较明显，这取决于政府在特定时空条件下的形势、基础和阶段特征，例如，当全市财政资金紧张的时候，资金平衡的压力较大，政府就会更多地鼓励支持社会和市场的力量介入更新；当财政资金充裕、民生改善的需求更为突出的时候，政府会给予较大资金主动投入到城市更新当中来。

### 2. 公共文化空间不同环节更新模式的优劣势明显

升级和腾退环节多数由政府主导，这种模式的优势是政府可以更好地摸清底细，缺点是政府单方直接介入腾退容易引发居民的抱怨和不解，政府的政策需要更多类似责任规划师、社会工作者这样的政策"翻译者""诠释者"，缓解在腾退过程中由于信息不对称而产生的不必要的矛盾，因此这个环节需要更多社会力量的介入。在改造环节中，一般由政府与企业主导，社会力量在这个环节介入得比较少，这种模式的优势是决策快、效率高，缺点是容易忽视实际使用者的用途需求。在运营环节中，由多方力量主导的优势是可以汇聚各方资源，缺点是容易出现立场和意见不一致的现象，从而造成决策效率低下，运营管理能力是城市发展到一定阶段十分必需的，这个阶段需要更多专业性的力量加入。

3. 公共文化空间的开放度与产权的关系较小，与由谁来主导关系更为密切

一块空间的所有权或使用权，可能属于公共所有，也可能属于私人所有，只要它是为公众服务的，就被归入公共空间，可见，公共文化空间的根本属性并不是产权，而在于其主要功能。例如：z-space是私产，但是经过改造变成了一个纯公共空间，面向所有人开放；隐海的民宿文化空间尽管是政府主导腾退及改造，但面向的对象一般为旅游住宿的人群，对私密性要求很高，所以其开放度下降了很多。可见，公共空间的开放度、活力与产权的关系不大，而与谁来主导有较大关系。越是由专业的社会力量主导推动，其更能找准市场和社会的公共需求，越是容易被大多数人接受，公共空间的开放度越高，活力就越强；越是由市场的力量主导推动，越是容易过分追求商业利益而使空间的开放度和活力下降。

4. 公共文化空间的模式也会因发展阶段而异

我们国家与英国等地的土地制度不同，在城市更新过程中具有明显政府主导的特征，这是北京上一阶段的城市更新。下一阶段的城市更新面临新的形势和趋势，北京作为全国第一个减量发展的超大型城市，需要在减量刚性约束下实现城市更新和高质量发展，这对超大型城市的发展提出了巨大的挑战。对于公共文化空间更新来说最大的挑战是，北京老城更新的老城区中大多数是文保区，在不能做太多商业项目用来平衡资金的条件下，更新缺乏动力机制。面临新的形势，在不能仅依靠政府的财政投入的条件下，就需要大量的社会力量的介入，例如，捐助、基金等形式，激发起全民参与保护的热情，撬动社会的力量，所以下半场的公共文化空间更新需要有更多社会力量的介入。

## 四、当前北京公共文化空间普遍存在的问题

### (一) 重设计、轻功能

部分公共文化空间的设计追求大而全，整体功能零散化、行政化，存在功能堆砌的情况。部分空间一味追求大场面、大格局、高规格，只求面积不求利用率，只求视觉冲击不求空间用途，只借鉴照搬不思考本地需求，造成不少空间浪费，形成低效空间。部分空间在功能设计过程中，社区、街道与设计公司形成设计团队，自

行"约定"空间功能，而与实际使用者的真实需求偏差度较大，或者用于社区工作成绩或亮点展示项目，服务于居民实际使用的空间却被大幅挤压。

### （二）重物质、轻内容

当前的公共文化空间重视空间在物质条件方面的改善，或者以整齐美观为导向，或者以豪华高端为导向，重金聘请团队进行设计改造。相对而言，对空间上面发生的文化活动的支持较少。文化中心的发挥，其表现形式应该是中华优秀传统文化的繁荣和昌盛，表现在持续的文化交流、交往和交融，要有持续的活动和内容的呈现。尤其是公共文化空间的更新需要更多有创造性、有活力的内容植入，当前这些关于"软"实力方面的内容植入还不能与文化中心的地位相匹配。

### （三）重成人、轻儿童

儿童是人类的未来，城市开放空间是儿童户外游憩、生活、学习的主要场所。深圳从 2016 年就开始率先建设国内首个儿童友好型城市，此举对吸引年轻人才、优质资源进入深圳具有重大作用，对深圳的城市发展具有巨大的正面影响。相对而言，北京的公共文化空间更新关注中年人和老人的生活需求和心理需求较多，例如，各种养老驿站、会客厅、心理驿站或者一些商业性的空间等，而对儿童的关注较少。尤其是一些具有教育性质的公共艺术空间、公共活动空间、公共学习空间更加奇缺。

### （四）重节点、轻全域

由于公共文化空间的建设大多都离不开街道的参与或支持，出于政绩比较的需要，产生了每个街道都要建设一个公共文化空间的问题。甚至每一个社区都要争取建设社区公共空间的现象，造成相邻街道的公共文化空间功能和类型非常相似，导致了功能重复和空间浪费的问题。

## 五、政策建议

### （一）公共文化空间建设的主要路径：以政府主导逐渐转向"政府＋市场＋社会"多方主导

空间更新是一个复杂命题，最初由一方主导，逐渐演变为多方共同推进是一个基本趋势，这也是解决复杂问题的必然所在。在北京老城的公共文化空间更新过程当中，有的是多方推进的，有的是由政府单方或者市场单方推进的。由单方推进更新带来的问题是明显的，在多方推进的模式里也并不完美，可能由于某一方过于强势，演变为某一方主导、其他几方弱势的状态，这就会打破原有的几方共同协商的平衡状态，其他几方所代表的利益群体可能因此而受损。在多方主导的模式中，要倡导多方利益群体在共同的目标中达成共识、并且保持平衡的状态，进而创新多方主导模式的机制和平台。

（二）公共文化空间的发展动力：盘活发展社区经济，突破资金平衡难题

由前文可知，北京老城的更新面临投资主体单一、资金可持续性不强和社会结构需要转型的巨大挑战。发达国家的经验是，通过发展社区经济，从而兼顾了社会稳定和经济发展两方面的诉求。例如，美国在互联网泡沫破灭和金融危机爆发的巨大打击之下，美国社区经济仍旧因为其先进的信息化管理手段和完备的市场运作方式而稳健地前行，在整个美国经济发展大格局中扮演越来越重要的角色。日本进入20 世纪 80 年代后，受到西方经济滞胀危机的影响，通过发挥地区特色，同富有创意的做法推进地区的治理，创造多自然居住地区，启动大都市的修复、更新和有效活用等，日本社区经济发展在城市更新过程中针对滞胀危机起到了一定正向作用。可见，社区经济是一种能够兼顾营利性和公益性，也就是兼顾经济和社会全面发展的经济形态。通过盘活社区资产，将创意、艺术、设计引入社区，引导社区经济孕育发展，可有效引入市场和社会力量参与到更新过程中来，破解当前北京老城更新资金不足的难题。一个国家或地区只有到了一定阶段才会孕育出这样高质量的经济形态，北京这个阶段性特征已经有所显现。

（三）社区公共文化空间的重点方向：挖掘在地的文化资源禀赋，打造城市文化"第三空间"

"第三空间"是指除了满足居住和工作的第一空间、第二空间外，还能够满足休闲娱乐、精神休憩、社会交往的公共空间（张晓敏，2019）。城市的公共空间（尤其是第三空间）在发达国家很受关注，主要背景是伴随经济的发展和城市中产阶层的扩大，公共空间被资本和私人投资者过度开发和利用，引起了部分人群的不满，尤其是中产阶层对高质量生活的向往和需求不能再被压抑，对具有复合型功能的第三空间需求越来越强，各国政府也开始重视公共空间的建设。因此，在北京建设第三空间，不仅强调公园、庙宇、广场、文化活动场所等对人的重要性，而且更

强调人与人之间的信息和情感的交流、表达，即社交性。例如，可以加大对类似"北京国际设计周"期间的各种公共文化活动空间的支持。此外，北京的"第三空间"要更加注重挖掘当地历史资源和文化资源，建设特色鲜明、功能完善、能够发挥文化中心地位的第三空间。

（四）公共文化空间重点面向的人群：以重点人群为突破，打造国际一流的和谐宜居之都

老城的公共文化空间是有限的，不同的人群有不同的利益诉求，要做到兼顾所有人的利益是不可能的，因此应结合当地实际情况做出有效的平衡。如果从旅游人群、居住人群和工作人群这个维度看，旅游人群对博物馆等公共空间需求较强，居住人群和工作人群则对咖啡店、多功能性的公共空间需求较强。由于旅游人群在京时间短，其需求往往容易被忽视，在腾退空间再利用过程中应该特别关注他们的需求。从人群的年龄维度看，可以分为儿童、成年人和老年人，一般来说，老年人对传统的棋牌室、老年驿站的需求较强，成年人则对戏剧、艺术、禅茶室等空间的需求较强，儿童则对一些教育类、体育活动类的空间需求较强。儿童在城市里没有任何实际话语权，却必须生活在成年人创造的城市中，但其城市的空间权益却被长期严重忽视，城市公共空间的建设基本围绕成人的需求进行。全球范围内有超过400个儿童友好城市，除了深圳正在建设外，中国目前还没有城市成为儿童友好城市。未来北京要将儿童纳入共建共创的主体当中来，更好地促进其成为国际一流和谐宜居之都。

（五）公共文化空间的创新方向：依据"四个中心"定位，进行几个创新性试验

北京市核心区（北京老城）是全国政治中心、文化中心和国际交往中心的核心承载区，是展示国家首都形象的重要窗口地区。公共空间的改造方向要依据"四个中心"的定位。例如，在国际交往中心的建设中，除了大型场馆、会馆这类供国家间正式开展国际交往外，还应该有一些供不同国家的人民与北京市民进行民间交往的空间，可以选择有基础、有条件的地方进行先行示范。此外，国外人民想要通过首都北京这个窗口了解到全国各地的文化精髓，这也需要与北京市民加强文化的交往、交流和交融，就需要相应的空间承载这些需求，进而体现出北京作为全国文化中心的世界影响力。

# 参考文献

［1］张晓敏. 北京市核心区疏解空间再利用模式研究［M］. 张宝秀，张勃. 北京学研究2018.
 北京：中国社会科学出版社，2019：190－196.

［2］石楠. "人居三"、《新城市议程》及其对我国的启示［J］. 城市规划，2017（1）.

［3］董玛力，陈田，王丽艳. 西方城市更新发展历程和政策演变［J］. 人文地理，2019（10）.

［4］胡赟，尹瑾珩. 英国科文特花园保护区保护与更新模式研究［J］. 中国文化遗产，2016
 （2）：50－57.

［5］乔丹·桑德. 本土东京［M］. 黄秋源，译. 北京：清华大学出版社，2018.

［6］张晓敏. 将雍和宫街区打造为北京传统文化"第三空间"［J］. 城市管理与科技，2019
 （6）.

# 从共同话语到融合共享

## ——学院路街区更新规划的实践与思考

刘　巍　田昕丽　张及佳　肖　岳　闫　思[❶]

**摘　要**：文章探讨了存量语境下城市更新应以人的需求为核心，以城市建设的质量与人的需求的匹配程度为标准，对现有建成区在全面提升城市品质的基础上重点针对存量空间资源进行合理"增效"。文章以学院路街道街区更新规划与实践为例，探讨当前城市更新背景下多专业、多学科融合的工作方法与思考。

**关键词**：城市更新规划；学院路街区；社区文化治理

## From Common Discourse to Integration and Sharing
### ——Practice and Thinking on the Renewal Planning of Xueyuan Road Block

Liu Wei　Tian Xinli　Zhang Jijia　Xiao Yue　Yan Si

**Abstract**：This paper discusses that under the context of stock, urban renewal should take human demand as the core, the quality of urban construction and the matching degree of human demand as the standard, and on the basis of comprehensively improving the quality of the city, the existing built – up areas should focus on the reasonable "efficiency" of the stock space resources. Taking the planning and practice of the renewal of Xueyuan Road Street as an example, this paper discusses the working method and thinking of multi – disciplinary integration under the current urban renewal background.

**Keywords**：Urban renewal planning; Xueyuan Road Block; Community Cultural Governance

---

❶ 刘巍，北京清华同衡规划设计研究院有限公司城市更新设计研究所所长，注册规划师，一级注册建筑师，教授级高级工程师；田昕丽，北京清华同衡规划设计研究院有限公司城市更新设计研究所项目经理，注册规划师；张及佳，北京清华同衡规划设计研究院有限公司城市更新设计研究所规划师；肖岳，北京清华同衡规划设计研究院有限公司城市更新设计研究所规划师；闫思，北京市海淀区学院路街道责任规划师。

## 一、存量语境下城市更新的规划转型方向

（一）新型城镇化与存量发展模式下的城市更新

"城市更新"的概念源于西方的城市更新运动。伴随半个多世纪的不断发展与探索，其理念经历了从形体主义到人本主义、从推倒重建走向渐进式谨慎更新、从单纯物质层面走向综合更新、从地块改造提升走向区域整体复兴的转变，进入了全新的"城市复兴"阶段。

在我国，城市更新是20世纪90年代开始才逐步得到学术界的普遍关注，不同学者围绕城市更新在我国国情背景下的内涵和现实选择从各自的角度提出了对城市更新的理解（阳建强，2000；张平宇，2004；吴晨，2005；于今，2007）。关于城市更新的研究涉及城市更新的公共参与机制及主体利益诉求（李东泉，2003；田众，杜文，2005；杨帆，2005；赵春容等，2008；白友涛，陈黄畅，2008）；城市更新的评价体系（徐建华，2005；陈宁，周炳中，2007；郭娅等，2006；李俊杰等，2009）；城市更新模式的研究（蔚芝炳，2005）；城市更新的制度与法规体系（黄勇，2004；张平宇，2004；赵涛，李熠邵，孙蕴山，2006）等多个方面。

但是，这一时期，随着市场经济体制的逐渐完善与发展，在全球一体化的外部形势以及我国国民经济飞跃式发展的双重驱动下，我国城镇化建设迎来了高速发展的时期。与大规模的新城建设相比，对建成区城市更新的关注热度显然相差甚远。

以2013年"中央城镇化工作会议"为标志，我国城市进入了以转型为发展思路，以存量空间资源为载体的发展阶段。按照新型城镇化的要求，未来应在有限的空间范围内进行城乡建设活动。从城市建设所需的空间资源来看，从扩张向集约的转型，意味着未来的城市建设不能仅仅着眼于新增土地，必须重视城市建成区的存量空间资源的规划与利用。

在这样的背景下，城市更新再次成为学术领域关注的热点，一批学者从城镇化的动力机制、地方实践等角度探讨城市更新、存量规划等话题（赵燕菁，2014；邹兵，2013；刘昕，2011）。

对土地资源扩张的限制，不仅意味着空间资源的有限性，更意味着利用垄断征地权而带来的一次性资金来源的受限，原有以土地粗放消耗为主要增长方式的运行逻辑不再可行。与此同时，新型城镇化要求城镇化质量全面提升，不仅需要提供均等化高质量的公共服务，更需要建立可持续的长效增长模式。以相对有限的空间资

源和非单一的资金来源，达到更高的城镇化质量，这是转型背景下基于存量空间资源的城镇化模式，可称为存量发展模式。

## （二）建成区的"全面提质"与"合理增效"是存量发展模式下城市更新的核心任务

提起城市更新，人们常常联想到的就是"三旧改造"（旧城区、城中村、旧工业区）。从西方城市更新的历程及我国以往城市更新、改造的实践来看，这些老旧建成区往往因为环境品质差、人口密度高、治安及消防隐患大、公共服务设施配套不完善而成为城市更新的重点。

从转型发展的特征来看，新型城镇化在根本上要求将以增量为主、通过不断扩张空间实现的城镇化建设模式转向以提质增效为主的内涵式建设模式。城市需要从单一增长的逻辑回归以人的需求为核心的本源。回顾以往，在城镇化高速发展背景下，大量近一二十年内建成的区域，由于并未完全以人的需求为核心、追求城镇化的速度甚于质量，出现了地的扩张快于人口的集聚、公共服务设施配置不足、城市建设的人性化欠缺等问题。随着这些区域的建成投入使用，这些并不旧的城市建成区同样迫切需要解决城市品质提升的问题。

因此，当前在存量语境下的城市更新应以人的需求为核心，以城市建设的质量与人的需求的匹配程度为标准，对现有建成区在全面提升城市品质（"提质"）的基础上重点针对存量空间资源进行合理"增效"。

### （三）存量语境下城市更新的规划转型方向

空间资源的有限性是建成区别于新区的重要特点。而以有限的空间资源应对多元的空间价值诉求则是建成区建设活动的矛盾焦点。建成区的建设活动大多是对既有空间的完善、提升与再利用，在策划、规划、设计与实施的过程中，由于权利主体构成的复杂性、不同利益群体诉求的复杂性、不同社会群体价值观的复杂性将给规划目标的确定和实施推进带来极大难度。同时，由于存量空间资源利用与物权的广泛联系，利益相关者会积极主动地参与到规划过程当中，规划面临的利益博弈要现实和复杂得多。

因此，在规划编制和实施的过程中，需要通过多层次的协作平台和多方参与的协商机制在需求的反馈、目标的确定；任务的分解、思路的落实；具体实施推进、相互协调配合等环节加深各方参与程度、协商程度，进而推动达成共识、推进目标落实。

从关注物质空间规划到聚焦人的活动和需求，要求多角色、多学科参与。本文即以学院路街道街区更新规划与实践为例，探讨当前城市更新背景下多专业、多学科融合的工作方法与思考。

## 二、学院路街道概况与特点

### （一）学院路街道概况

1. 历史沿革

学院路街道位于北京市海淀区东部，辖区东至京藏高速公路，与朝阳区接壤；西至原京包线铁路和地铁13号线，与中关村街道、东升街道为邻；南至北四环中路，与花园路街道相邻；北至学院路科技园，与清河街道接界。地铁15号线横贯东西，小月河连接南北，区域整体呈"A"字形，总面积8.49平方公里，总人口23.1万人。这里是中国最早的"大学城"，聚集众多顶级学府和科研院所，具有国际化文化基因，高学历人才密集，城市建设有浓厚的时代印记，具有典型的海淀特征。

学院路地区为我国科教事业做出了卓越贡献。1952年，为了优先发展重工业，培养工业建设人才，党中央决定从当时的北大、清华、燕大、辅仁大学中按专业设置拆拼并重新组合成立八个专业理工科学校：北京地质学院、北京矿业学院、北京钢铁工业学院、北京航空学院、北京石油学院、北京农业机械化学院、北京林学院和北京医学院，建立了与独立完整的国家工业化体系相适应的工科教育体系，设立"学院区"。

2. 人口情况

学院路街道的人口构成具有以下三个特点。

（1）学生比例高：学院路街道共有学生约8万人，常住人口中每3个人就有1个人是高校在校生。

（2）全龄高学历人才聚集：常住人口中每2个人就有1个人具有本科以上学历。学院路街道共有60岁以上老年人约3.2万人，其中有院士59人，相当于每500个老人中就有1位院士。

（3）就业人员集中在科研、教育等知识密集型产业：在常住人口中，每2个人就有1个人是从事科研、教育行业的高端人才。

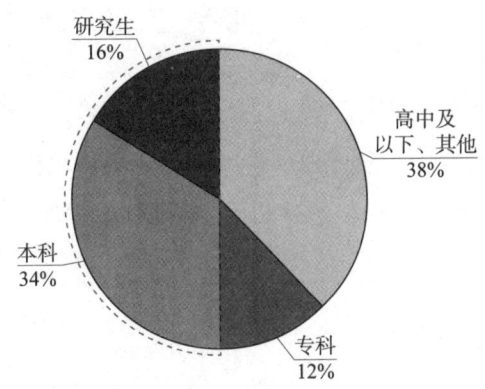

**图1 学院路街道人口教育水平分布**

**表1 学院路街道人口就业分布**

| 学院路街道科研、教育行业比重（%） | | | | | | |
| --- | --- | --- | --- | --- | --- | --- |
| 建筑业 | 信息技术 | 金融 | 科学研究 | 教育 | 国际组织 | 合计 |
| 3 | 18 | 7 | 9 | 16 | 0.30 | 53.3 |

**表2 学院路街道院士数量及行业分布**

| 学院路街道院士分类 | | |
| --- | --- | --- |
| 院士类型 | 单位性质 | 院士数量（人） |
| 基础科学 | 林业相关专业 | 3 |
| | 农业相关专业 | 9 |
| | 地质相关专业 | 7 |
| 小计 | | 19 |
| 应用科学 | 石油相关专业 | 6 |
| | 生态环境相关专业 | 5 |
| | 半导体相关专业 | 9 |
| | 钢铁相关专业 | 6 |
| | 采矿相关专业 | 8 |
| | 化工相关专业 | 6 |
| 小计 | | 40 |
| 合计 | | 59 |

### 3. 企事业单位

学院路街道范围共内有 10 所高校、11 所科研院所。10 所高校聚集了钢铁、石油、地质、农林、语言和文化等领域的高等院校，其中 6 所专业性教育部属大学，是北京市及海淀区科技、文化、教育最密集的地区之一。11 所科研院所中有 10 所为国家级，1所为市级，规格高，科研力量强；涉及半导体、电子信息、生态环境、石油化工等国家重要发展领域。

学院路街道现有企业在多个行业中处于研发创新核心，分布着大量知名科技公司，是国际化人群常用的 App 生产地。其类型主要分为硬件类和平台类两个部分。硬件类如清华同方、龙船；平台类包括知乎、58 同城、抖音短视频、今日头条、火山小视频、西瓜视频等。

（二）学院路街道特色

1. 街区、校区、园区、社区并存

学院路街道范围内有 10 所高校和 11 个科研院所，大院人口占学院路总人口的 31%，大院总面积占学院路总面积 42%。大院外有 29 个社区和 2 个产业园区，大院外人口占学院路总人口的 69%，院外空间占学院路街道总面积的 46%。如果把高校和科研大院统称为校区，产业园区简称为园区的话，可以说学院路街道 8.49 平方公里范围内是由校区、园区、社区等多种行政管理体制下形成的多样空间形态单元组成的城市街区。

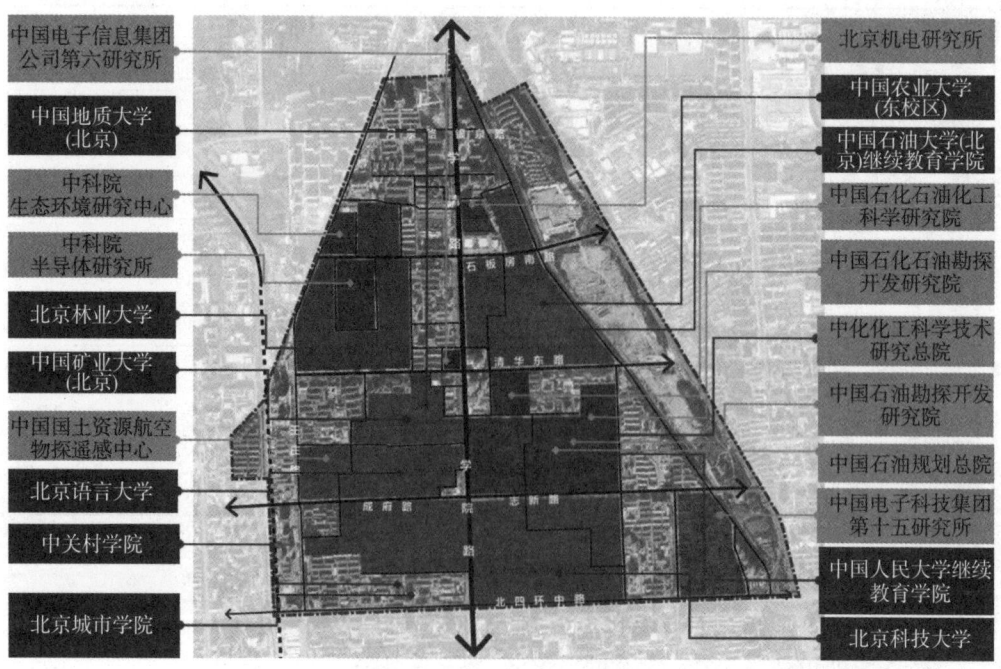

图 2　学院路街道大学及科研院所分布示意图

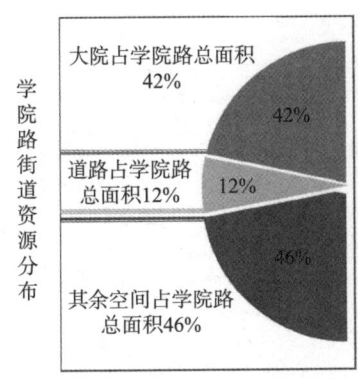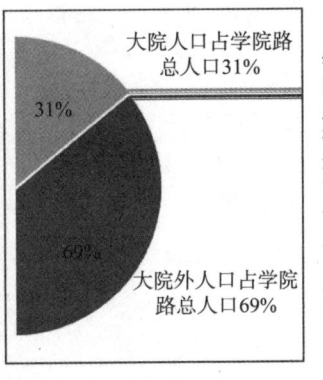

**图 3　学院路街道资源分布及常住人口分布统计**

### 2. 高文化认知度与低城市感知度

以国际化水平为例，学院路街道是一个国际交往频繁的地区，其拥有 6 所国家级重点大学，10 所国家级科研院所和 1 所市级科研院所，吸引了众多留学生和学者前来交流访学，互通有无。据统计，学院路街道每年将接受来自世界 130 个国家，共计近 6000 名留学生来到学院路街道各个大学学习和生活，其中尤以北京语言大学最为众多。学院路街道每年有常设式国际活动多场，其中已经形成系列的有北京语言大学的"世界文化节游园会"，北京科技大学的"留学生文化节"，尤以北京语言大学的"世界文化游园会"最为著名，至今已经举办十五届，成为了学院路街道每年的盛会之一，吸引了北京各地乃至世界各地的游人和朋友前来参与和学习。

**图 4　学院路街道国际文化地图**

但是这些丰富的国际文化活动均集中在高校内部，社区居民参与和感知不足。通过对学院路街道覆盖 29 个社区的 967 份调查问卷显示，仅有 14% 的人感知到了学院路街道的国际化氛围，剩余 86% 的人均对学院路街道的国际化氛围几乎无感知，甚至觉得完全没有国际化氛围。

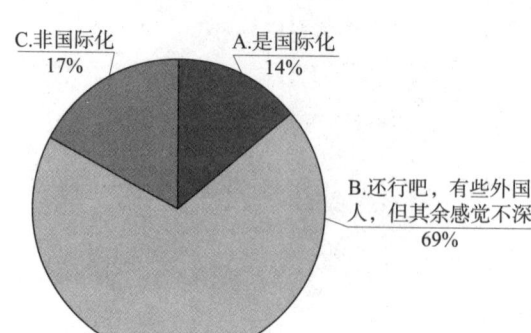

您认为现在的学院路国际化么?(单选)

**图5 学院路街道国际化氛围调查问卷结果**

### 3. 强集体认同与弱网络联系

学院路街道的现状是大院林立，围墙连绵，在城市形态上成为一个个孤立的空间孤岛。大院是单位制社区的典型代表。首都北京是全国大院社区分布最为集中、数量最为繁多、类型最为多样的城市。大院内部设施一应俱全，自成一体，拥有良好的秩序，形成了独特的城市空间形态。大院内生活便利，现有设施资源，尤其是共享设施资源（科技创新、文化娱乐）均位于大院内部。大院生活具有明显的集体化痕迹，人际关系与工作关系密切，与城市生活相对游离。

1999年，学院路沿线成立第一个高校共同体，13所学校参加，各校学生可以跨校选课；2009年，学院路高校共同体扩大至21所学校。尽管如此，各校之间的交流仅限于部分学生，学院路街道现有大院、社区间信息互通匮乏，院内外人员社会交往欠缺。

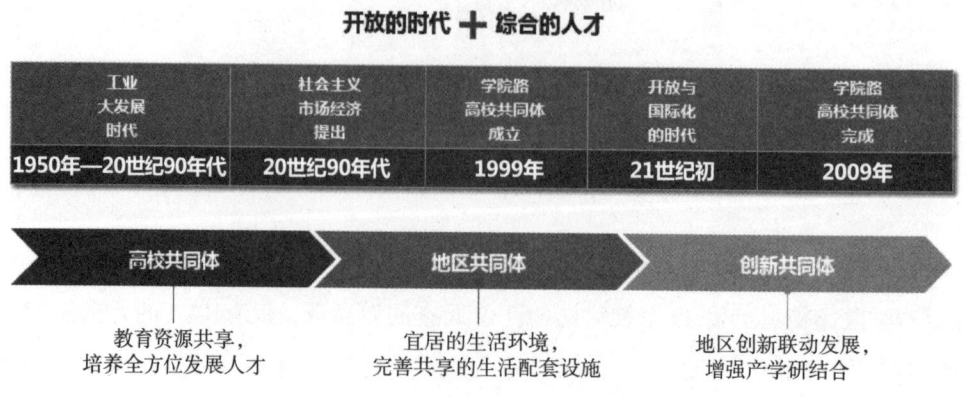

**图6 学院路街道高校共同体发展历程**

（三）问题识别

结合北京总体规划和海淀"两新两高"的发展战略以及学院路街道居民的愿景，我们认为学院路街道仍存在信息不畅、共享不足、活力不够、创新乏力等问题。

1. 如何在资源富集地区，形成有效联动，释放内在活力实现共建共享

学院路街道内部高等学府和科研院所聚集，文化资源和文体设施非常丰富，按照人均设施的资源占有比来说在北京市名列前茅，但根据对现场的实际踏勘与走访，学院路街道围墙众多，各个大院空间壁垒森严，大量设施开放度、知晓度低，因此并没有起到文化宣传及提升居民文化体育生活水平的作用。

大院内外占有空间资源差异明显，大院人口占有的空间资源约是除大院外人口占有空间的2倍。大量精彩丰富的国际活动、高水平的讲座、文化活动集中在高校内部，而地区大量居民却无法获得信息，更无从感知和参与。因此，我们认为，对于学院路这样的资源富集地区应考虑的是如何形成有效联动，释放内在活力，实现共建共享。

图7　学院路街道围墙分布图　　　　图8　连续围墙阻碍空间和资源开放共享

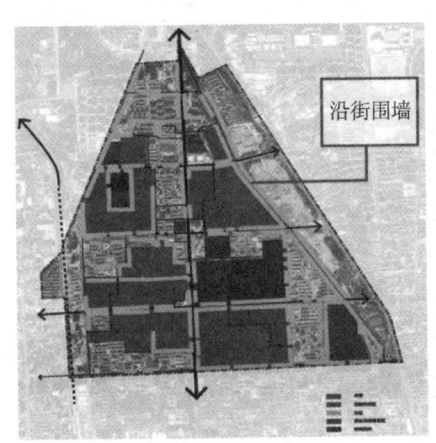

图9　学院路街道现状设施

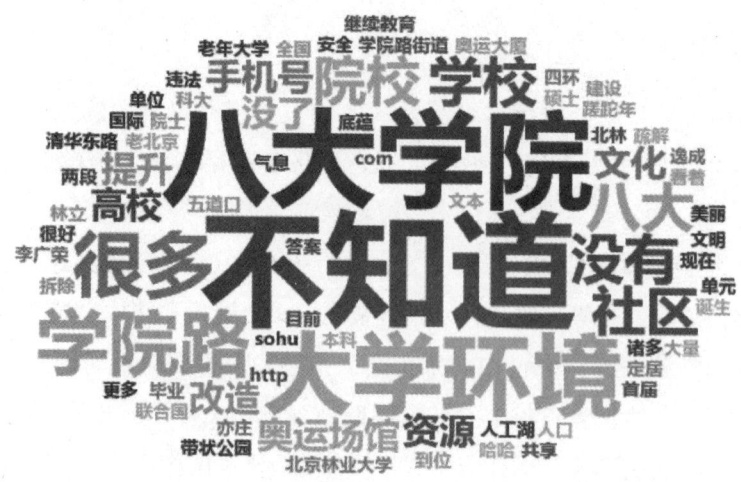

图10　居民对学院路现状开放资源感知度的词云分析

2. 如何精细化提升城市品质，激发公众参与形成长效机制

与大院内的优良环境和完善设施相比，学院路街道的城市公共空间和社区公共服务设施尚有提升空间。根据《学院路街道城市体验调查问卷》收到的 967 份有效调查问卷，以及《学院路街道生活服务设施调查问卷》收到的 2830 份有效调查问卷显示：76% 的居民认为这里学府气息浓厚，但大部分居民认为生活气息正是这里真正缺乏的，亟待补足。

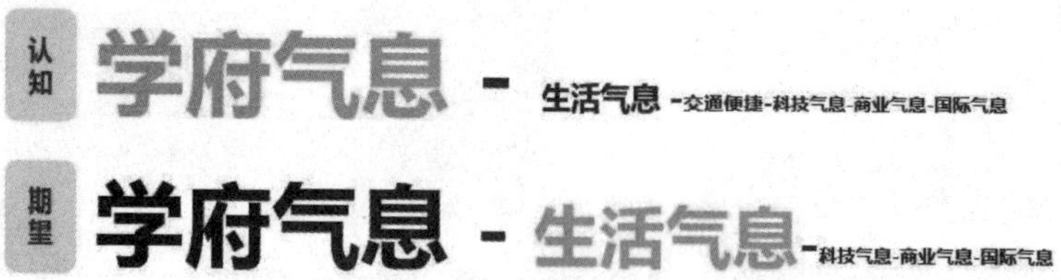

认知　学府气息 - 生活气息 - 交通便捷 - 科技气息 - 商业气息 - 国际气息
期望　学府气息 - 生活气息 - 科技气息 - 商业气息 - 国际气息

图11　居民对于学院路街道氛围认知示意图

以慢行系统为例，问卷结果表明，学院路街道居民散步、慢跑意愿强烈，95%的受访者表示喜欢散步，70% 的人唯一的休闲方式就是散步或慢跑，学校和小区里是他们最主要的目的地。

而城市现状是慢行空间封闭性强、可达性弱，可感知性弱，慢行人群聚集区域慢行空间不匹配。如何精细化提升城市品质，激发公众参与形成长效机制是未来整个地区提质增效的重要议题。

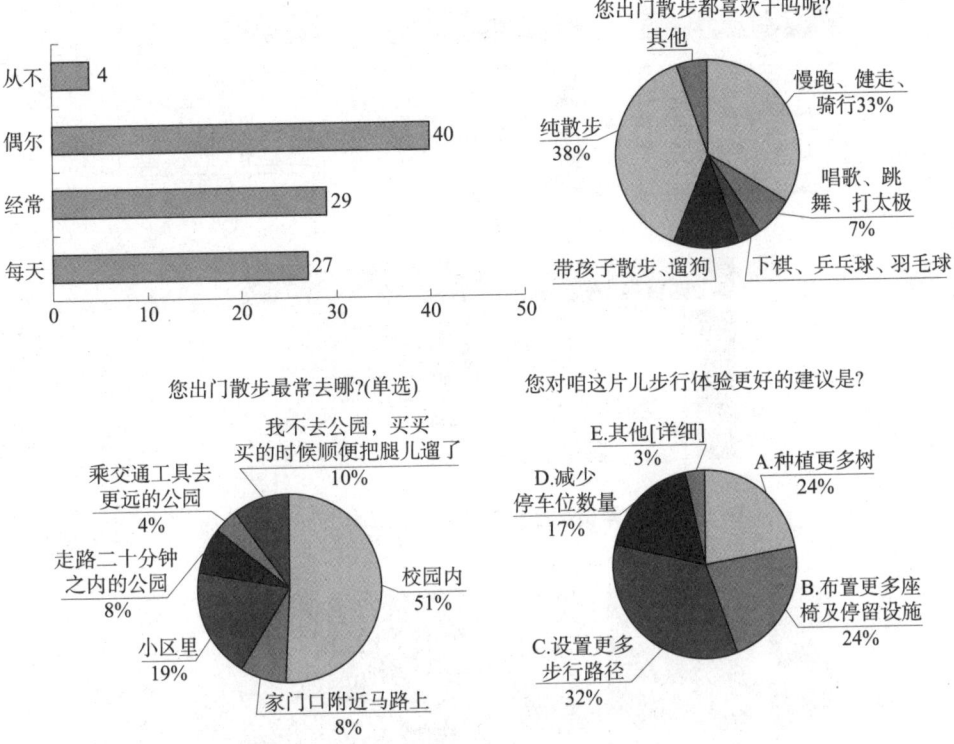

图 12　学院路街道慢行相关问卷结果

# 三、"4 + 1"工作法：从空间规划到社会关系重塑

清华同衡街区更新"4 + 1"工作法是以学院路街区更新规划为主要案例，结合在学院路街道、白塔寺街区、国子监街区等地的实践经验总结出来的，对于城市建成区在中微观尺度上城市更新过程中，城市规划与社会治理创新相结合的工作方法。在此过程中，我们不断深入探讨人与空间的关系，面对有限的空间资源和多元复杂的社会诉求，只有建立起有效的社会网络，凝聚社会信任，乃至重构社会规则，才能形成良性社会资本，最终实现通过搭建平台，促成对话，寻求共识，直到共创价值的目标。

（一）"4 + 1"工作法

清华同衡街区更新"4 + 1"工作法包括"4 步法"及 1 套"社会创新工具箱"。其中，"4 步法"分为街区画像、街区评估、街区更新规划及规划实施共四个步骤。

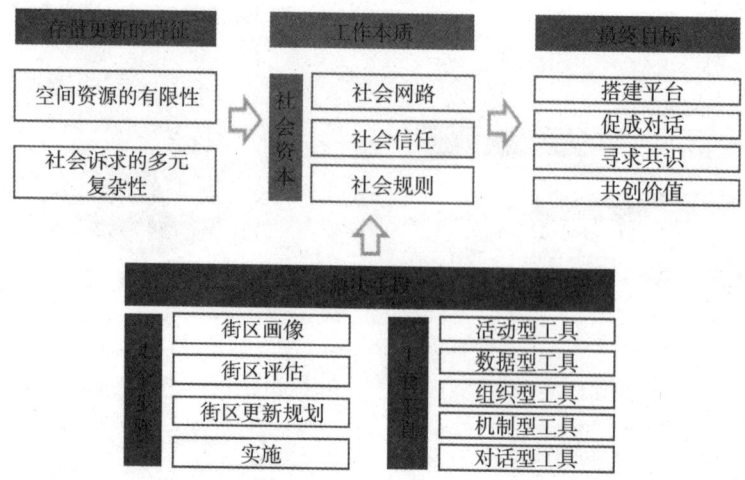

图13 清华同衡街区更新"4+1"工作法核心价值

图14 清华同衡街区更新"4+1"工作法示意

### 1. Step 1 街区画像

街区画像与传统城市规划相比，对于地区的认知精度要更精细，街区画像需要深入街区、社区乃至建筑单体层面，以求充分摸清地区底数，探索人与空间的关系，更好地为街区更新服务。街区画像分为人口画像、空间画像及文化画像。首先，人口画像是对该街道的人群特点所进行的全盘了解和总结，只有人口画像足够的细致，才能为设施配置、环境改造、城市微更新等与居民需求息息相关的部分打下坚实的群众基础。其次，空间画像则是对地区空间的整体盘点，包括存量资源、

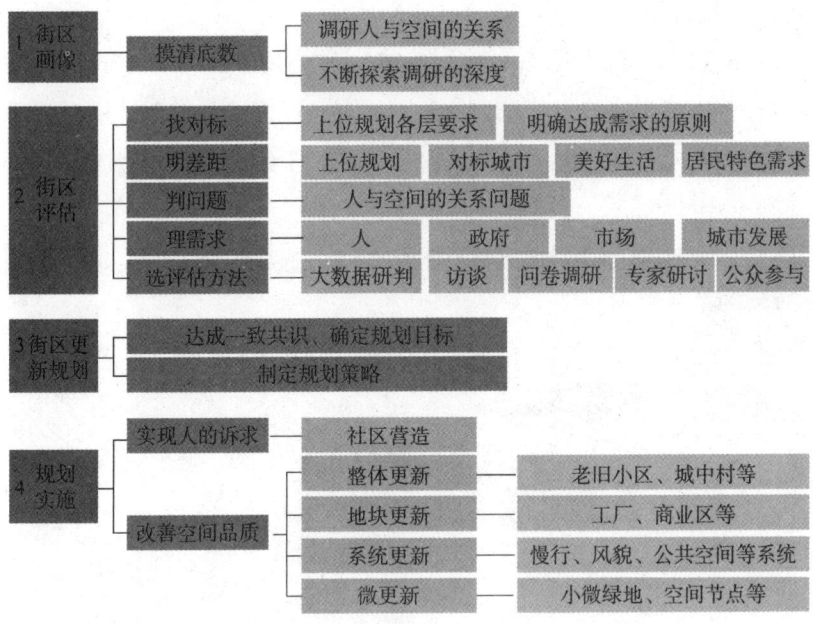

**图15　学院路街区规划4步法**

存量建筑空间等，为未来城市发展的功能置换做好准备。最后是文化画像，文化是一个地方的立身之本，只有深入挖掘文化脉络，了解文化精髓，才能精准展示地区特色和地区氛围，从而引导一个地区产生源源不断的生命力。

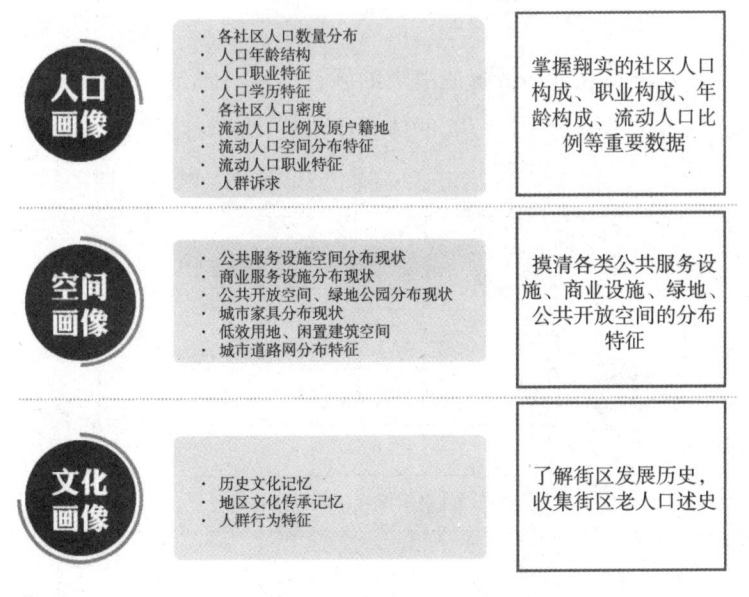

**图16　街区画像逻辑及内容**

## 2. Step 2 街区评估

街区评估的意图是发现地区真问题。通过大数据研判、调研、访谈、问卷等新老评估手段，希望能明确与上位规划的差距，与居民需求的差距，同时找准进一步工作的切入点，在发现问题的同时持续跟进，深入了解和掌握地区痛点。

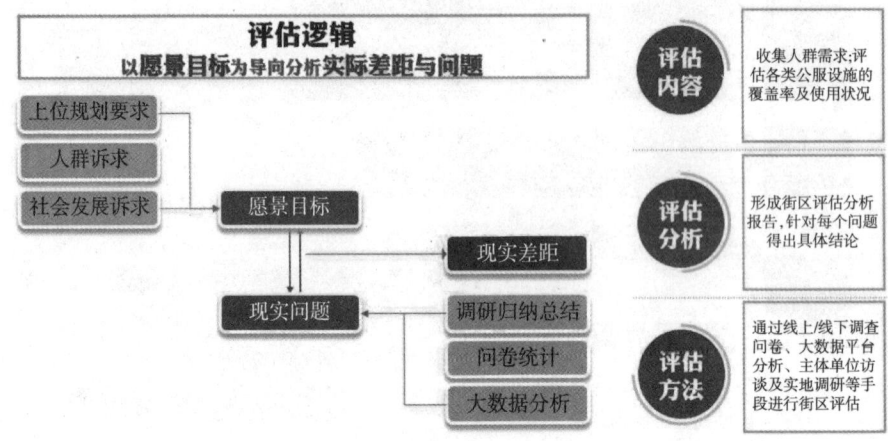

**图17 街区评估逻辑及内容**

## 3. Step 3 街区更新规划

街区更新规划是对整个地区街区更新层面的顶层设计。首先，应明确该地区的发展目标，构建街区更新的愿景；其次，除了目标之外，应该以何种更新模式进行街区更新，则是需要阐明的核心议题；最后，更重要的是，如果想对规划进行具体落实，则需将更新模式和策略拆解成清晰的项目清单，形成完整的项目库，并积极与政府对接，纳入街道进行项目落实的体系中去，才能保障规划的实施。

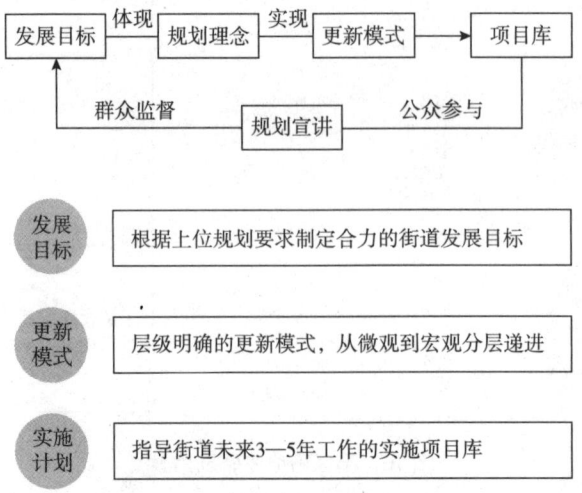

**图18 街区更新规划逻辑及内容**

### 4. Step 4 更新规划实施

街区更新规划的实施项目是街区向社区延伸的过程，是与真实的居民需求切实对接的过程。因此，以社区营造的方式引导公众参与从设计到最终运营的全过程，进而实现从微更新到整体更新的不同尺度的空间更新，是街区规划实施部分的主要方式和特点。

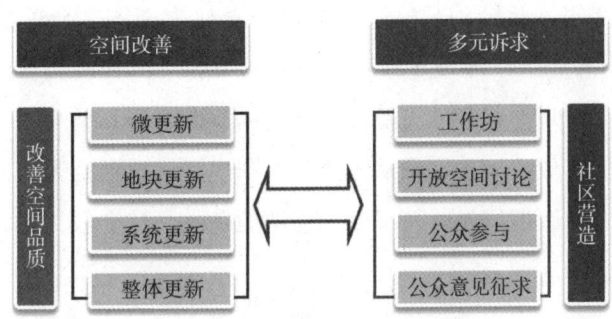

图 19    更新规划实施逻辑及内容

### 5. 一套社会创新工具箱

社会创新工具箱共包含五种工具，分别是：活动型工具、共创数据型工具、多元组织型工具、协同机制型工具和对话型工具。

图 20    一套社会创新工具箱示意图

### （二）规划转型：空间规划与社会治理相结合

借助"4 +1"工作法，并结合学院路街道的特点，我们在街区更新规划中提出了通过"园区、街区、社区、校区"的"四区"联动，打造"四区"的充分互动，从文化融合、空间交融、活力激发、关系重塑等方面构建"四区"融合的新型城市形态。

城市更新在对物质空间产生改变的同时，也必然伴随着由此引发的原有社会关系的瓦解以及新的社会关系的建立，即社会关系的重塑。❶ 在这一过程中，社会阶层的分化、人的生活方式的变化和全球化背景下地方文化的危机等都成为当前中国城市更新面临的深层次不容忽视的问题。今天城市更新面临的复杂问题已经超越单纯的技术问题，而成为创新治理体系的命题。

所谓治理强调的是与统治权完全不同的一种权力模式。全球治理委员会曾对"治理"做了如下界定：治理是各种公共的或私人的个人和机构管理其共同事务的诸多方式的总和。它是使互相冲突的或不同的利益得以调和并且采取联合行动的持续过程。这既包括有权迫使人们服从正式制度和规则，也包括人们同意或以符合其利益的各种非正式的制度安排。可见治理强调的是民主社会权力的协商式结构，而非权力的单向度运作。

国内著名学者俞可平认为："作为一种政治管理方式，治理有以下四个特征：治理不是一整套规则，也不是一种活动，而是一个过程；治理过程的基础不是控制，而是协调；治理既涉及公共部门，又包括私人部门；治理不是一种正式的制度，而是持续的互动。"❷

与新区不同，建成区的城市更新除了需要关注物质空间的改造，更需要强调社会功能、社会公正和社区建设的重要性，需要建立良好的公共参与机制、吸纳各方利益相关者的意见，实现政府、企业、社会的充分合作。在这个意义上，传统的蓝图式静态的规划正在走向协作式规划、过程式规划。

## 四、以文化治理助力街区更新的实践和做法

文化治理是治理理论的一种，它的主要意思是对文化的治理和运用文化进行治理。英国当代文化研究的理论家托尼·本尼特强调文化的治理工具性，开创性地推进审美与治理的结合，力图发掘审美、艺术的文化治理意义。他认为，人们的思想观念与行为方式可部分地"经由审美与智性文化的社会形式、技术与规则"❸ 来实现转变，文化可以引入政府治理范畴，成为改革者的科学。政府可以通过文化政策

---

❶ 刘珊，吕拉昌，黄茹，林康子. 城市空间生产的嬗变——从空间生产到关系生产 [J]. 城市发展研究，2013（9）：42-47.

❷ 俞可平. 治理和善治：一种新的政治分析框架 [J]. 南京社会科学，2001（9）.

❸ 李艳丰. 走向文化治理：托尼·本尼特文化研究理论范式的转型 [J]. 华南师范大学学报（社会科学版），2017（3）：168-177，192.

或文化治理来实现社会生活的一致性。

社区文化治理是文化治理的现实形态,通过将文化作为社区治理工具,借助社区治理网络体系,发挥文化所具有的治理机制与功能,逐步培育和发展社区的核心价值和集体认同,推动社会生活共同体的复兴,提升社会参与,通过社会网络激励来增加围绕本地社区内问题的参与,从而有助于处理公地悲剧问题。在学院路街区更新中,我们尝试在"4+1"工作法的各个阶段引入文化治理的理念和做法,推动空间规划与社会治理的结合和创新。

(一)搭建参与平台:以文化治理方式搭建多元参与的平台

1."学院路"城事设计节

"2018年学院路城事设计节"以"我的城市我的事"为举办初衷,促进街道内各高校、科研院所之间的互动交流,宣传共建、共治、共享的理念,由学院路街道办事处、清华同衡规划院、北京林业大学共同组织的"学院路城事设计节",激活地区资源,一起用设计和创意点亮学院路。此项活动持续了四个月,得到了居民、社会各界和媒体的积极响应,北京林业大学将课程设计和学院路规划相结合,共有两个学院、三个专业的学生参与,最终收获60个设计作品,涵盖街区更新、城市家具、手绘地图、环境改造多个维度,使人人都有机会参与地区建设,为地区规划建言献策。通过发现学院路的过程,让更多的人关注学院路,感受学院路,热爱学院路,并以此为契机,激发地区资源聚集和互动。该活动举办后,在北京市、海淀区各级主管部门均取得良好反响,获得各界一致好评,成为学院路街道全年工作中的突出亮点,并写入《2019年海淀区政府工作报告》。

图21 学院路城事设计节大数据统计

图22 学院路"城事设计节"
写入2019年海淀区政府工作报告

"2019年学院路城事设计节"以共同思考、共同分享为理念,实现以"街区更新、社区营造、品牌再造"为目标,主办方除学院路街道办事处、清华同衡规划院外,参与的地区单位由2018年的北京林业大学一所高校又增加了北京科技大学、北京语言大学两所高校,占学院路街道6所高校的一半。"2019年学院路城事设计节"在深入总结"2018年城事设计节"的优点与不足的基础上,传承经验、创新方法、优化机制、扩大参与渠道及参与范围,深化命题的深度与广度,围绕"节日"概念,结合辖区内丰富的环境资源,融入文化、科技、国际等元素,通过"改变学院街道的金点子""城事设计节—知乎盐沙龙""老外说学院路""学院路街道品牌标识征集"等多样的活动与参与打破院墙壁垒,引发思维碰撞。目前,"城事设计节"已作为学院路街道街区规划的一项特色活动,作为一个对外的平台激发更多人一起关注、发现和创造城市的美好。

　　"城事设计节—知乎盐沙龙"　　　"老外说学院路"　　　"学院路街道品牌标识征集"

**图23　相关活动照片**

## 2. 北京国际设计周五道口城市更新荟

2019年9月,在北京市"国际设计周"期间,为体现海淀区街区规划与城市更新工作特色,展示五道口区域国际化的学府气息,由北京市规划和自然资源委员会海淀分局、海淀区学院路街道办事处在五道口西街一号联合举办"海师·海诗'约会五道口'城市更新荟",集中展示"京张绿廊"五道口启动区铁路遗址公园特色、学院路地区新中国成立70周年文化成果、五道口及学院路历史记忆、学院路城事设计节与社区营造成果等内容。海师·海诗"约会五道口"城市更新荟在2019年9月5日—10月31日举办展览,同时举办多场系列活动,包括大型论坛和主题沙龙以及多场科普、服务、参观、宣传、文明实践类专题活动。展览及各项活动吸引了学院路地区乃至北京市各区、县社会各界人士前来参观,数十家主流媒体进行了报道,得到了持续的社会反响。

（二）优化社会网络：以共同话语重塑地区凝聚力

1. 集体记忆：强化共同的文化渊源

大院内部居民享有共同的公共空间、社会生活和身份认同，表现出内部社会资本富集、外部相对阻隔的特点。大院、大所的行政体制保障了体制内部人群社会交往的强关系，而在这些大院、大所以外的城市社区及这些大院、大所之间的人群则相对缺少面对面互动的现实网络，人们由于缺少社会纽带而缺少共同的身份认同。

在"五道口国际设计周"的展览中，学院路街道邀请第三方机构把原来分别收藏在各大院校校史馆里的珍贵历史照片、资料按照地区发展的时间脉络整合整理出来，并以免费的形式向社会公众开放。无论是对于在各大院校工作生活多年的老一辈科研工作者，还是在这些学校仅有几年学习经历的年轻学子来说，这都是难得的机会，人们能够在同一个时空语境下整体回顾这个有着特殊发展背景并对新中国科技发展做出极其卓越贡献的地区。而通过这样的方式，把八大院校在时间上相互关联而在功能上又相互补充的发展历程清晰地呈现出来，使得原本以各个院校为中心的集体记忆，扩大成为八大院校师生的共同记忆。而有着共同记忆的人之间更容易产生认同感，而且在未来的交流中也会更相互关注，也因此将强化不同亚群体之间的相互融合。

2. 文化认同：激活共同身份的认同

除了八大院校作为地区人群共同的文化渊源以外，五道口这个地点、由铁道带来的道口文化以及宇宙中心这个文化符号也是这个地区的人们特别是年青一代共同的文化认知。

学院路街道各个高校都有大量的外国留学生和学者，其中尤以北京语言大学最为众多，此外，邻近五道口的清华大学、北京大学也有相当规模的留学生。各国友人带来了各地的餐饮、生活习惯等，当中不乏异国他乡人常年定居于此，开设以餐饮、酒吧、咖啡馆为代表的国际化业态，并持续多年与五道口的居民进行对话与交流。时至今日，五道口的国际化生活方式已经影响到全北京的年轻人，形成了广泛的影响力。

从20世纪80年代至今，40余年源源不断的国际化人群用自己的生活和习惯不断影响着这里，在不断地进行国际化文化与本土文化的内化与融合中，已经形成独属于五道口的活力、自由的国际化文化。

"五道口国际设计周"邀请了毕业于清华大学的宋壮壮绘制了题为"是什么塑造了宇宙中心"的巨幅主题海报。画面的名称沿用了人们对五道口的别称——"宇宙中心"。这个名称最早来源于五道口城铁站旁边的优胜大厦（U-center），后来因为这个形容贴切地反映了五道口地区人流集中、年轻人集聚、时尚活力突出的特点而被人们广泛接受成为五道口的代称。在"五道口国际设计周"上同时邀请由曾经就读于五道口地区的清华同衡规划师组成的神思乐队，他们演唱了原创歌曲《五道口》。

人们通过对八大院校、宇宙中心这些具有文化特征的文化符号，或者通过参与国际设计周、城事设计节等具有特定文化意义的文化事件形成群体认可，从而产生或强化归属感，激活共同身份的认同。

### 3. 街区规划：共同目标与行动准则

社会学家罗伯特·帕特南在其经典著作《独自打保龄球》中提出了"社会资本"的概念，他认为社会资本是指政府和市民社会为了一个组织的相互利益而采取的集体行动。社会资本包含社会网络、社会信任和社会规则三个层次。在学院路街道的实践中，我们以集体记忆唤醒文化认同，以文化认同提升社群凝聚力，从而努力强化社会网络和社会信任。但是社群的凝聚力所带来的社会资本最终需要共同的目标和行动准则才能成为推动社会发展的正向动力，也就是需要清晰明确的社会规则。

在学院路街道，我们作为责任规划师，除了帮助发起并举办了城事设计节、五道口国际设计周等活动以外，还有一项非常重要的工作就是开展街区规划的工作。而街区规划与城事设计节、五道口国际设计周等活动之间则呈现出互动的关系。城事设计节、国际设计周反馈的问卷、面向社会征集的城市问题解决方案为街区规划提供了宝贵的第一手资料。而城市街区规划所形成的系列手册，包括街区规划总册、街区画像、街区体检、空间资源与需求清单、街区更新战略规划、学院路城事设计节、慢行系统提升规划与生活服务设施提升规划，在城事设计节、国际设计周成为重要的展览、宣讲材料，成为各方了解学院路的桥梁，街区规划的"园区、街区、社区、校区"四区联动，构建"四区"融合的新型城市形态已成为各方共同的目标和行动准则。

### （三）促成合作行动：以深度参与推动共享与融合

著名大数据科学家，美国麻省理工大学教授阿莱克斯·彭特兰认为：参与，即社区成员之间重复的合作性互动，能够推动合作行为的出现。越来越多的证据证明，参与的力量（人们之间直接的、强烈的、积极的互动）对于促进可信赖的合作行为至关重要。参与（重复的合作性互动）能够建立信任并增加关系的价值，这为建构合作行为需要的社会压力奠定了基础，换言之，参与能够建造文化。

**图 24　学院路街区规划系列手册**

在学院路街区更新的规划与实践中，我们尝试运用多种工具帮助促成人们对于地区公共事务的参与和优化中来。

1. 多元组织型工具——设计联盟

多元组织型工具用于解决一个行政管辖单位不能解决的问题。希望采用该工具将周围相关的地区和资源共同联动，自下而上形成合力，共同解决复杂的城市问题。

同时借助"国际设计周"的平台，形成泛学院路街区规划与城市更新设计联盟和五道口街区规划与城市更新设计联盟。学院路街道的城市问题成因复杂，由来已久，涉及学院路街道、花园路街道、中关村街道和东升镇等多个街镇，若想解决问题，从一个街镇下手是远远不够的，只有彼此联动，形成合力，才能共同面对城市问题，以系统性的方式加以解决。

2. 共创数据型工具——手绘地图与资源共享

城市的复杂性已经不能用单一数据来表达，而应以数据型工具为依托，用系统性的思维综合判断城市问题，对接现在的城市网格化管理制度，找准城市发展的痛点和难点，适时进行问题预判，辅助政府进行城市治理，提升政务效率。

清华同衡在数据方面进行了深入探索，构建了新型数据型工具"街区更新数据平台"。由责任规划师带领"2018年城事设计节"孵化出来的"悦游地图小组"继续深化完善2018年优秀方案《学院路街道悦游地图》，通过联合50余名志愿者共同完成，形成认知地图、悦游地图、美食地图、生活地图四张特色地图。"街区更新数据平台"将这些由大众参与收集与更新的数据整合起来，与城市规划数据、政府数据等进行整合分析，形成完整的街区画像和街区评估，以客观的视角给政府管理者和规划师以判断问题的依据；并引入互动地图模块，邀请居民写下评论、提出意见，实时反馈到城市工作中。

图25　学院路街道手绘地图

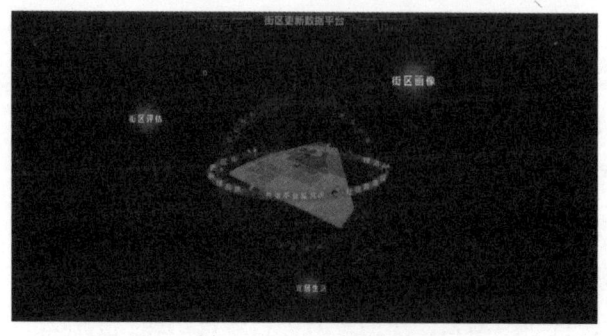

图26　清华同衡"街区更新数据平台"

### 3. 对话型工具——线上与线下互动沙龙

促进平等有效的对话和交流是街区更新的重要过程，传统的座谈会形式无法满足开放参与的需求，因此，我们引入了世界咖啡会议技术、开放空间会议技术等沟通方式，以求激发更多人的想法，实现深度、实质性的对话。

例如，成府路的改造已经列入了《2020 年学院路为民办实事清单》当中，但是成府路周边学生多，大院情况复杂，还有相当比例的外国留学生和学者，因此想要做出真正公众满意的更新改造方案，还需将这些群体共聚一堂，共话成府路的未来。因此，我们采用了开放空间会议技术，以圆桌绘画的形式不断激发中外参与者的思考，引导他们将自己的想法绘制出来，融入今后的设计当中。

又如，"2019 年学院路城事设计节"的主题活动之一："'四区'融合盐沙龙"是"学院路城事设计节"与学院路在地企业知乎的合作。该活动于 2019 年 6 月在线上开设《街区、园区、校区、社区，你最想住哪一区?》专题栏目，该栏目开始后得到社会各界的广泛响应，已有超过百万的用户关注，并收到许多精彩的评论及回答。在线上交流的基础上，"城事设计节"又与知乎的线下品牌盐沙龙合作，邀请线上答者与学院路居民走进知乎，用开放空间（open space）的会议技术开展开放讨论，促进人们的交流与碰撞。

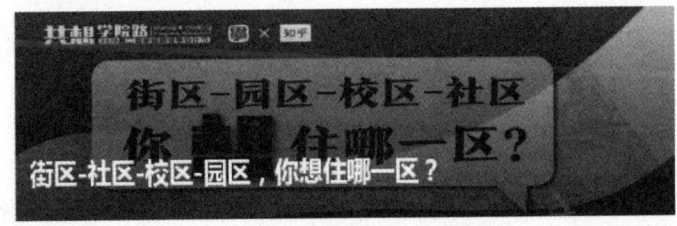

图 27 "街区、园区、校区、社区，你最想住哪一区?"知乎线上专题

## 五、学院路街区更新的探索与创新

### （一）开放创新

通过历次"学院路城事设计节"活动，我们搭建了一个开放的平台，吸引了规划、社会学、品牌营销等 30 余位专家、350 余名在校学生、150 余名居民、多家企业共同参与，与规划师和政府共同探讨学院路街道的街区更新。在这个过程中，我们尝试让更多的社会成员参与到社会问题的解决中，通过公开透明、自下而上、分

权决策的参与过程，将创新过程面向社会公众开放。

开放创新能以"自下而上"的方式发挥出"创新杠杆作用"。这个杠杆作用主要体现在与传统的创新方式相结合，撬动更大的外部创新资源，最终协同原有的内部创新资源，共同完成创新目标，使创新更好、更快且成本更低。只有组织或部门把问题开放，社会上的个人或团体才能够参与进去。因此，开放性是获得社会参与的根本前提。

（二）跨界融合

建成区问题的复杂性和多层次性要求法定规划与非法定规划的相互结合。与之相对应，在编制不同类型规划、解决不同层次问题时，规划师所持的立场、角度和工作专长也应有所不同。有学者认为，未来我国规划师将逐步分化成为政府规划师、执业规划师和社区规划师三种类型。❶ 既需要热衷数据分析、政策制定和进程安排的政策研究者；也需要对会见、面谈、谈判、调解及研究人富有兴趣、具有专长的社区工作者❷；更需要善于设计、精于工程、通过更新设施来提高生活水平的设计师。规划师、学者、社区工作者之间需要相互配合，借助开放的平台和动态的跟踪，形成技术协作团队，目标是从单一的技术层面辅助转向分工合作、通过复合手段推动协作、协商。

在学院路的实践中，我们看到应当把问题开放出来，创新既可以发生在公共部门之内，也可以发生在公共部门、私人部门、第三部门、家庭和社区之间。更多学科、更多主体参与、多要素互动融合将极大地推动创新生态的涌现。在这个生态系统中，人人都是规划师，各种城市问题和社会问题的解决不仅要依赖不同学科之间的交融与跨界，也得益于不同群体之间不断增进的交往而带来的信任，并由此产生更多的思想交流与碰撞以及更高的创新效率。

（三）动态优化

城市是一个复杂的系统。美国社会学家R.E·帕克认为，城市绝非简单的物质现象和人工构成物。城市已同其居民们的各种重要活动密切联系在一起，它是自然的产物，而尤其是人类属性的产物。❸ 面对城市这一高度复杂的巨大系统，一方面需要借助技术手段、考虑时间的要素，对人的行为、各类企业、重要的公共设施、

---

❶ 陈有川. 规划师角色分化及其影响 [J]. 城市规划, 2001 (8)：77–80.
❷ Howell. S. Baum. Social Science Social, Work, and Surgery [J]. APA Journal, spring, 1997.
❸ R.E. 帕克. 城市社会学 [M]. 宋俊岭, 等, 译. 北京：华夏出版社, 1987.

商业服务设施的运行情况和影响因素进行分析，从而真正理解一个地区的发展和运行逻辑。因此，需要通过文献研究、访谈、问卷、会议等形式，从时间、空间两个维度入手，分析地区发展的时空特征；从就业者、居住者的角度出发提炼出使用者的感受和需求；通过技术手段，对各类企业、重要的公共设施、商业服务设施的运行情况和影响因素进行动态跟踪和定量分析。目的在于对复杂问题进行精准定位、精细应对。

另一方面，城市更新也是一个渐进完善的动态过程。对建成区的内涵提升不应被简单理解为个别地块的更新改造，也并非通对城市的大规模物质空间改造来实现，而是基于现有的建成框架，以多元发展目标为指引，通过优化、整治、更新等不同手段途径，对空间进行织补，对空间承载的活动进行重新组织，从而实现城市空间组织结构的重构，达到"提质""增效"的目标。在实际工作中，我们发现，规划与实施之间有一定距离，只有将每一个策略落实到具体空间中，分步、分批的形成项目库，纳入历年"为民办实事清单"中，才能将其真正落地。这也要求我们充分重视"目标—策略—行动"的动态优化的重要性。

# 基于消费者感知的少儿恐龙主题文化服务体验研究

## 贾 佳 石 静[1]

**摘 要**：少年儿童是我国公共文化服务和文化服务产业的重要对象，研究其文化服务体验，对提升我国公共文化服务质量，打造更符合少年儿童文化消费需求的文化服务产品具有重要意义。文章采取内容分析法，对中国古动物馆、北京自然博物馆、自贡恐龙博物馆等少儿恐龙元素博物馆、中华恐龙园等恐龙主题综合性游乐园、《远去的恐龙》等恐龙主题演艺作品进行词频分析、社会语义网络分析和情感分析。研究发现，恐龙元素博物馆的科普功能最强，积极情感评价占比最高；恐龙主题公园消费者对基础设施要求最高，但在三类文化服务中积极情感评价占比最低；恐龙主题表演服务消费者对受众定位认知更明确，且感官体验最为丰富；在我国目前的恐龙主题少儿文化服务中，科幻元素运用极为不足，在内容原创、展示、消费者参与等环节，科幻都有更广阔的运用空间。

**关键词**：文化服务体验；少年儿童；消费者感知；科幻

## Research on the Experience of Dino – Themed Cultural Services for Children Based on Consumer Perception

### Jia Jia   Shi Jing

**Abstract**：Young children are important objects of China's public cultural services and cultural service industry. The study of their cultural service experience is of great significance to improve the quality of China's public cultural services and create cultural serv-

---

[1] 贾佳（1980—），女，河北省石家庄市人，文学博士，对外经济贸易大学公共管理学院副教授、硕士生导师，研究方向为文化产业政策、文化贸易、文化与传播。石静（1995—），女，山东省菏泽市人，对外经济贸易大学公共管理学院文化产业管理专业 2018 级硕士研究生。

ice products more in line with the cultural consumption needs of young children. This paper adopts content analysis method to analyze word frequency, social semantic network analysis and emotion analysis of dino – themed performance works such as China museum of ancient animals, Beijing museum of natural history, zigong dinosaur museum and other museums of children's dinosaur elements, China dinosaur park and other comprehensive amusement parks, and "dinosaur far away". It was found that the museum of dinosaur elements had the strongest science popularization function, and the highest proportion of positive emotion evaluation. Dinosaur theme park has the highest demand for infrastructure, but the lowest proportion of positive emotional evaluation among the three types of cultural services. Dinosaur theme performance serves consumers to have a clearer understanding of audience positioning and the most abundant sensory experience. In the current dino – themed children's cultural services in China, the application of science fiction elements is extremely insufficient, in the original content, display, consumer participation and other links, science fiction has a broader application space.

**Keywords**: Cultural service experience; Juvenile children; Consumer perception; Science fiction

## 一、引言

少年儿童是我国公共文化服务和文化服务产业的重要对象，研究其消费体验，对提升我国公共文化服务质量，打造更适宜少年儿童文化消费需求的文化服务产品具有重要意义。在各类少儿文化服务主题中，恐龙题材因其能够将儿童文学、影视作品、演艺产品、主题乐园等文化服务产业链各环节紧密结合的特性而备受人们青睐。为了更清晰地比较同主题下公共文化服务和文化服务产业消费者体验的差异，文章选取了博物馆（公共文化服务）、游乐园（文化服务产业）、演艺作品（文化服务产业）等不同性质、不同类型的文化服务的消费者体验进行对比研究。主要采取内容分析法，对中国古动物馆、北京自然博物馆、自贡恐龙博物馆等少儿恐龙元素博物馆、中华恐龙园等恐龙主题综合性游乐园、《远去的恐龙》等恐龙主题演艺作品进行词频分析、社会语义网络分析和情感分析，以期从消费者感知视角对现有少儿恐龙主题文化服务研究进行探索。

## 二、研究方法与数据选取

### （一）内容分析法

本文采用内容分析法，通过对三类少儿恐龙主题文化服务中消费者的体验评价进行词频统计、社会语义网络分析、情感分析，从消费者感知的视角对我国当前少儿恐龙主题文化服务体验进行有针对性的分析、比较，深入描述当前我国少儿恐龙主题文化服务的效果。

### （二）概念界定与数据选取

根据国家统计局《文化及相关产业分类》（2018），"文化及相关产业是指为社会公众提供文化产品和文化相关产品的生产活动的集合"，并将"文化及相关产业"划分为九大类❶，其中，本文的研究对象演艺作品《远去的恐龙》属于文化核心领域"内容创作生产"中的"创作表演服务"，中国古动物馆、北京自然博物馆、自贡恐龙博物馆属于文化核心领域"内容创作生产"中的"内容保存服务"，中华恐龙园属于文化核心领域"文化娱乐休闲服务"中的"景区游览服务"，上述研究对象分属于三种不同类型的文化服务，其文化服务消费体验具有一定的代表性。

本文从大众点评网抓取自贡恐龙博物馆、中国古动物馆、北京自然博物馆、中华恐龙园、"远去的恐龙"的所有"网友点评"，分别得到 751 条、3958 条、1031条、10851 条、1081 条评论，以"恐龙"作为关键词进行筛选，分别得到 518 条、437 条、1803 条、4372 条、579 条评论。本文选取以"恐龙"作为关键词筛选后的网友点评作为内容分析对象。

## 三、少儿恐龙主题文化服务体验特征

### （一）少儿恐龙元素博物馆

在选取的三家博物馆中，中国古动物馆、北京自然博物馆中均包含恐龙展厅，属国家一级博物馆。本文选取中国古动物馆、北京自然博物馆、自贡恐龙博物馆三

---

❶ 国家统计局《文化及相关产业分类》（2018）。

家博物馆的网友点评数据，以"恐龙"为关键词进行筛选，共得到 2758 条评论数据。

1. 高频词分析

通过 ROST CM6 软件对三家博物馆网友点评文本内容进行高频词分析发现，高频词"恐龙""博物馆"说明消费者对参观地点的主题认知非常强烈，"孩子""小朋友""化石""动物""自然"等高频词正是少儿恐龙主题博物馆的典型展品类型。将前 50 位高频词进行归纳整理，可分为主题认知与服务体验两大类。其中主题认知包括"恐龙""博物馆""孩子""化石""动物""自然""知识""标本""模型"等，上述高频词反映了消费者对博物馆主题的初步感知与印象；服务体验包括"预约""身份证""免费""方便""时间""周末""丰富""网上""排队"等，从这些高频词可以看出，消费者十分看重博物馆的服务体验，比如，参观费用和参观时间等能否给消费者带来便捷舒适的服务体验。

表1　少儿恐龙元素博物馆消费者评价词频统计（前 50 位）

| 排序 | 词语 | 频次 | 排序 | 词语 | 频次 |
|---|---|---|---|---|---|
| 1 | 恐龙 | 4851 | 26 | 讲解 | 404 |
| 2 | 博物馆 | 2837 | 27 | 方便 | 403 |
| 3 | 孩子 | 2077 | 28 | 适合 | 399 |
| 4 | 化石 | 1515 | 29 | 进去 | 395 |
| 5 | 预约 | 1348 | 30 | 骨架 | 352 |
| 6 | 动物 | 1313 | 31 | 模型 | 343 |
| 7 | 自然 | 1295 | 32 | 时间 | 343 |
| 8 | 小朋友 | 943 | 33 | 小时 | 341 |
| 9 | 标本 | 843 | 34 | 人体 | 332 |
| 10 | 参观 | 792 | 35 | 现场 | 315 |
| 11 | 身份证 | 769 | 36 | 门口 | 314 |
| 12 | 免费 | 720 | 37 | 周末 | 311 |
| 13 | 提前 | 680 | 38 | 人类 | 282 |
| 14 | 地方 | 671 | 39 | 天桥 | 279 |
| 15 | 展厅 | 579 | 40 | 丰富 | 277 |
| 16 | 门票 | 562 | 41 | 展览 | 277 |
| 17 | 网上 | 544 | 42 | 地下 | 271 |
| 18 | 展品 | 543 | 43 | 展馆 | 270 |
| 19 | 公园 | 536 | 44 | 生物 | 268 |
| 20 | 知识 | 515 | 45 | 恐龙馆 | 266 |
| 21 | 北京 | 488 | 46 | 展示 | 252 |
| 22 | 小时候 | 420 | 47 | 非洲 | 246 |
| 23 | 自贡 | 418 | 48 | 电影 | 244 |
| 24 | 各种 | 410 | 49 | 排队 | 244 |
| 25 | 植物 | 406 | 50 | 馆里 | 218 |

## 2. 社会语义网络分析

将网友点评文本输入 ROST CM6 软件中，使用 NetDraw 工具模块，形成了社会语义网络。❶ 如图1所示，在消费者对于少儿恐龙主题博物馆评价的社会语义网络中，"恐龙"为一级中心词，二级中心词包括"博物馆""自然""动物""标本""化石""预约""孩子"，这些关键词语义联系最紧密，共同构成了少儿恐龙元素博物馆的主题印象与典型特征。在外围次词中，"门票""网上""提前""参观""身份证""免费""知识"等关键词与一级中心词"恐龙"、二级中心词中的"博物馆""孩子""预约""自然"等关键词的联系较为紧密，说明消费者非常注重少儿恐龙主题博物馆能否为孩子提供舒适便捷的服务体验，特别是在入馆条件方面。

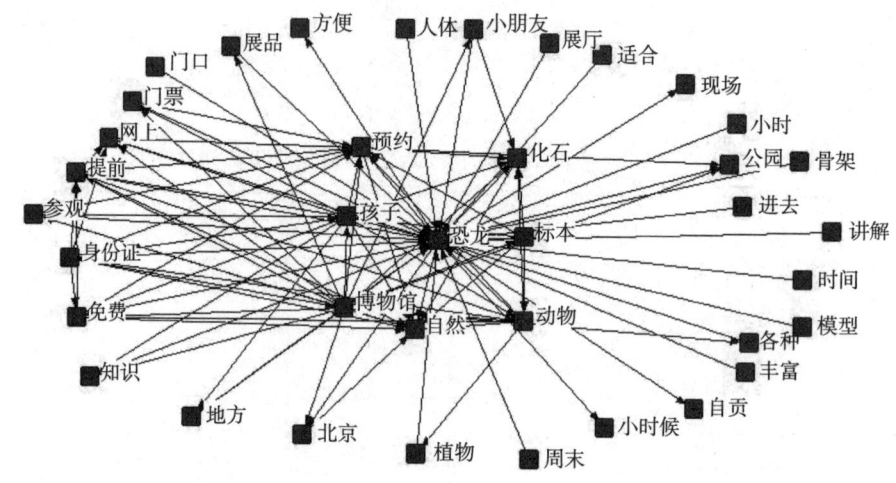

**图1　少儿恐龙元素博物馆消费者评价社会语义网络**

## 3. 情感分析

消费者情感对消费者满意度和忠诚度都有重要影响，消费者的情感大致可分为三类：积极情感、中性情感与消极情感。正面积极的情感反应通常会提高满意度和忠诚度，而消极的情感体验则会降低消费者满意度和忠诚度。❷ 通过 ROST CM6 软件进行情感分析，如表2所示，消费者对少儿恐龙主题博物馆的积极情感占比为97.22%，中性情感占比为1.15%，消极情感占比为1.63%。其中，积极情感中的高度积极情感达到64.56%，远远高于一般积极情感与中度积极情感的占比，另外中性情感与消极情感占比极低，说明绝大多数消费者对于少儿恐龙元素博物馆的服务体验都比较满意，并给予了积极评价。

---

❶　方琴. ROST 内容挖掘系统对内容分析法影响的研究 [J]. 课程教育研究，2014（1）：234－235.

❷　陈霖. 景区服务质量、旅游者体验、旅游目的地形象关系的实证研究 [D]. 上海：复旦大学，2013.

表 2　少儿恐龙元素博物馆消费者评论的情感分析

| 情感类别 | 比例（%） | 强度 | 比例（%） |
|---|---|---|---|
| 积极情感 | 97.22 | 一般（0～10） | 12.11 |
| | | 中度（10～20） | 20.55 |
| | | 高度（20以上） | 64.56 |
| 中性情感 | 1.15 | | |
| 消极情感 | 1.63 | 一般（-10～0） | 1.45 |
| | | 中度（-20～-10） | 0.18% |
| | | 高度（-20以下） | 0 |

### （二）少儿恐龙主题游乐园/景区：中华恐龙园

中华恐龙园是以恐龙为主题的综合性游乐园，国家 5A 级景区，位于江苏省常州市，其"中华恐龙馆区"是收藏和展示恐龙化石比较全面的博物馆。❶ 本文从中华恐龙园网友点评中选取 2018 年的评论数据进行分析，以"恐龙"为关键词筛选共得到 1224 条评论数据。

### 1. 高频词分析

从高频词可以看出，"恐龙""项目""常州""孩子""小朋友"等词语表明消费者对参观地点的主题的感知非常强烈。将这些高频词进行归纳整理，可分为主题认知与服务体验两大类。其中主题认知包括"恐龙""项目""孩子""小朋友""侏罗纪"等，这些高频词反映了消费者对博物馆主题的初步感知与印象；服务体验包括"排队""刺激""设施""好玩""开心""体验""梦幻"等。与恐龙主题的博物馆相比，恐龙主题公园网友点评高频词中的形容词明显增多，对于文化服务体验的描述更为丰富，"设施""人员""建议"等高频词的出现说明消费者对服务场所硬件的要求比较高。

表 3　恐龙主题游乐园消费者评价词频统计（前 50 位）

| 排序 | 高频词 | 频次 | 排序 | 高频词 | 频次 |
|---|---|---|---|---|---|
| 1 | 恐龙 | 2363 | 5 | 玩的 | 567 |
| 2 | 项目 | 1394 | 6 | 常州 | 539 |
| 3 | 排队 | 691 | 7 | 孩子 | 417 |
| 4 | 刺激 | 575 | 8 | 小朋友 | 399 |

---

❶ 周雪娇，钟士恩，徐文燕，任晓丽. 主题公园游客满意度的多维度影响因素研究——以中华恐龙园为例 [J]. 地理与地理信息科学，2017，33（6）：118-124.

续表

| 排序 | 高频词 | 频次 | 排序 | 高频词 | 频次 |
|---|---|---|---|---|---|
| 9 | 小时 | 354 | 30 | 身高 | 147 |
| 10 | 表演 | 347 | 31 | 公园 | 146 |
| 11 | 中华 | 308 | 32 | 人员 | 145 |
| 12 | 时间 | 305 | 33 | 各种 | 144 |
| 13 | 乐园 | 268 | 34 | 梦幻 | 143 |
| 14 | 适合 | 254 | 35 | 建议 | 143 |
| 15 | 设施 | 241 | 36 | 入园 | 141 |
| 16 | 游乐 | 217 | 37 | 然后 | 141 |
| 17 | 好玩 | 200 | 38 | 下来 | 135 |
| 18 | 地方 | 198 | 39 | 花车 | 134 |
| 19 | 园区 | 197 | 40 | 园内 | 131 |
| 20 | 进去 | 197 | 41 | 室内 | 128 |
| 21 | 游玩 | 196 | 42 | 儿童 | 126 |
| 22 | 开心 | 184 | 43 | 这次 | 152 |
| 23 | 晚上 | 179 | 44 | 小孩 | 121 |
| 24 | 门票 | 178 | 45 | 朋友 | 119 |
| 25 | 酒店 | 176 | 46 | 宝宝 | 116 |
| 26 | 游乐园 | 160 | 47 | 下午 | 116 |
| 27 | 分钟 | 158 | 48 | 万圣节 | 115 |
| 28 | 侏罗纪 | 156 | 49 | 每个 | 115 |
| 29 | 体验 | 154 | 50 | 以上 | 111 |

## 2. 语义网络分析

恐龙主题公园消费者评价的社会语义网络以"恐龙""项目"为一级中心词，二级中心词包括"孩子""小朋友""刺激""玩的""排队""表演""小时""常州"等关键词，外围次词中"适合""好玩""开心""乐园"等关键词与二级中心词的联系比较紧密，说明服务体验超越主题认知成为消费者感知该类服务的关键。

## 3. 情感分析

消费者在对恐龙主题公园的三类情感中，积极情感占82.19%，其中高度积极情感占41.91%，消极情感占16.34%，其中一般消极情感占11.36%，与恐龙元素博物馆相比，消费者对恐龙主题游乐园的服务体验中高度积极情感占比偏低，消极情感占比上升。

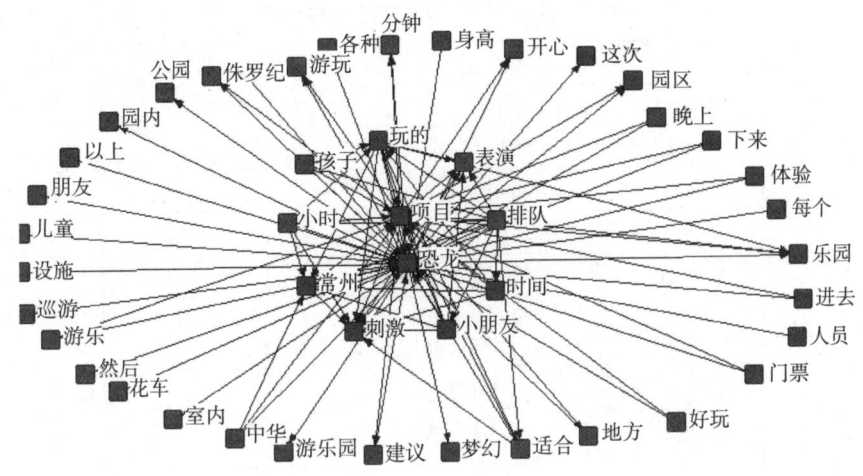

**图2　恐龙主题公园消费者评价社会语义网络**

**表4　恐龙主题公园消费者评价的情感分析**

| 情感类别 | 比例（%） | 强度 | 比例（%） |
|---|---|---|---|
| 积极情感 | 82.19 | 一般（0~10） | 19.69 |
| | | 中度（10~20） | 20.59 |
| | | 高度（20以上） | 41.91 |
| 中性情感 | 1.47 | | |
| 消极情感 | 16.34 | 一般（-10~0） | 11.36 |
| | | 中度（-20~-10） | 4.00 |
| | | 高度（-20以下） | 0.98 |

### （三）恐龙主题演艺作品：《远去的恐龙》

"远去的恐龙"是在国家体育馆"鸟巢"内以恐龙为主题的演艺作品，主要的消费对象是少年儿童及其家长。本文选取《远去的恐龙》的网友点评数据进行筛选，共得到579条评论数据。

1. 高频词分析

首先，从词频来看，"孩子""小朋友""宝宝""大人""适合""儿子""朋友"等称谓词明显增多，说明消费者对演艺节目适合的受众群体较之前两类文化服务有更明确的认知。其次，"震撼""效果""逼真""害怕""真实""兴奋"等描述感官体验的关键词明显增多，说明消费者对演出服务引发"共情"的要求更高，"票价""安检""座位"等与服务设施相关的主题公园明显减少，说明消费者更加关注演艺节目本身的质量。

表5 "远去的恐龙"消费者评价词频统计（前50位）

| 排序 | 高频词 | 频次 | 排序 | 高频词 | 频次 |
|---|---|---|---|---|---|
| 1 | 恐龙 | 1037 | 26 | 制作 | 64 |
| 2 | 孩子 | 657 | 27 | 真实 | 61 |
| 3 | 震撼 | 269 | 28 | 值得 | 61 |
| 4 | 演出 | 243 | 29 | 安检 | 58 |
| 5 | 效果 | 240 | 30 | 座位 | 58 |
| 6 | 小朋友 | 205 | 31 | 小恐龙 | 56 |
| 7 | 分钟 | 168 | 32 | 人员 | 54 |
| 8 | 逼真 | 162 | 33 | 海啸 | 54 |
| 9 | 时间 | 158 | 34 | 地球 | 54 |
| 10 | 场景 | 152 | 35 | 画面 | 53 |
| 11 | 灭绝 | 143 | 36 | 兴奋 | 52 |
| 12 | 远去 | 121 | 37 | 霸王龙 | 52 |
| 13 | 屏幕 | 120 | 38 | 现场 | 51 |
| 14 | 体育馆 | 106 | 39 | 鸟巢 | 51 |
| 15 | 害怕 | 102 | 40 | 观看 | 51 |
| 16 | 国家 | 101 | 41 | 火山 | 51 |
| 17 | 大人 | 88 | 42 | 过程 | 50 |
| 18 | 位置 | 88 | 43 | 场面 | 50 |
| 19 | 表演 | 80 | 44 | 儿子 | 50 |
| 20 | 宝宝 | 79 | 45 | 情节 | 49 |
| 21 | 适合 | 76 | 46 | 朋友 | 49 |
| 22 | 整个 | 76 | 47 | 停车 | 48 |
| 23 | 故事 | 71 | 48 | 大恐龙 | 48 |
| 24 | 票价 | 71 | 49 | 总体 | 48 |
| 25 | 实景 | 69 | 50 | 进去 | 48 |

## 2. 语义网络分析

恐龙主题演艺作品的消费者评论的语义结构可分为两个圈层，第一个圈层为核心层，以"恐龙"为中心词，包括"小朋友""孩子""时间""分钟""逼真""震撼""演出""效果"等词语；第二个圈层为外围层，代表性的词语有"票价""害怕""国家""体育馆""灭绝""场景"等。同样的，在核心层中不仅包括演艺作品的核心主题，而且还包括服务体验相关的词语，比如"震撼""逼真""效果"等体现消费者对演出节目的评价性的词语，另外，也有"时间""分钟"等代表整体服务体验的词语，这些词语与其他词语联系紧密，这说明对于恐龙主题的演艺作品来说，消费者十分重视演艺作品本身的质量和整体的服务体验。

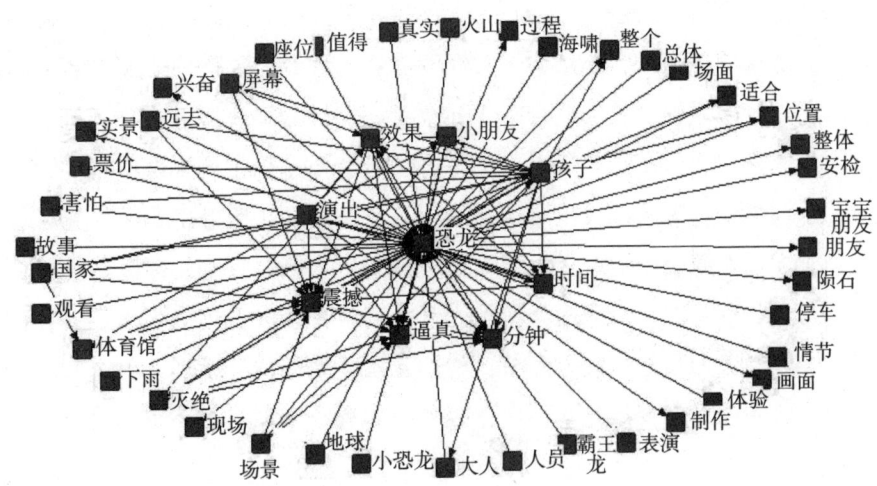

**图 3 "远去的恐龙"消费者评价社会语义网络**

### 3. 情感分析

在"远去的恐龙"消费者评价的情感分析中，88.10%的消费者对恐龙主题的演艺作品有积极评价，其中超过50%的消费者产生了高度积极情感，消极情感占比为10.52%，中性情感占比仅为1.38%，其中，高度积极情感占比较恐龙主题游乐园有所提高，但仍低于恐龙元素博物馆。

**表 6 "远去的恐龙"消费者评价的情感分析**

| 情感类别 | 比例（%） | 强度 | 比例（%） |
|---|---|---|---|
| 积极情感 | 88.10 | 一般（0~10） | 13.62 |
| | | 中度（10~20） | 20.34 |
| | | 高度（20以上） | 54.14 |
| 中性情感 | 1.38 | | |
| 消极情感 | 10.52 | 一般（-10~0） | 7.07 |
| | | 中度（-20~-10） | 2.93 |
| | | 高度（-20以下） | 0.52 |

## 四、结论

运用内容分析法，对我国文化服务中"内容保存服务"（恐龙元素博物馆）"景区游览服务"（恐龙主题游乐园）、"创作表演服务"（恐龙主题文艺演出）三种不同类型文化服务的服务消费体验进行研究发现，首先，从词频分析和社会语义网络分析来看，"孩子"是这三类文化服务消费者评价共同的高频词，说明恐龙文化服务的主要受众群体是少年儿童，相关经营者和管理者需要深入研究少年儿童的文化消费需求和特征，创造更加适合少年儿童身心发展的文化服务产品；其次，在三类文化服务体验中，恐龙主题博物馆的科普功能最强，积极情感评价占比最高，恐龙主题游乐园消费者对基础设施要求最高，且在三类文化服务中积极情感评价占比最低，恐龙主题表演服务消费者对受众定位认知更明确，且感官体验最为丰富；最后，在恐龙主题少儿文化服务中，科幻元素、高科技手段运用极为不足，在内容原创、展示、消费者参与及反馈等环节，科幻元素、高科技手段都有更广阔的运用空间，这必将极大地提升少年儿童在文化服务中的消费体验。

# 黑龙江省工业遗产的保护与再利用研究

王文杰　高　铭<sup>❶</sup>

**摘　要**：工业遗产作为人类文化遗产的重要组成部分，以工业革命后的工业遗存为主体，浓缩展示了区域范围内的人类活动与发展历程。黑龙江省在自"洋务运动"开始的中国近代工业建设及其发展过程中，相继经历了沙俄与日本的殖民侵略及"一五计划"期间苏联援助建设时期，成为中国工业化道路上的先驱地区之一，遗存有数量丰富、种类多样的工业遗产。从全省范围看，工业遗产的空间分布以南部、东部为主，其中南部呈现出沿中东铁路线性分布的特征；从时间维度上看，以1906—1945 年日据时期的工业遗产分布数量居多。黑龙江省工业遗产在城市化发展的进程中更新情况变化巨大，亟待进行恰当地开发管理和保护。

**关键词**：黑龙江省；工业遗产；时空分布特征；保护与再利用

## Study on Protection and Re-use of Industrial Heritage in Heilongjiang Province

Wang Wenjie　Gao Ming

**Abstract**：As an important part of human cultural heritage，industrial heritage is the main body of the industrial heritage after the industrial revolution，and it concentrates on the human activities and development history of the region. Heilongjiang province in China since the beginning of the westernization movement in modern industrial construction，the development process，successively experienced Russia and Japan's colonial aggression and "the first five – year plan" Soviet aid construction period，become one of the pioneer of

---

❶　王文杰（1977—），男，山西省太原市人，对外经济贸易大学公共管理学院副教授，研究方向：文化传播与传媒。高铭（1997—），男，黑龙江省哈尔滨市人，对外经济贸易大学公共管理学院 2019 级研究生。

Chinese industrialization road area, the number and types of the rich diversity of industrial heritage have remains. From the perspective of the province, the spatial distribution of industrial heritage in the province is mainly in the south and east, and the southern part shows the characteristics of the linear distribution of the railway in the Middle East. In terms of time dimension, the number of industrial heritages in the period from 1906 to 1945 was mainly distributed. The industrial heritage of heilongjiang province has changed greatly in the process of urbanization development, and it is urgent to carry out proper development management and protection.

**Keywords**: Heilongjiang Province; industrial heritage; spatio – temporal distribution characteristics; protection and reuse

历史上的黑龙江省由于特殊的地理区位与社会因素，一方面不断遭受列强的掠夺侵占，另一方面也在列强资金、技术的支持下催化、发展了含括多行业在内的近代工业体系，而快速提升的工业水平也使得黑龙江省成为全国范围内的工业强区。黑龙江省因此遗存有种类繁多、数量丰富的富有历史文化价值与再利用价值的工业遗产。然而在快速的城市化进程中，众多的工业遗产并没有得到科学的保护与有效的利用，处于荒废甚至消失的状态。在这种情况下，以黑龙江省工业遗产分布特征为切入点，从多个角度、多个维度探寻对黑龙江省工业遗产资源保护与再利用的新理念、新路径，是具有现实意义的举措。

## 一、文献综述

当前学术界对于黑龙江省工业遗产的保护与再利用研究已经取得了一定的成果与进展。对于黑龙江省种类多样、数量丰富的工业遗产，一些专家、学者从宏观层面进行探究。段海龙、宗明明借鉴国内外相关经验，认为工业遗产的保护与再利用应该与文化建设紧密联系起来，一方面，要以工业遗产主题旅游业开发、城市主题文化建设为切入点，使得遗产资源与社会、经济发展相适应；另一方面，要依托大学文化提升对工业遗产的保护与再利用层次，使工业遗产具有思想引领性与教育意义。❶ 闫波、李颖、姜洪力则以"水工业遗产"这一类型为例，从社会心理功效、社会经济功效、社会文化功效等多个角度出发，建议选取能够代表地域特色、富有

---

❶ 段海龙，宗明明. 对黑龙江省工业文化遗产保护的思考［J］. 学术交流，2008（11）：262 - 263.

城市文化内涵的工业遗产进行重点保护与开发。❶

在具体案例分析研究中，专家学者最为感兴趣的便是"中东铁路"这一研究对象。佟玉权梳理了中东铁路本身及其沿线的工业遗产分布特征，并指出，其中蕴含的人文价值与经济潜力，进而建议在完善相关法律、法规的基础上，制定全局性的发展战略，整合区域资源开展保护与开发工作。❷ 刘丽华对中东铁路系统中的网线、铁路相关建（构）筑物、城镇、沿线自然景观、非物质工业技艺五类铁路要素进行了具体阐述，并建议以"五类要素"为出发点与发力点进行整体的保护与开发。❸

而对于工业遗产旅游开发这一重要的命题，王小育认为要结合黑龙江省工业遗产资源实际，甄别具有开发潜力的遗产，进而推进多学科联合手段开发工业遗产旅游，保证开发质量。❹ 邵顺义在对已有的工业遗产旅游城市分析的基础上，提出资源型旅游城市群的概念，建议打造大工业旅游区。❺

对于已有的研究成果进行梳理笔者认为，众多研究虽然较为充分地对黑龙江省工业遗产的整体情况进行了分析，并提出了较为可行的保护与再利用的措施与手段，但是缺乏对工业遗产本身时空特征的直观展示，同时对于"中东铁路"这一重要研究对象的分析仍可提升其层次。因此本文进一步对黑龙江省工业文化遗产进行了可视化分析，并根据分析而得到的结果提出了"中东铁路文化带"这一概念。

## 二、黑龙江省工业遗产研究现状分析

### （一）黑龙江省工业遗产管理及保护情况

黑龙江省的近代工业在很长一段时间内以畸形的态势高速发展。清末，中国政府在内忧外患下签订了一系列丧权辱国的不平等条约，在这种态势下，黑龙江省于19 世纪末开始被沙俄与日本相继占据。而为了掠夺黑龙江省丰富的自然资源，侵略者建造了以中东铁路为代表的一系列交通大动脉与相应的配套工业，少部分外资企业与民族工业也随之出现，因此黑龙江省的近代工业体系被动地初步建立起来。中

---

❶ 闫波，李颖，姜洪力. 论哈尔滨水工业遗产对其城市发展的社会功效［M］//2009 城市发展与规划国际论坛论文集，2011（3）：391 –392.

❷ 佟玉权. 中东铁路工业遗产的分布现状及其完整性保护［J］. 城市发展研究，2013，20（4）：41 –45.

❸ 刘丽华. 中东铁路线性工业遗产的整体性保护与利用［J］. 沈阳师范大学学报（社会科学版），2013，37（6）：24 –28.

❹ 王小育. 黑龙江省工业遗产旅游开发研究［D］. 2010：56.

❺ 邵顺义. 黑龙江省资源型城市旅游产业发展问题研究［D］. 2010：86 –87.

华人民共和国成立后，黑龙江省又在"一五"时期承接了众多苏联援建工业项目，全省工业水平进一步提高。

但是在现代，一方面城市内部一些不再具有使用功能的工业建筑物和旧址因为难以与发生巨大变化的城市空间结构协调共存，正在急速地从城市消失；另一方面，众多因为自然灾害、人为破坏及年久失修而处于建筑结构老化、倾斜坍塌、使用环境恶劣等危险状况的边远地区工业遗产资源，被大量简单废弃与拆除。如全国重点文物保护单位中东铁路建筑群的重要组成部分中东铁路机车库，2002年却被机务段租给个人做厂房，对文物本身造成了严重破坏；东省铁路哈尔滨总工厂（后更名为哈尔滨车辆厂）按照总体规划进行搬迁，虽然象征性地保留下部分老厂房、老机床，但在脱离了原有的大厂区后，也失去了足够的历史烙印。

目前，在共计183处的黑龙江省国家级、省级、市级和县级与未评级工业遗产保护单位中，全国重点文保单位5处，省级文保单位40处，市级文保单位13处，县级文保单位12处，未评级文保单位113处。所占比例分别为2.73%、21.86%、7.10%、6.56%、61.75%。具体文保单位如表1所示。

**表1 黑龙江省工业遗产资源各级别汇总**

| 文物保护单位 | 数量/个 | 百分比（%） |
|---|---|---|
| 全国重点文保单位 | 5 | 2.73 |
| 省级文保单位 | 40 | 21.86 |
| 市级文保单位 | 13 | 7.10 |
| 县级文保单位 | 12 | 6.56 |
| 未评级文保单位 | 113 | 61.75 |

资料来源：根据国家文物局、黑龙江省文物局网站数据及《中国文物地图集·黑龙江分册》整理。

总体来看，黑龙江省各市县工业遗产的保护和再利用意识正在兴起，大部分都在有目的、有规划地开展各项保护性工作。

（二）研究方法与数据来源

在本研究收集的黑龙江省工业遗产名录中，工业遗产项目数据主要来源于《中国文物地图集·黑龙江分册》❶及相关网站。此外，黑龙江省的省级（市级）政府网站、文物官方网站以及相关文化类网站资源也是本文数据的重要来源。

---

❶ 国际文物局. 中国文物地图集·黑龙江分册 [M]. 北京：文物出版社，2015.

在研究过程中，笔者首先整合每项工业遗产的保护级别、产生时间、经纬度和相关历史及基本特征，从而对全省的工业遗产级别和类型结构进行分析；其次，以ARCGIS软件中的相关分析功能为主要手段，结合全省工业遗产资源时间上的阶段特征和空间上的整体分布现状，对省内工业遗产进行多角度、多维度的可视化研究；最后，通过文献回顾，对政府和居民对工业遗产保护与再利用的看法和意见进行了探讨，探索了黑龙江省工业遗产资源保护与再利用的新方式与新模式。

## 三、黑龙江省工业遗产资源的历史阶段特性探究

黑龙江省工业遗产最早可追溯至辽代，以1897年中东铁路开始建设的时间为节点，此前的辽、金、清三代的工业遗产数量少，主要为手工业与冶金业。而在1897—1905年，黑龙江省被沙俄占据，随着中东铁路的修建，省内工业迅速发展，初步形成了包含车站、行政区、居住区、宗教场所在内的配套近代工业体系。

在1904—1905年的日俄战争中，作为失败方的沙俄失去了对黑龙江省的掌控，日本由此开始占据黑龙江省，直至1945年抗日战争结束。在这一阶段，与铁路相关工业、军事工业、矿冶工业、机械工业得到了迅速的发展，成为黑龙江省近代工业体系中的支柱型产业。此后，在"一五"计划时期，苏联援助建设工业的落地与发展也是一个重要时间段。为了能够得到直观的数据分析结果，笔者把工业遗产发展历程分为四个时间段：1897年以前、1897—1905年、1906—1945年、1946—1957年。如表2所示。

**表2 各时期工业遗产数量分布特征**

| 时期 | 数量（个） | 举例 |
| --- | --- | --- |
| 1897 年以前 | 6 | 老沟金矿（漠河金矿） |
| 1897—1905 年 | 38 | 哈尔滨火车站 |
| 1906—1945 年 | 113 | 天兴福第四制粉厂旧址 |
| 1946—1957 年 | 26 | 哈尔滨锅炉厂 |

结合以上内容，可以分析出黑龙江省工业遗产分布具有下列特征。

（一）铁路是贯穿黑龙江省近代工业发展的主线

黑龙江省近代工业发端于铁路附属地的形成与渐趋成熟，随着重要的交通枢纽发展步入正轨，不但城镇、城市这些重要的工业载体进入了快速发展时期，铁路沿线的小聚落也成为了工业发展中的一环。在中东铁路建设早期，相关工业生产几乎

仅用于为铁路工人及城镇居民服务，属于"自给自足"的发展模式，如行政建筑、住宅区、工人俱乐部及宗教场所。其后随着中东铁路的开通运营和线路的不断扩张延伸，其运输功能日益强化，铁路附属地区逐步实现商业化。这种商埠化使得黑龙江省近代工业逐渐向工商业转化，工业企业的产出不仅用于铁路生态系统和城市，而且还被运往远东地区进行销售。这种模式成功地实现了黑龙江省近代工业从内向型转变为外向型的良性转变，获得的资本和技术被用于省内近代工业的进一步发展。而铁路的发展也使得各国列强看到了商机与盈利空间，各列强国家的资本家、金融家开始不断地向黑龙江省输入资本，重点投资建设各类工厂，一方面，致使黑龙江省省内工业企业的种类和数量逐步增多；另一方面，也实现了现代生产技术的渐次、持续引入。以哈尔滨为例，在此期间，外国资本和国有资本、民族资本开始经营面粉厂、酿酒厂、烟草厂和制革厂，建立了如乌卢布列夫斯基啤酒厂、哈尔滨莫斯科商场、天兴福第四制粉厂等近代工业企业。这使得哈尔滨成为近代历史上国内第一个新兴工业中心。铁路的发展不仅带来了城镇、城市，而且还带来了商会和外国公司以及商品、资金和技术的投入，从而在多个维度丰富了城市的功能，完善了黑龙江省近代工业体系。

（二）矿产资源是黑龙江省近代工业发展的重要客观条件

对于侵略者尤其是对日本而言，黑龙江省丰富的矿藏是极具吸引力的。在日据时期，矿冶工业发展极为迅速，富安、富桦、星安、五道岗等煤矿以及富克山金矿（富克金矿）等矿藏被掠夺式开采，一部分矿产被日寇掠夺回日本本土，但仍有部分出于建设殖民地的想法被日本侵略者用于黑龙江省的工业建设，这在客观上有利于省内近代工业的发展。但是要清醒地意识到这种掠夺对黑龙江人民造成了极大的伤害，东山万人坑、滴道炼人炉等遗址就是对日本侵略者暴行永恒地控诉。

（三）军事工业、纺织工业是战争的附属品

总览黑龙江省工业遗产，可以发现，在日据时期，军事工业与纺织工业发展都较为迅速。军事工业主要为日本侵略建设，包括大量机场以及军用工事，而纺织业主要为抗日队伍建设，包括红石砬子抗联被服厂、东北人民革命军第三军被服厂等，二者均是为了满足战争需求而发展起来的，属于战争的衍生工业。

（四）"一五"时期，黑龙江省近代工业水平显著提升

在这一时期，共有 21 个规模大、资金投入高、技术水平先进的工业项目落地

黑龙江省，如哈尔滨电机厂、阿城继电器厂、佳木斯造纸厂等。这既使得黑龙江省工业迎来了新发展，同时也带动了原有的工业体系更新升级，从而充分利用了已有的工业基础，使得黑龙江省工业水平显著提升，工业体系迅速趋于完善。

## 四、黑龙江省工业遗产的空间分布

### （一）工业遗产空间分布核密度分析

笔者通过 ARCGIS 中的 Spatial Analyst 模块深入直观地分析黑龙江省工业遗产的分布特征。以 Kernel density（核密度）分析方法将工业遗产标记为定量的点状地理要素，从而确定黑龙江省工业遗产的聚集情况。

核密度估计（Kernel Density Estimation）是一种通常以 Parzen 窗（Parzen Window）估算概率密度函数的非参数方法。

第一，省内工业遗产的空间分布以南部、东部为主，北部特别是大兴安岭地区工业遗产较少。其中南部呈现出延中东铁路线性分布的特征。

第二，黑龙江省工业遗产在总体上看有"一大两小"共计三个核心。其中哈尔滨市的工业遗产数量最多，分布最密集，是最为重要的核心。而佳木斯、双鸭山、七台河、鸡西等城市形成了以矿冶工业遗产为主的遗产集聚区，形成了一个核心。黑河市则留存有众多军事工业遗产，从而成为一个工业遗产核心区域。

### （二）黑龙江省中东铁路缓冲区工业遗产分析

以哈尔滨为中心的中东铁路西抵满洲里，东至绥芬河，南部的终点是大连，全长约 2400 公里。中东铁路线路呈"丁"字形纵横在黑龙江省辽阔大地上，其中干线横穿黑龙江全省，支线纵贯吉林和辽宁两省。

在黑龙江省境内主要为滨洲线、滨绥线，笔者利用 ArcGIS 中的 Buffer Wizard 工具，设定 120 千米的双侧缓冲距离，得到该段中东铁路线以铁路线为轴的缓冲区范围。该范围基本囊括了沿线的主要铁路遗产和相关工业遗产资源，在客观上为打造文化带提供了基础。其中，齐齐哈尔市、哈尔滨市、绥芬河市则是这一文化带中的主要工业遗产集聚区，是重要的文化节点。

## 五、黑龙江省工业遗产再利用模式、现存的问题与进一步保护、开发路径

### （一）黑龙江省工业遗产再利用模式

黑龙江省在开发与再利用工业遗产的过程中，依托国内外相关经验，创造了多种再利用模式。在有效保护工业遗产的同时，黑龙江省还从多个角度挖掘开发这些工业遗产，使其与时代相适应、与需求相对接，以文化景观的形态焕发出新的活力。

第一，主题博物馆模式。这是一种将工业遗产以博物馆陈列展示的形式进行保护与再利用，从而使工业遗产资源转化为一种文化资源的模式。该模式与旅游业紧密结合，在为人们提供视觉享受的同时起到了教育作用。以哈尔滨市为例，前身为哈飞集团，建于20世纪60年代的厂房的哈尔滨工业博物馆，利用原肉联厂厂房改建的、具有地方特色的红肠博物馆，均为该模式的具体体现。

第二，生态景观公园模式。将工业遗产改造成城市公共休憩空间，不仅能够在美观、生态、绿色等方面提升城市层次，而且还为人们提供了可以满足休闲需求的开放式公共休闲场所。哈尔滨市太阳岛景区缘起于历史上随着中东铁路的兴建而来的外国侨民们修建的别墅，即中东铁路高级职员度假区。自1964年风景区正式成立，到1989年成为省级风景名胜区，再到2002年被评定为国家4A级旅游景区，太阳岛景区功能定位实现了从度假疗养区到国家风景名胜区的转化。在这一过程中，太阳岛景区落实造岛、增绿、动物保护等措施，切实发挥其"绿肺"功能，突显出其生态效果。

第三，综合商业区模式。工业遗产的综合开发模式通常会与商业联系在一起，融大型娱乐购物中心、影视设施、咖啡馆、酒吧、餐馆等于一体的综合商业区，可以吸引大量游客和购物人流。前身为哈尔滨哈西机联机械厂的"红房子"，依靠原厂遗留下的制氢车间、冶金车间和除尘车间进行改建，形成了以工业文化区、艺术文化区和休闲文化区构成的空间布局。在每个大的区域里包含着各自相对的辅助功能分区，如工业文化区内由机械雕塑园、烟囱改造而成的指示灯塔区来作为室外临时展厅的视觉走廊等；艺术文化区包括公共艺术展览区域、生活服务的地下餐饮区

域；休闲文化区的趣味活动区等。❶

（二）黑龙江省工业遗产开发及再利用现存的问题

根据笔者查阅相关报道、对当地居民进行访谈和实地考察可以发现，对于黑龙江省工业遗产保护与再利用，从政府及居民的视角出发会存在分歧。

一方面，居民不希望看到承载了厚重情感的工业遗产变得面目全非。以哈尔滨市索菲亚教堂这一典型的拜占庭风格建筑为例，其原为沙俄修建中东铁路时建造的随军教堂，具有极高的艺术价值与人文意义，先后被评定为国家 4A 级旅游景区及全国重点文物保护单位。然而 1997 年该教堂内部被改建为哈尔滨市建筑艺术馆，极大地破坏了建筑的整体性，使其内涵大打折扣。

另一方面，居民的功能性需求也亟待满足。近年来较为知名的是哈尔滨"霁虹桥改建事件"。于 2013 年"升级"成为全国重点文物保护单位的霁虹桥，按相关法律规定应该原址原状保留。然而，既位于哈尔滨市核心地段，又处于哈尔滨火车站枢纽改造工程范围内的老旧的霁虹桥早已无法承载现代的交通压力，导致的常态化拥堵给哈尔滨市民出行造成了极大的不便。同时恰逢高铁规划也需要对霁虹桥进行改建，在这种情况下，政府设计了尽量保留霁虹桥原貌的改建方案，但仍遭到多名文物专家、建筑专家的强烈反对，然而仍有大量居民出于交通情况的考虑支持改建。2017 年，霁虹桥改建正式启动。从这一事件可以看到，虽然工业遗产寄托了人们的情感与记忆，但是当面对现实需求，为了满足功能性需求时，居民也会选择关注当下的需求。

但是从政府的角度出发，更多的是考虑实用性及现实意义，一切优先从解决实际问题的角度出发。对此笔者认为，对于不影响居民生活、不会对城市发展带来较大困扰的工业遗产，居民更乐于见到遗产本身保持原貌，从而满足人们的情感需求，使得遗产成为城市的记忆及人们情感的寄托，如果任意改建，那么就会遭到居民的抵制；但是，当工业遗产已经成为城市发展与居民日常生活中难以避开的"痛点"时，多数居民则更倾向于进行改建，使遗产本身适应现代生活。

综上所述，政府在对工业遗产进行保护与再利用时，要从居民视角多加考虑，让工业遗产真正发挥人文价值，使其历史内涵与"人"这一主体充分适应、紧密结合。

❶ 骆奕，张一兵，顾贤光，张月. 基于"脉络"理念的哈尔滨"红房子"工业遗产景观改造设计研究 [J]. 西北林学院学报，2014，29（4）：45－48.

（三）黑龙江省工业遗产进一步保护与开发路径

第一，围绕"三个核心"制订发展战略。通过对黑龙江省工业遗产核密度分析可以看到，省内有三个工业遗产核心区。其中最主要的核心区依托于哈尔滨市，对城市的发展也起到重要作用。在这一区域首要考虑的是工业遗产资源与城市发展的协调性、一致性，要将工业遗产的保护与再利用和公共文化的营造及发展相结合，使其有利于满足人这一主体的生活需求、文化需求及其他功能性需求。在以矿冶工业遗产的核心区则要首抓国土功能区规划问题，将这一区域单独分区，专项治理，使这一具有较大污染、对环境造成较大破坏的工业遗产聚集区与日益提高的生态环境要求相配套，绝不能使其成为持续拖延、难以治理的顽疾。要下决心、用全力变废为宝，既要实现遗产再利用，更要保证山青水绿。而以黑河市为中心的核心区则可以依托日本侵略者的军事工业遗产发展为爱国主义教育基地，使其成为省内重要的主旋律窗口。

第二，建立"中东铁路工业遗产文化带"。可以看到，黑龙江省南部工业遗产大部分沿中东铁路滨洲线、滨绥线呈线性分布，在客观上为打造"中东铁路工业遗产文化带"提供了条件。同时，由于中东铁路附属地兴起而形成的工业遗产在其根源与内涵上存在着天然的联系，与中东铁路本身有着密不可分的关联。在这种情况下，黑龙江省应该制定文化带发展战略，树立整体意识，以中东铁路为纽带深入挖掘文化带内工业遗产的外在关系、内在联系，围绕齐齐哈尔市、哈尔滨市、绥芬河市这三个中东铁路上的主要工业遗产集聚区和重要的文化节点，向中东铁路工业遗产文化带整体发力，通过倾斜人力资源与物力资源，营造起区域性保护与再利用的良性态势。而"中东铁路工业遗产文化带"作为具有特色文化的遗产集聚区，将具有较强的集聚效应，提高资源的利用率与效用，切实提高相关遗产保护和再利用水平，探索保护和再利用的新途径。

第三，黑龙江省省内工业遗产整体管理、统一规划。一方面，黑龙江省内由于中东铁路的线性跨度较大，存在着同一个全国重点文物保护单位中的项目分散在不同的行政区域内，如中东铁路建筑群分布在哈尔滨市、齐齐哈尔市、绥芬河市、海林市；另一方面，黑龙江省各地经济条件存在的差异也制约了对工业遗产的保护与再利用投入的资源多少。在这种情况下，需要从管理体制特别是在从地方独立管理到区域综合管理等方面进行创新，构建省级合作保护平台。通过对省内工业遗产资源的保护、利用、统一规划及整体布局，合理分配资源，提高投入效用，进一步提升人才流动与合作的层次水平，积极整合、凝聚地方政府、社会公众、周边社区、非营利组织等各方面力量，切实发力于工业遗产的保护与应用，从而提高全省乃至

全社会对工业遗产的认知。❶

第四，分类对工业遗产进行管理，实现保护与再利用因地制宜。在全面掌握全省工业遗产资源宏观布局的同时，还需要在对工业遗产细致、科学分类的基础上进行保护和再利用。省内的工业遗产数量繁多、类型多样、分布复杂，由于建设年代以及所属工业门类的不同，在完整性、建筑特色及文化内涵等显性、隐性方面都存在差异，有必要结合历史街区、古村落及矿区等不同文化遗产类型，使制订的具体保护策略因地制宜。

同时，须尽快弥补黑龙江省工业遗产目前尚未包括"非物质工业文化遗产"这一短板，以加强对非物质工业文化遗产的研究和保护为具体举措，从多个角度深入挖掘工业遗产的历史价值，充分丰富工业遗产的文化内涵。

第五，将工业资源转化为旅游资源，间接实现对工业遗产的保护。在资源型城市转型、发展接续产业的过程中，城市旅游是一个重要的方向。黑龙江省可以利用过时的、比较落后的生产工艺、生产模式，开发为传统工业旅游项目，将工业资源转化为旅游资源，形成新型旅游产品。在黑龙江省激活旅游产业有许多条件，比如依托开采了多年的各类矿区或者大型工厂遗址等，发展体验式旅游项目。此外，还可以利用黑龙江省在装备工业方面的优势，可以进行滑雪装备、设备研发生产，建设大规模的滑雪装备生产基地，并在此基础上，发展装备工业旅游项目。❷

第六，建造创意产业园区。黑龙江省工业遗产建筑群通常具有深厚的历史底蕴，极为适合利用其独特的建筑风格及丰富的文化内涵来建造创意产业园区。但是目前在省内还未形成成熟的创意产业园区，对此黑龙江省政府应该主动遴选省内合适的工业遗产建筑群，通过政策扶持、政府背书等方式吸引配对的产业入驻，以充分利用工业遗产资源。

## 六、结　论

黑龙江省拥有大量蕴藏着巨大潜力的工业遗产资源，随着经济的发展，黑龙江省也在不断探索着工业遗产保护与再利用的模式，并在多个方面取得了进展与突破。但是还要清醒地意识到，工业遗产本身的特质使其不如其他类型的景点更易受到关注，同时宣传、普及工业遗产的价值与内涵也是一项较为艰巨的任务。在这种

---

❶ 王长松，马千里. 京津冀铁路遗产廊道构建研究［J］. 首都师范大学学报（社会科学版），2017（3）：71 - 78.

❷ 段海龙，宗明明. 对黑龙江省工业文化遗产保护的思考［J］. 学术交流，2008（11）：260 - 263.

情况下，如何摆脱工业遗产各自为战、片面发展的态势是一个重要的命题，而整合全省工业遗产资源，围绕全局、提升整体、深掘内涵才是黑龙江省工业遗产保护与开发的未来之路。

# 参考文献

［1］段海龙，宗明明. 对黑龙江省工业文化遗产保护的思考［J］. 学术交流，2008（11）：262－263.

［2］闫波，李颖，姜洪力. 论哈尔滨水工业遗产对其城市发展的社会功效［M］//2009 城市发展与规划国际论坛论文集，2011（3）：391－392.

［3］佟玉权. 中东铁路工业遗产的分布现状及其完整性保护［J］. 城市发展研究，2013，20（4）：41－45.

［4］刘丽华. 中东铁路线性工业遗产的整体性保护与利用［J］. 沈阳师范大学学报（社会科学版），2013，37（6），24－28.

［5］王小育. 黑龙江省工业遗产旅游开发研究［D］. 2010：56.

［6］邵顺义. 黑龙江省资源型城市旅游产业发展问题研究［D］. 2010：86－87.

［7］国际文物局主编. 中国文物地图集·黑龙江分册［M］. 北京：文物出版社，2015.

［8］骆奕，张一兵，顾贤光，张月. 基于"脉络"理念的哈尔滨"红房子"工业遗产景观改造设计研究［J］. 西北林学院学报，2014，29（4）：45－48.

［9］王长松，马千里. 京津冀铁路遗产廊道构建研究［J］. 首都师范大学学报（社会科学版），2017（3）：71－78.

［10］段海龙，宗明明. 对黑龙江省工业文化遗产保护的思考［J］. 学术交流，2008（11）：260－263.

# 首都公共文化服务设施社会化运营模式研究[1]

## ——基于街道综合文化服务中心的调研

滕 云 贾 佳 冯仕亮 高 铭[2]

**摘 要**：当前，公共文化服务设施已成为我国公共文化服务体系研究领域的一个重要课题，其发展层次会对整个体系的完善程度和走向路径产生深刻影响。因此文章从首都公共文化服务设施社会化运营模式切入，一方面，对我国公共文化服务政策发展进行系统梳理，完成对公共文化服务设施运营情况的制度环境扫描；另一方面，对国内外比较成熟的公共文化服务体系建设经验进行剖析，以更加开阔的比较视角审视首都公共文化服务体系建设。在此基础上以街道综合文化服务中心为例，对其情况进行调研、分析与整合，并比较分析社会化运营两种模式的异同，进而就首都公共文化服务设施如何加强运营，并从均等化、标准化走向特色化提出建议。

**关键词**：公共文化服务设施；社会化运营；模式

## Study on the Socialized Operation Mode of Public Cultural Service Facilities in the Capital

### ——based on the Investigation of the Street integrated cultural service center

Teng Yun Jia Jia Feng Shiliang Gao Ming

**Abstract**：At present, public cultural service facilities have become an important

---

❶ 本文系 2019 年首都高校师生服务"四个中心"功能建设"双百行动计划"青年教师调研团阶段性成果。

❷ 腾云（1978—），女，辽宁省沈阳市人，副教授，对外经济贸易大学公共管理学院党委书记，研究方向：公共文化建设。贾佳（1980—），女，河北省石家庄市人，对外经济贸易大学公共管理学院副教授，研究方向：公共文化服务等。冯仕亮（1985—），男，四川省绵阳市人，对外经济贸易大学公共管理学院讲师，研究方向：文化经济学等。高铭（1997—），男，黑龙江省哈尔滨市人，对外经济贸易大学公共管理学院 2019 级研究生。

subject in the research field of public cultural service system in China, and its development level will have a profound impact on the perfection degree and direction of the whole system. Therefore, this paper starts from the socialized operation mode of public cultural service facilities in the capital. On the one hand, it systematically sorts out the development of China's public cultural service policies and completes the institutional environment scanning of the operation of public cultural service facilities. On the other hand, this paper analyzes the experience of the construction of the relatively mature public cultural service system at home and abroad, and examines the construction of the capital's public cultural service system from a broader and comparative perspective. On this basis, taking the street comprehensive cultural service center as an example, this paper investigates, analyzes and integrates its situation, compares and analyzes the similarities and differences between the two modes of socialized operation, and then puts forward Suggestions on how to strengthen the operation of public cultural service facilities in the capital from equalization and standardization to specialization.

## 一、问题提出

党的十八届三中全会指出:"我们要集合社会力量,凝聚社会资本,全面参与公共文化服务体系建管,培育文化非盈利组织。"党的十九届四中全会做出了《关于坚持和完善中国特色社会主义制度、推进国家治理体系和治理能力现代化若干重大问题的决定》。在新时代,如何将国家的制度优势转化为政府提高治理效能,通过完善公共文化服务体系建设满足人民群众日益增长的美好生活需要,是一个具有时代价值和历史意义的重要问题。

随着我国对公共文化服务投入的不断增加,作为其重要媒介及载体的公共文化设施也实现了持续完善与提升:网络的整体架构与全覆盖基本实现,均衡性和标准化建设也取得了丰硕成果。但目前与满足人民群众日益增长的多样化的文化诉求之间还存在差距,存在着如公共文化服务设施发展不均衡,有的地区还存在较高的公共文化服务设施闲置率;标准化服务多,特色服务少;人民群众的需求得不到满足,满意度不高;社会力量参与度不高等问题。

长期以来,政府身兼多职,既是公共文化服务设施的投资主体、建设主体,又是经营主体。这种缺乏民众意见、民众参与、民众管理的服务模式已经与群众的要求与需求脱钩。因此,社会力量参与公共文化服务设施的运营对于提高公共文化服务质量，健全公共文化服务体系，促进公益性文化事业，不断满足人民群众日益增长的公共文化需求都具有重要作用。

国外学界中相关问题的主流看法是，政府不是唯一提供公共文化服务者。奥斯特·罗姆主张将公共产品的生产与提供分开。蒂伯特的"用脚投票"理论提出，在公共服务供给中加入竞争机制，将"消费者选择"引入理论模型。萨瓦斯则大力提倡运用 PPP 模式解决公共服务的供给弊病。

国内学者对此问题的研究尚处在起步阶段，主要集中在公共文化服务设施的主体研究，如图书馆、博物馆、美术馆等公共文化场馆；公共文化服务的接受者研究，如群众对公共文化服务设施的感知、满意度和服务评价等；[1] 吴理财[2]等人则聚焦公共文化服务设施的特性研究。

本文从首都北京的公共文化服务设施社会化运营模式出发，结合街道综合文化服务中心在进一步构建具有首都特色的现代公共文化服务体系及不断提高基层公共文化服务供给能力等层面进行了深入探讨。

## 二、我国公共文化服务政策发展

党的十六大以后，"公共文化服务"概念在中央文件中被正式提出。党的十七大、十八大都将公共文化服务体系建设作为全面建成小康社会的重要内容。党的十八届三中全会提出了"构建现代公共文化服务体系"的重要任务。党的十九大也明确提出："要完善公共服务体系，保障群众基本生活，不断满足人民群众日益增长的美好生活需要。"

### （一）公共文化服务顶层设计持续加强

2015 年 1 月，中共中央办公厅、国务院办公厅联合颁布了《关于加快构建现代公共文化服务体系的意见》，明确提出要加速推进我国现代公共文化服务体系建设，以期给予人民群众均等化、标准化的公共文化服务。同时提出，通过坚持正确的导向，以改革创新为原则，以社会参与为主要途径，以人民群众为主体，到 2020 年形成全面、高效、公平、便捷的现代文化服务体系。2016 年 12 月，《中华人民共和国公共文化服务保障法》颁布，标志着我国公共文化法治建设取得历史性突破。一

---

[1] 李金良，邓屏，杨卫武. 基于公众满意度分析的公共文化服务体系研究——以上海市为例 [J]. 经济师，2011 (6)：7 - 9.

[2] 吴理财. 公共文化服务的运作逻辑及后果 [J]. 江淮论坛，2011 (4)：143 - 149.

系列重要政策、法规的出台，初步形成了现代公共文化服务体系的制度框架。

（二）公共文化服务标准化、均等化建设不断增强

2015年，《国家基本公共文化服务指导标准（2015—2020年）》发布实施，为公共文化服务建设提供了标准指标体系。公共文化资源配置向基层倾斜，陆续开展了"百县万村综合性文化服务中心示范工程""中西部农村文化志愿服务行动计划"等项目，推动老、少、边、穷地区的基层公共文化建设实现跨越式发展。

（三）区域性公共文化服务政策保障不断完善

为深入贯彻落实中央精神，北京市陆续制定并出台了《北京市人民政府关于进一步加强基层公共文化建设的意见》等公共文化政策文件，明确了"牢牢把握首都城市战略定位，以基层为重点，统一基层公共文化设施建设和服务标准，加快构建覆盖全市的现代公共文化服务体系"的工作要求，为加快构建具有首都特色的现代公共文化服务体系提供了有力的政策扶持。

## 三、国内外公共文化服务设施社会化运营经验

（一）国内经验：以上海市为例

1. 找准需求，精准配送

上海市在引入社会力量参与现代公共文化服务体系建设方面走在全国前列，带动了长三角地区公共文化服务的共同发展。近年来，上海市构建起了市、区、街镇、居村四级公共文化服务网络，特别是完善了第四级——居村的公共文化服务内容配送机制，借助新媒体技术等创新性地打通了公共文化服务配送的"最后一公里"，真正让老百姓参与。

同时上海市还积极落实图书馆、文化馆的总分馆制，促进优秀文化资源下沉到街镇和居村。全市16个区的图书馆总分馆制建设、文化馆总分馆制建设已实现全覆盖。各区均组建了"以区级图书馆、文化馆为总馆，各街镇图书馆、社区文化活动中心为分馆，居村综合文化活动室（中心）、农家书屋为基层文化服务点，积极鼓励社会力量参与，实现公共文化资源在区域内联动共享"的总分馆主要架构模

式。各区还根据自身的特点,形成了各自的特色。●

**2. 着力推进管理体系制度化**

为切实推进公共文化管理体系制度化,上海市陆续出台了一系列政策、法规和措施,以重点加强区级文化馆总分馆制建设、居村综合文化活动室服务功能提升、公共文化法人治理结构建设等,具体实施如下。

(1)制定《关于贯彻落实(中共中央关于繁荣发展社会主义文化的意见)的实施意见》(2016),提出大力培育各类合格市场主体,强化国有文化企业的主体地位、发展活力和主导作用,支持非公有制文化企业特别是中小微文化企业发展,为社会力量参与文化设施建设运营、文化节庆活动组织及文化市场消费流通提供平台。

(2)2015年,制定《关于推进上海市社区文化活动中心社会化专业化管理的工作方案》《上海市社区文化活动中心社会化专业化管理服务标准》《上海市关于政府购买社区文化活动中心社会化专业化服务的参考流程》《上海市社区文化活动中心社会化专业化管理主体资质标准》《上海市社区文化活动中心社会化专业化管理监督管理办法》《上海市社区文化活动中心社会化专业化管理费用参考》《社区文化活动中心全委托管理服务合约参考文本》等配套参考文件。同时,发展"举手"机制,面向全社会广泛征集合格社会主体参与社区活动中心社会化专业化管理,推出《上海市社区文化活动中心社会化专业化管理合格主体推荐目录(2015版)》,提供首批31家社会主体供区县、街镇根据自身情况,在推进社会化、专业化管理工作中因地制宜地选择。

**(二)国际经验**

美、英、法等国在公共文化服务体系建设、管理等方面均有符合自身国情的较为成熟的做法可供借鉴。例如,美国在文化领域秉持"贸易自由主义"原则,不设文化部,其公共文化服务机构的资金来源主要是自有收入、社会捐赠等,政府直接拨款所占的份额很小,国家通过税收、法律等手段,鼓励公众、企业等向文化艺术领域积极捐助。英国从20世纪90年代后期开始实施创意产业国家战略,推动以大英博物馆为代表的公共文化服务机构全年免费开放,使英国公众和海外游客都能够享受高质量的公共文化服务。英国政府还通过发行彩票等方式募集文化艺术资金。

---

● 张熠. 上海"中心城区10分钟、郊区15分钟"公共文化服务圈目标基本实现[N]. 上观新闻, 2019 – 07 – 31.

英国的彩票业非常发达，这些彩票收入由英国文化、媒体和体育部按一定比例划拨给全国各地区、各行业的文化公益事业委员会以支持相关事业发展。法国从 1959年设立文化部之初，就以使大多数法国人能够亲近人类的文化遗产为己任，促进文化艺术的民主化，并把每年 9 月的第三个周末定为"法国文化遗产日"，遗产日当天众多博物馆、政府机构、私人建筑等都免费向全国开放，其中还包括法国总统府爱丽舍宫等，已成为公众和游客共享人类文化遗产的一件盛事。

## 四、北京中心城区公共文化服务现状

北京市既是直辖市和首都所在地，也是重要的政治、经济和文化中心。得益于较高的经济发展水平和先进的管理理念，北京市的公共文化服务一直走在全国前列。北京市市政府很早便已树立起打造具有国际影响力的"先进文化之都"的目标，并陆续出台了一系列的公共文化服务政策。在 2015 年，北京市市政府相继出台了《北京市人民政府关于进一步加强基层公共文化建设的意见》和《首都公共文化服务示范区创建方案》《北京市基层公共文化设施建设标准》《北京市基层公共文化设施服务规范》，合称"1 + 3"公共政策文件。这些文件指明了北京市公共文化建设的方向，也提供了公共文化建设的制度保障。

在提供公共文化服务方面，北京市借助已有的丰富的文化资源和强大的文化生产能力，将提供重心放在了公共文化服务的配送环节，因此建设的着力点是公共图书馆、文化馆和公益演出。北京市政府亦推出了包括城乡一体化工程、数字文化馆工程、千场群艺大汇演工程、万场演出下基层工程、来京务工人员温暖工程、文化服务达标工程、文化组织员引领工程、便民阅读工程、文化志愿者 30 小时服务工程、公共文化数据采集工程在内的"十大文化惠民工程"。从实践结果来看，有力地完善了北京市的公共文化服务体系建设，提高了资金保障能力，并更好地形塑了北京市作为国际文化城市的文化国际影响力。

北京市的东城、西城、海淀、朝阳、丰台和石景山六个中心城区，根据《北京城市总体规划（2016—2035 年）》中"一核一主一副、两轴多点一区"的空间规划，中心城区是首都"四个中心"功能的集中承载地区，是建设国际一流和谐宜居之都的关键地区，也是疏解非首都功能的主要区域，中心城区的公共文化服务体系建设具有重要意义。从图 1 可以看出，北京市中心城区的博物馆、文化馆和区级文化中心，在数量上显著高于北京市郊区，原因在于中心城区本身拥有较为丰富的文化资源，同时中心城区也是主要的旅游集散地和旅游目的地。

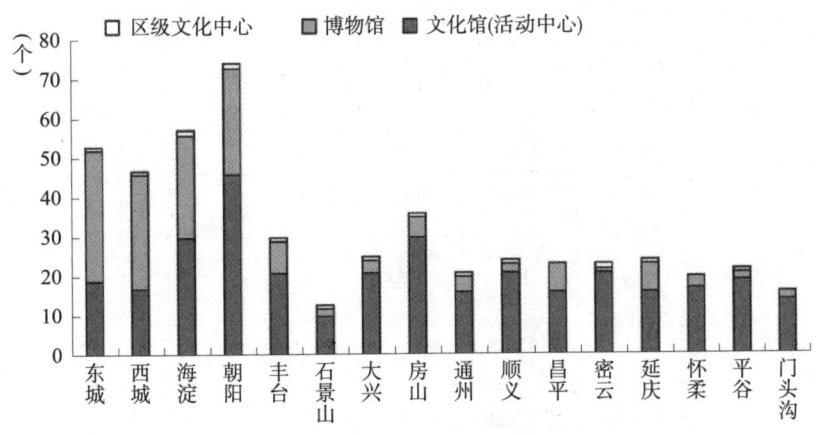

**图 1 北京市各区博物馆、文化馆、区级文化中心数量对比**

数据来源：《北京文化发展报告，2018—2019》。

公共文化服务的提供离不开人力、物力和财力的配合。因此，既需要强调公共文化服务的公益性，也尤其需要注意公共文化服务的投入产出比，以确保公共文化服务的提供具有可持续性和财务可负担性。表1与表2给出了北京市中心城区的博物馆、图书馆、演出场所和实体书店的数量以及服务人口的规模。尽管不同的公共文化服务提供机构本身的服务性质、服务对象以及建设规模和建设资金存在差异，但仍然可以看到，能够更充分地引入社会化资本参与管理和运营的公共文化服务方式，其数量更多，能服务到的人群数量更广，更能满足市民就近获得公共文化服务的需求。而此外，考虑到当下文化服务方式的多样性，将多种文化服务予以整合提供，能够更好地发挥规模经济的优势，降低提供成本，提高提供效率。

**表 1 北京市中心城区博物馆、图书馆规模及服务人口数量**

| 地区 | 土地面积（平方公里） | 常住人口（万人） | 博物馆（个） | | | 图书馆（个） | | |
|---|---|---|---|---|---|---|---|---|
| | | | 数量 | 每平方公里 | 每十万人 | 数量 | 每平方公里 | 每十万人 |
| 东城 | 41.8 | 87.8 | 33 | 0.79 | 3.6 | 33 | 0.79 | 3.8 |
| 西城 | 50.7 | 125.9 | 29 | 0.57 | 2.3 | 29 | 0.57 | 2.3 |
| 朝阳 | 470.8 | 385.6 | 27 | 0.05 | 0.7 | 65 | 0.14 | 1.7 |
| 海淀 | 430.8 | 359.3 | 26 | 0.05 | 0.7 | 66 | 0.15 | 1.8 |
| 丰台 | 305.8 | 218.6 | 8 | 0.03 | 0.4 | 22 | 0.07 | 1.0 |
| 石景山 | 84.4 | 61.2 | 2 | 0.02 | 0.3 | 20 | 0.24 | 3.2 |

数据来源：《北京文化发展报告，2018—2019》。

表2　北京市中心城区演出场所、实体书店规模及服务人口数量

| 地区 | 土地面积（平方公里） | 常住人口（万人） | 演出场所（个） | | | 实体书店（个） | | |
|---|---|---|---|---|---|---|---|---|
| | | | 数量 | 每平方公里 | 每十万人 | 数量 | 每平方公里 | 每十万人 |
| 东城 | 41.8 | 87.8 | 32 | 0.77 | 3.6 | 69 | 1.65 | 7.9 |
| 西城 | 50.7 | 125.9 | 35 | 0.69 | 2.8 | 86 | 1.70 | 6.8 |
| 朝阳 | 470.8 | 385.6 | 27 | 0.06 | 0.7 | 145 | 0.31 | 3.8 |
| 海淀 | 430.8 | 359.3 | 17 | 0.04 | 0.5 | 127 | 0.29 | 3.5 |
| 丰台 | 305.8 | 218.6 | 14 | 0.05 | 0.6 | 37 | 0.12 | 1.7 |
| 石景山 | 84.4 | 61.2 | 6 | 0.07 | 1.0 | 19 | 0.23 | 3.1 |

数据来源：《北京文化发展报告，2018—2019》。

## 五、公共文化服务设施社会化运营的两种模式分析

根据《北京市基层公共文化设施服务规范》，基层公共文化设施是指乡镇（街道）综合文化中心（含区域级）、行政村（社区）综合文化室，小区配套文化设施以及社会兴办的用以提供公益文化服务的活动场所。笔者对北京市部分街道综合文化服务中心进行调研后，初步建构出北京市公共文化服务设施社会化运营的两种模式。这两种模式兼顾了公共文化服务提供的公益属性以及市场经济大环境下对公共文化服务提供的成本收益核算考虑，但侧重点则各有所倚重。

（一）"公益+商业，公益为主，商业为辅"模式

该模式强调由政府通过向社会组织购买的方式为主导，实现为居民提供公共文化服务。在政府主导的同时，有限度地允许进行商业开发。

作为人口稠密的国际大都市，北京市拥有众多的居住中心。同时，由于北京市既有大量的本地原住居民，又有大量的外来常住人口和流动人口，因此不同的居住中心，其居民的户籍属性、经济属性和人口学属性也往往存在着显著差异。在中心城区，以"老北京人"为主要居民的社区，普遍存在的问题是：人口老龄化问题更加凸显，人口收入水平亦与新建成社区存在一定差距。在这一类的社区，目前倾向于采用的模式为"公益+商业，公益为主，商业为辅"。主要由政府提供公共文化服务开展所需要的财政支撑，并有限度地进行商业开发，为开展公共文化服务提供辅助性的经费来源。

过去政府在提供财政支撑的同时，往往直接进行公共文化服务的内容提供，介

入生产环节。由于文化产品和文化服务本身具有的高度专业性，因此政府在生产环节并不必然具备生产优势。所以，更有效率和更有利于提供优质文化服务的方式，是采用政府购买的方式。具体而言，即公开进行招投标。例如，中标方获得街道综合文化服务中心和社区综合文化服务中心的运营权后，即按照合同的规定，在政府的指导下，开展相应的公共文化服务提供活动，并获得政府的资金拨付。

这一模式有效地引入了具有竞争性的多元化文化服务提供主体。同时，由于合同的期限约定，这一模式也实现了公共文化服务提供的流动性和优胜劣汰。从调研情况来看，北京市开展该模式的各区政府和文化管理部门，亦建立起了科学有效的绩效评估体系，可以确保项目的公益性以及项目的财政可持续性。

这一模式面临的主要问题是公益性和经营性之间可能存在的冲突。从文化中心的设施配备和人员配备上看，目前政府购买的经费支出虽然使文化中心运营方仍有一定的盈利空间，但利润率明显低于纯市场化运营的文化机构企业，也明显低于北京市的其他高新技术产业。因此，存在经营人才流失和组织运营失败的可能性。

（二）"商业＋公益，商业为主，公益为辅"模式

该模式主要依托以盈利为目的的商业企业进行共建共享，因此政府经费仅仅是文化中心运营中占比不高的一部分经费来源，同时也解决了部分街道场地有限的问题。对于商业企业而言，通过自身投入大量资金，开发和建设商业园区，意图通过文化中心带动园区人气，进而实现商业开发。通过调研可知，目前北京有几处这样的文化中心运营情况良好，通过聚焦文化艺术、青少年美育，形成了文化体验、美学教育、艺术展演等特色，在区域内也形成了很好的"辐射效应"，并得到了附近群众的高度赞誉。

这一模式存在的问题是，对于园区运营方而言，有自身的商业追求和目标，公共文化服务产品的供给定位高，质量好，但政府的财政支持和补贴已经远远不能满足活动成本需要，还要经过严格的审批、报备及定期检查等程序；同时，因为园区的商业化运营，对外开放性比较强，会吸引本街道/社区之外的消费人群，因此服务在地居民的能力相应略有弱化。随着园区建设的不断发展，未来有望成为区域内享有对外较高知名度的文化园区，则势必带来大量本街道/社区之外的消费人群，而园区的公共文化服务空间承载量有限，将可能造成拥挤问题或配额限制问题，可能会降低本地居民享受公共文化服务的体验。

## 六、结论

目前，首都公共文化服务设施社会化运营对于转变政府管理理念和职能，改进公共文化服务供给，创新社会管理方式等都发挥了重要作用，取得了比较好的效果。然而"公益＋商业"模式和"商业＋公益"模式都还存在着运营方内在利益与公共文化公益性的冲突问题。运营方追求的是投入最小化与回报稳定和长期；而政府希望投入最小化但要求高质量的文化服务。所不同的是，以公益性为主的社会化运营组织参差不齐，大多力量比较薄弱，独立性不强，对政府的依赖性比较高，提供的公共文化产品服务相对比较单一，缺乏足够的动力机制保障、资金保障和人才保障，服务质量不高。以商业性为主的运营组织，虽然更加注重在产品服务和质量上下功夫，专业性更强，但是容易忽视公益性，因此，政府应进一步加强对其提供的公共文化产品的监管与评估。

总体而言，社会化运营模式各有优劣，在公共文化服务体系建设中，应充分认识到不同模式的特点、优势和存在的问题，平衡好政府和市场的关系。随着我国公共文化服务扶持政策体系的日益完善，为保障人民群众更好地共享公共文化服务建设成果，既要加大政府的扶持力度，也要加强政府的价值引导；既要健全创新政府购买、社会化运营、财税支持等多元运行机制，又要促进提升社会力量自身的能力，做好资源整合、引进竞争和有效布局等，使不同的运营模式在不同情境下更好地发挥作用。

# 服务设计与公共文化艺术服务的发展

## ［德国］ 费利克斯·沙夫❶

**摘　要**：自 20 世纪 80 年代以来，公共文化艺术服务产业在欧洲取得了长足的进展，德国等相关国家在这一领域中取得了不少经验。中国公共文化艺术服务进步非常快，不仅跟上了世界的步伐，而且在理论和实践领域都有了全新的发现。文章介绍了笔者在欧洲和中国了解到的有关服务设计、新增长理论和公共文化艺术服务方面的信息。

**关键词**：新经济增长理论；公共文化艺术服务；服务设计

## Service Design and the Development of Public Cultural and Art Services

### ［Germany］ Felix Schaaf

**Abstract**：Since the 1980s, the public culture and art service industry has made great progress in Europe. Germany and other relevant countries have gained a lot of experience in this field. This paper introduces the information about service design, new growth theory and public culture and art services that I have learned in Europe and China.

**Keywords**：new economic growth theory; public cultural and arts services; service design

## 一、新经济增长理论与公共文化艺术服务

今天的世界处在一个高速发展的时代，每天都有一些新的信息，但是在信息爆

---

❶　［德］费利克斯·沙夫（1977—），男，Neoxphere Technology GmbH&NTG（中国）首席执行官兼联合创始人。

炸的时代，依旧有一些信息比其他信息更富有意义，因为它们决定了这个世界的模样。

2018 年 10 月 8 日，瑞典皇家科学院决定把当年的诺贝尔经济学奖授予两位美国经济学家，他们是威廉·诺德豪斯（William D. Nordhaus）和保罗·罗默（Paul M. Romer），以表彰他们在对"创新、气候和经济增长"的研究。而在公共文化领域中，很多学者和专家都认为，保罗·罗默拿到的是诺贝尔经济学奖，但是在实际上，他的研究成果对于公共文化艺术服务领域影响同样巨大。

从 20 世纪中期开始，对经济增长的研究就成为经济学研究的一个重要领域，罗伯特·索洛等一大批著名学者对该领域做出了重要贡献。在罗默之前，人们已经认识到，决定经济增长的最关键因素并不是资本、劳动等有形的投入要素，而是这些要素的使用效率。在这一基础上，罗默在 20 世纪 80 年代就提出"规模报酬递增"概念，对持续的经济增长进行解释。

在传统的经济学中，投入要素的规模报酬通常被假定为是递减的，简单说，就是投入越多，收益越高，但是平均算下来，收益率却因为规模扩大所伴随的管理效率降低等因素而降低，最后增长就被迫放慢甚至停止。而罗默发现，所有的要素中只有一个例外，那就是知识。因为知识是一种公共品，是非竞争、非排他的。当这种要素被作为投入品用于生产时，它可以让所有人有收益，而受益者未必要支付这笔费用，等于说在没有增加成本的情况下获得了额外的收益，当所有人都因为知识而收益之后，持续增长就成为可能。

但也因为知识是一种公共品，具有很强的正外部性，既然没有人支付费用、没有人付出成本，那么自然也没有人愿意研发生产。因此，单纯依靠市场力量，可能会导致知识生产过低。所以，罗默提出从政策角度来看，政府要对科研、教育增加投入，保证有足够的知识被生产出来，可持续增长才能成为可能，这就是新增长理论的核心内核。

新增长理论从理论上说明知识积累和技术进步是经济增长的决定因素，并对技术进步的实现机制做了详细分析，说明技术创新和人力资本的提高是产业做大做强的两个重要动力。而按照技术的不同方式，可以将内生技术进步模型分为两类：一类是产品种类扩大模型；另一类是产品质量改进模型。后者主要体现在新兴产业上，而公共文化艺术服务恰好是新兴产业中与新增长理论最为契合的，知识密集型的产业。

要理解新增长理论的概念，我们可以打一个不太准确的比方，比如大众公司建设了一条生产线，自建成之日开始，每天都在折旧贬值，而且生产线使用得越久，它的价格也就越低。但是知识的创新属于非竞争性产品，新知识和新产品一旦产生即可被社会广泛重复应用，无须增加成本，最典型的就好比北京市的 798 艺术区，它一旦建成之后，只需要一定的维护费用，它的价值就在逐年递增。可以说，知识产生的无形资本跟传统的经济中的有形资本和资源不太一样，有形资本和资源会收益递减，但是艺术、文化等却能实现收益递增。再比如，我很爱去的中国国家博物馆、北京故宫等，它们都是历史越悠久就越有价值，这就是知识和创新所具有的收益递增的特点。

这个理论获奖是在 2018 年，但事实上，从 20 世纪 80 年代这一理论提出以来，在它的催生下，各国都在文化产业上加大了投入。以德国为例，作为一个高度发达的工业化国家，德国的文化产业发展一直处于领先地位。在我们看来，文化产业较少消耗自然资源，在提高国民素质的同时，使国家经济和综合国力持续发展，是一种高增长、高附加值的发展方式。今天，文化产业在德国整个经济体系中的地位逐年提升，在创造就业机会、增加社会财富和推动经济发展方面发挥着越来越重要的作用。在德国，文化产业被定义为"文化和创意经济"，已成为德国社会经济的新增长点。

不仅在德国，在欧洲，包括在美国，大量的文化产业在新增长理论的助推下蓬勃发展，各类艺术产业园区涌现出来。比较典型的可能像纽约、洛杉矶和硅谷都有不同的文化艺术产业园区，英国的伦敦西区，法国的巴黎左岸以及德国的鲁尔区等。中国在过去的十年中也有大量的文化艺术产业园区诞生。

在公共文化艺术产业园区诞生之初，就有一个疑问，这个产业园区到底是企业、公共事业还是别的什么？这个其实很不好归类。例如，在德国鲁尔区里，可能有政府的公共博物馆，也有私人博物馆、收藏陈列，还有公共服务区域等。比如，其中最著名的鲁尔艺术博物馆群（Ruhr Kunst Museen），构成了全球现代艺术博物馆最为密集的景观带，但在其中也有商业中心、水上娱乐中心等。

在这一点上，国际学术界和艺术界形成了一个共识，那就是公共文化艺术服务不仅需要管理，而且需要现代管理，更需要最新的现代理念来管理，这个就是服务设计。

## 二、服务设计助力公共文化艺术服务

下面笔者以自身的经历来说明这一问题，作为一名德国人，笔者目前是 Neox-phere Technology GmbH（&NTG 中国）首席执行官兼联合创始人。此前，笔者还在德国大众公司服务，作为公司高层，长期负责移动领域、IT领域的相关工作，在欧洲、美国和中国先后工作15年。作为大众公司的高层，我的知识背景和实践领域的核心是服务设计。

服务设计的理念最早由美国学者索思泰克（G. Lynn Shostack）于1982年提出。在之后的30年内，这一理念被不断发展，成为了一门独立的跨越管理学和设计学的跨学科理论，它有以下三个方面的鲜明特点。

（1）人（people）：以用户为中心，组织资源予以满足。和以往的概念不同，在服务设计理念中，用户不仅是顾客，也包括生产者（员工）本身。

（2）资产（props）：服务设计认为，一个单位（包含企业、政府、NGO等）的全部资源都是服务用户的，应当进行全面梳理，以便于调动。

（3）流程（processes）：指所有关系人在完成服务过程中所要执行的流程，不仅包括生产者（员工），也包括顾客本身在消费过程中所要运作的流程。

服务设计主要的工具，是服务蓝图，是详细描画服务系统与服务流程的地图。它是由四个主要的行为部分和三条分界线构成的。

四个主要行为主要是以参与服务的所有个体的行动为分界，包括顾客行为、前台员工行为、后台员工行为和支持过程。

三条分界线分别为互动分界线（顾客与员工的互动）、可视分界线（顾客可见的服务和不可见的服务）、内部互动线（顾客不可见服务的运行情况）。

以一个博物馆为例，游客、接待人员（安保人员）、电路照明等后勤保障人员和博物馆展览物料设计和供应人员就构成了顾客行为、前台员工行为、后台员工行为和支持过程的主体；还有接待人员和游客的互动；游客在博物馆游览的体验和展品照明服务；后勤各项保障分工安排等就构成了它的三条分界线。

很多人或许不太理解，服务设计到底和公共文化艺术服务有什么关联。我认为服务设计可以帮助公共文化艺术服务解决以下三个难题：

（1）我们如何让管理效率更高而成本更低；

（2）我们如何让我们的工作伙伴更有满足感；

（3）我们如何让被游客等服务对象更有幸福感。

对于大多数公共文化艺术服务机构来说，管理效率、员工离职率和顾客满意度，一直都是大麻烦。而且在政府加大投入的情况下，管理的要求也必然更严格。

例如，柏林市政府每年拨给文化产业的政府资金在几十亿欧元的规模，这么大一笔钱还不是每个人都想要，比如，柏林爱乐乐团每年可以争取到最高290万欧元的政府补贴，但是他们不要。为什么不要？是因为拿了政府的资金，你就需要接受相应的监管，市场化程度就会受影响。柏林爱乐乐团的市场能力越强，就越不需要这笔补贴。

反之，一些文化机构事实上就是要依靠政府补贴来运转，如果拨给它们的这笔资金没有监管，那么肯定就会出现很大的问题。这里不仅仅是可能存在的贪污问题，而更多的是一种效率低下导致的浪费，所以正如前文所述，现代管理机制是必须进入的。

而为什么选择服务设计，关键在于服务设计提供了一种全新的视野。前一阵子，我的孩子们来北京旅游，现在北京大多数优质的博物馆、自然馆都需要在网上预约。可能是各个机构之间尚未做好系统上的连接，导致游客去每个博物馆都需要到不同的网站采取不一样的方式预约，不仅不方便，而且容易出错，用户体验是比较差的。

NTG 公司在柏林的总部位于总统府边上一座很漂亮的建筑，从公司办公室的窗户望出去，便可以看到大片的历史建筑，那里也有一个类似鲁尔区的博物馆地带，拥有约 421 家美术馆、158 家博物馆、42 家展览馆和 8 600 个世界文化遗产项目。在普通人的眼中，可能就看到了一堆老建筑，但是作为一名从事服务设计的专家来说，我还能看到一条隐藏起来的服务设计脉络把这些博物馆连接起来。

这就是一个服务设计的著名案例——"博物馆之夜"活动。

柏林的纬度比北京高，可能和莫斯科差不多，但是柏林的夏天和北京一样炎热。所以从 1997 年开始，为了更好地利用夏季博物馆资源，也为了更好地服务游客，柏林市政府开始策划了一个"博物馆之夜"活动，游客只要坐上"博物馆专线"的任何一辆大巴车，就可以根据线路一次游览沿途的博物馆，这个项目刚刚启动的时候是只有 12 家博物馆参加，现在已扩充到接近 200 家博物馆。原来只能在夏天，现在是一年四季。

这个项目是如此深入人心，以至于在过去的 20 年中，柏林各大博物馆的参观人数以每 10 年翻一番的速度在递增。这对于一个早就有比较成熟的博物馆运行机制的柏林来说，是一个非常大的成就。

事实上，这里面就用到了服务设计的一个重要的原理，就是以"质量"为中心，串联起整个服务链条上的所有人。对于游客来说，夜间参观不仅可以避免炎热的天气，还可以有一种不一样的神秘感；对于博物馆的工作人员来说，早、晚班的增加，意味着人手的增加或者收入的增加；对于社会来说，就业的人数也会更多。

这里面似乎唯一有损失的就是政府，但是柏林市政府事实上收入了更多的税收；因为旅游人数的增加带来了酒店业、餐饮业等服务业的繁荣。这就是新增长理论的威力。

其实，柏林的成功也在于政府的重视。早在 2004 年，柏林经济、劳动与妇女部和科学、研究与文化部共同成立了"文化产业动议"，致力于对文化产业进行系统的分析和研究，并从政策层面推动这一产业的发展。2005 年 5 月，"文化产业动议"编制的《柏林文化产业——发展和潜力 2005》出版，这是全世界第一份由政府出台的《文化产业报告》，对整个公共文化产业都产生了很大影响。在"博物馆之夜"后，柏林还筹划并着手在图书馆中开辟这样的路线，给予学龄前儿童、青少年和继续教育人群以更多的学习空间；并尝试打通博物馆、旅游和医疗产业的通道，免费为社区和家庭中的孤寡老人、留守老人提供传统医疗、健康锻炼、城市旅行、博物馆参观、景点游览等服务。

正如前文所述，公共文化艺术领域的管理必须要最大限度地要实现两个目标：第一个目标是它的效能，也就是支付的费用必须和我所得到的相匹配；第二个目标是促进幸福，也就是效能是服务于参与者的幸福感，这个幸福感不仅仅属于被服务的对象，也属于服务对象。

另一个例子就是美国的"绿屋"养老院。"绿屋"疗养院的概念最开始是由威廉·托马斯（William Thomas）和社会老年学家朱迪思·拉格（Judith Rabig）在 2003 年共同提出的。和传统的养老院不同的是，这种养老院由多个单元组成，并建造在一个区域进行统一管理，每个单元称为"绿屋"。传统养老院有像医院一样的感觉，而"绿屋"则更像一个家庭。"绿屋"通常规模较小，最多只能容纳 12 名居民。"绿屋"养老院的居民拥有私人房间和完整的浴室，允许老年人拥有隐私和个性，他们可以自主装饰自己的房间，而且老人们可以自行掌握活动时间。第一批"绿屋"养老院由一家位于图珀洛的名叫密西西比卫理公会的养老院辅助生活设施的运营商兴建，每个"绿屋"都能容纳 7 ~ 10 位居民，根据要求配备齐全的厨房，还有阳台和餐厅以及一个单独的公共餐桌。同时，"绿屋"养老院的核心员工是被称呼为"Shahbazim"的注册护士助手（CNA）。她们既是老人的直接护理者，也是其生活的照顾者，可以说是在老人自我管理基础上的"大家长"。

在传统养老院中，护理人员的工作压力大、离职率高，这是不少养老机构和为其提供人力资源服务机构头疼的问题。而在"绿屋"养老院中，重新规划了老人的居住环境和管理模式，让居住者的满意度普遍提升，同时，专门安排的"家长式"的"Shahbazim"，被赋予较大的自主工作权限。经过尝试，不仅老人感受到家庭环境的温暖，满意率直线上升，护理人员的工作成就感和满意度也大幅提高，离职率普遍下降。

传统养老院中存在的离职率问题，其实在公共服务单位中也都会存在。记得我有一次去卢浮宫参观，人山人海，服务人员的脸色都很差，我觉得他们不太会有什么幸福感。但是在一些私人博物馆中，却很少有这样的体验。比如，泰国有一个很著名的景点，就是曼谷的吉姆·汤普森之家（Jim Thompson House），这是由一个美国丝绸商人的私宅改造的小型博物馆。博物馆内非常符合服务设计原则地安排了参观线路，确保在重要路线上的参观人数最多只有 10 人。此时我不禁想起了迪士尼乐园里的加勒比海盗景区，里面每艘游客船相隔只有十几米，但是却都营造出了似乎只有这艘船在航道上的幻觉，你只有很认真观察，才会发现其他游客的存在，在这种相对安静的环境中，解说者和观众都能感受到愉悦。

## 三、服务设计能为中国公共文化艺术服务做些什么

在服务设计领域，人经常说一句话，就是所有的问题，都是关于人的问题。在北京旅游的过程中，笔者曾经观察过一个如何用服务设计加以改进的旅游景点。

这个景点位于北京近郊，中外知名。节假日时往往人山人海。我当时计划全家前往，但是看到新闻报道后有些害怕。最后只能找了一架直升机，从空中俯瞰。景点很漂亮，但是在景点里拥挤的人群却很不开心。

我身边的朋友问我，这个问题难道不能改变吗？事实上要改变以一个景点的拥挤状况还是很容易的。比如，有人觉得可以把门票卖到 1 000 元，这个也许有用，但不是服务设计的思路；也有人说，可以直接限流，每天只允许两万人进入景区，这个也许有用，但也不是服务设计的思路。

在服务设计领域，我们会首先对整个景点的机构进行改革，从人力资源角度把职业经理人请进来，请注意，一个景点如此拥堵，只能说是管理失效了。为什么这么说，因为我看过这个景区的线路图，只有三个入口、一个出口。这样的设计不能说一定不合理，但是如此拥堵却还没有想到改一改，那就是管理者的问题了。

其次，从景点设计的角度，我们还应当设立一些疏散游客的子景点，从路线设计的角度建立梯队推荐路线，对于最容易拥堵的时段，采取部分区域预约限流，部分区域公众开放的方式。

最重要的就是要建立用户反馈机制，让那些堵得慌的游客能够告诉我们，他们最需要什么样的改革，然后尽量满足他们，这就是服务设计最重要的服务蓝图和

迭代。

　　也许我了解的还不够全面，但是在我看来，今天的中国的公共文化艺术服务可能需要两个方面的支持，其中一个是法律政策层面的。从欧洲的经验来看，对于文化产业的扶持大概有以下两种思路。

　　一是英国式的"一臂之距"（Arm's Length）。英国政府虽然不文化机构直接提供资金支持，但由非政府公共机构负责向政府提供咨询，并协助政府制定具体文化政策，把政府对英格兰、苏格兰、威尔士和北爱尔兰四地投入的公共文化经费公平、间接地分配给其下属的艺术团体，这种在政策上国家对文化拨款的间接管理模式，被称为"一臂之距"。这也决定了英国政府对公共文化的财政资助极其有限，仅为30%左右，其余部分则靠艺术团体自力更生或社会力量的援助。同时，英国还推行博物馆认证的最低标准。从1988年开始，按照《英国博物馆认证制度之认证标准》对英国博物馆的最低标准做出明确规定，其目的在于"鼓励所有的博物馆（包括美术馆）在行政管理、公共服务、基础设施及藏品管理等方面达到法律所认同的最低标准"。在这种模式下，政府给钱少、标准严。

　　二是法国式的"政府全面管理"。戴高乐总统时期，法国就将文化事务交由中央文化部统一管理，文化部下设"大区文化事务管理局"，负责对各大区内公共文化服务与产品的管理，但决策事项仍由文化部负责。从资金上看，一方面通过《文化赞助税制》及《共同赞助法》，将税务收入导流到文化产业；颁布的《法国博物馆法》使法国大部分博物馆的称号得以统一，并将文化藏品聚集在一个行政大区，统一区级文化政策，并由国家和市政府签订合约，国家对市政府直属博物馆给予经济或技术上的支持。可以说，政府给钱多，标准也严。

　　不论是"一臂之距"还是"政府全面管理"，都可以看到，欧洲各国政府对于公共文化艺术服务的态度，都是基于政策法律之上的日趋严格。而在移动互联网时代，公共文化艺术产业所服务对象的要求更加具体，对于反馈时间的忍耐度也更有限。以前平均一个投诉电话能在24小时内反馈，顾客满意度就较高；现在则需要分钟级别的反馈，否则就会招致不满。政策要求上的更加具体和顾客满意度的最新要求，都对公共文化艺术服务提出了新的挑战。而服务设计恰好提供了这一种解决方案，通过服务蓝图的设计，给公共文化艺术服务的提供者以一个新的视角和一套全新的工具。

　　举一个例子，传统文化艺术场馆的管理，从用户的角度来看，就只有两个接触点：一个是购买门票，另一个是现场解说。但是从服务蓝图的角度来看，接触点可能有几百个。从进门前开始，网站购票指南、网站购票流程、地图导航指示、游览应知事项等就有十几个接触点；到了场馆门口，走进场馆之后，接触点就更多了，大到服务人员的态度，小到哪里有洗手间指示牌，哪里有小吃店，哪里可以坐下来休息、哪里可以看到下一个景点介绍等。

有些变革可能没有服务设计存在，没有服务蓝图存在，但是也会发生。比如，10 年前去卢浮宫和 10 年后去卢浮宫，游客的休息座位数量还是增多了。但是作为机构管理者，我们都很清楚，任何一个变革的背后，都是数以百计、数以千计的投诉。这在以前可能不算什么，但是在追求更高质量服务的今天，没有前瞻性的设计，就等于在口碑上的放弃。

因此，接触点的改进虽然也有意义，就如同当一个游客很累时，身边有一个可以喝纯净水的地方很重要。但是放在整个博物馆的范围内，哪里需要设立这样的点才更有效率，就不是一个接触点变革可以做到的。

从服务设计的迭代角度来看，变革也不是一蹴而就的，而是反复尝试，甚至反复试错之后的改变。比如，在艺术园区的停车场到底应该如何设计？聪明的管理者一般都会先免费开放几个月，然后使用监控看车辆进出的频次、时间以及来往方向，最后才对停车场的入口和出口做出决定，这就是一个迭代升级的过程。这样做可以保证最后的结果不仅是效率最优的选择，也是最方便被服务者的选择。

事实上，服务设计还是一个协调者。因为服务蓝图包含了整个服务流程的所有环节，从最前台到最后台，蓝图中都有其位置。因此，一旦发现问题，就可以立刻看到全局上对于这个问题应当如何处理。比如，一个游客有负面的反馈，传统管理可能只能找到游客接触点上的问题，但是服务设计可以一直探索到管理深层次的问题，便于管理者推进改革。

在过去的 10 多年中，笔者服务于世界上多个国家的国际型企业，在德国大众公司时间最久。我深刻感受到，服务设计专业对我职业的帮助，让我和我服务的企业能够用最科学的方式，掌握顾客、员工的需求，并加以改进、满足。这也得益于我的老师——全球排名第一的专家，也是目前国内清华大学等学校推进服务设计专业的外国首席专家——国际服务设计联盟（SDN）联合创始人和全球主席 Birgit Mager 教授。非常感谢她的教育，让我有不一样的视野去审视服务管理和制度创新，这些都让我受益匪浅。

Mager 教授在 10 年前就开始推动服务设计理念在中国的推广，作为她的学生，我非常高兴参与到了相关工作中。"服务设计与共享经济·现代服务业创新国际论坛"在清华大学举办，就在不久前，上海刚刚举办了服务设计的年会，吸引了国内外无数专家的加盟。经过深思熟虑，笔者在 2018 年成立 NTG，就是希望把包括服务设计在内德国最先进的理念、技术和人才带到中国。我们很高兴地看到，在国内越来越多的人将服务设计视为 21 世纪中叶的新管理学和新人力资源学科，也希望这项事业能够在中国开枝散叶，为中国的公共文化服务产业提供新的视野，并形成具有世界影响力的成果。

# 关于利用首都核心功能区腾退和
# 闲置空间开展社区文化服务的研究[1]

李 卫 邵 鹏 吴京辉[2]

**摘 要**：在首都核心功能区疏解腾退的过程中，产生了大量的闲置空间。这些空间地理拥有地理、经济、社会和文化等多种资源属性，在建设社区文化方面具有天然的优势。因此，北京地区丰富的文化资源开发融入在当地社区居民文化生活之中，发展出特色文化产业，是促进社会和谐的题中应有之义。文章是在课题大量调研的基础上，通过对现有首都功能核心区腾退和闲置空间利用状况的摸底和分析，针对目前首都核心功能区中社区文化建设的现状，提出腾退空间再利用于社区文化建设的政策建议。

**关键词**：首都核心功能区；腾退空间；闲置空间；社区文化

# On the Use of Capital Functional Core Areas to Vacate and Idle Space to Carry out Research on Community Cultural Services

Li Wei　Shao Peng　Wu Jinghui

**Abstract**：As the capital's core functional areas are evacuated and retreated, a lot of unused space has been created. These spatial geography have geographical, economic, social and cultural resources, and have natural advantages in building community culture. Therefore, the development of rich cultural resources in Beijing is integrated into the cultural life of local community residents and the development of characteristic cultural indus-

---

❶ 本文系根据北京市东城区民盟区委的研究课题《关于利用首都核心功能区腾退和闲置空间开展社区文化服务的研究》提炼加工而成。

❷ 李卫（1965—），男，北京市人，北京市东城区民盟区委经济专委会委员。

tries is a necessary part of promoting social harmony. On the basis of a large number of research projects, this paper analyzes the utilization of vacated and unused space in the core functional areas of the capital, and puts forward some policy Suggestions on the reuse of vacated space in the community cultural construction in the core functional areas of the capital.

**Keywords**：capital core functional area；vacate space；Idle space；community culture

## 一、首都功能核心区的定位及疏解腾退工作

### （一）首都功能核心区的定位

近年来，北京在城市建设方面飞速发展，成为世界级的国际大都市。但是，由于多种功能高度集聚，北京产生了严重的"城市病"，环境资源与人口之间的矛盾日益加深。2014年2月，习近平总书记对北京做出了明确的城市战略定位，指出要把非首都核心职能的产业发展尽可能地压缩和疏解到周边，从而为北京市的发展指明了科学的方向。北京市委市政府在《北京城市总体规划（2016—2030年）》中明确"北京要构建'一核一主一副、两轴多点一区'的城市空间结构，要改变单中心聚集的"摊大饼"发展模式，积极推动城市功能重组，坚定不移疏解"非首都功能"。"一核"就是指"首都功能核心区"。

首都功能核心区，包括东城区和西城区，共32个街道，2012年7月常住人口216.2万人，土地面积92.4平方公里。该区域是北京市开发强度最高的完全城市化地区，主体功能是优化开发，同时也要保护区域内故宫等禁止开发区域，适度限制与核心区不匹配的相关功能。首都功能核心区无论是在政治还是经济、社会及文化发展方面，都具有至关重要的地位。其中，西城区是中国政治的"心脏地带"，辖区内有中南海和大部分的国家机关，中央机关及所属单位达600余家。2018年，西城区实现地区生产总值4243.9亿元，金融街是北京乃至全国最耀眼的经济中心。东城区作为北京最有历史文化氛围的老城区，文化古迹和人文特色都保护得很好，从而带动了旅游经济的发展。2018年，东城区实现地区生产总值2425.7亿元，值得一提的是，文化产业创下240亿元的旅游文化增长值。

### （二）"疏解非首都功能"与空间腾退

加强首都核心功能区建设的重要前提，是要"疏解非首都功能"。2015年，习

近平总书记在中央财经领导小组第九次会议上提出，要疏解北京"非首都功能"。2015 年 4 月 30 日，中央政治局在审议《京津冀协同发展规划纲要》的会议上强调，要严控增量、疏解存量、疏堵结合调控北京市的人口规模。在此基础上，北京市委市政府进行了"疏解非首都功能"的专项行动，要把不符合"政治、文化、国际交往、科技创新中心"核心职能的疏解到周边。2017 年，有效疏解北京非首都功能取得明显进展，一批重大项目得以实施，已经得以完成。

在疏解非首都核心功能过程中产生了大量的腾退和闲置空间，这些空间规模巨大、产权复杂，涉及方面众多。在原有空间功能失去的情况下，一时之间大量的腾退空间没有得以进行利用，造成了大量的闲置和资源的浪费。如何有效地利用这些腾退和闲置的空间，是老城保护和城市更新同步进行需要考虑的重要组成部分。同时，社会及民众对非首都功能疏解也有着相当高的理解与期待。从东京、首尔等大都市地区发展经验来看，疏解部分不符合世界城市发展目标的功能，对于提升城市的国际影响力有直接关系。通过疏解非首都功能，推动首都城市功能的结构优化，不仅可以为北京新的国际化功能发展腾挪空间，而且也为广大人民群众提供了更优质的生活服务空间，并带动北京城市现代化治理水平的提升。

## 二、首都核心功能区腾退和闲置空间的类型及认识

（一）首都核心功能区腾退和闲置空间的类型

1. 老旧街区胡同院落

北京的胡同大都集中在二环以内的首都功能核心区，一些胡同院落外面弄得比较整齐，但是里面的基础设施缺乏，难以保证基本的现代生活。北京市的胡同院落腾退工作取得了巨大的进展，有效地降低了人口密度，并在一定程度上实现了提升再利用。例如，东城区前门东区经过了长达 10 年的腾退，目前的人口基本上只剩下了一到三成。西城区启动"白塔寺再生计划"，现在已经腾退院落 70 个，到 2020 年，腾退院落将占到所有院落的 15%。大栅栏地区将已腾退的空间与街区更新项目联动利用，结合历史文化特色，以民生保障为主，公共服务为导向，延续街区肌理，增强胡同韵味，形成了品牌特色。

2. 文物古建

自 2017 年起，北京市全力推进核心区文物腾退保护，在文物保护项目立项、博物馆建设、文创产品开发等方面加大支持力度，助推人文北京建设。2017 年，中

轴线及两侧的文物古建筑将启动腾退保护，其中东、西城 32 处不可移动文物。西城区的文物腾退则聚焦名人故居和会馆。两区至少有 32 处古建筑将启动腾退，其中东城区有法国兵营、清末太医院、安乐禅林、丰城会馆等 17 处，西城区启动 15 项直管公房腾退项目，包括安徽会馆、浏阳会馆等。

### 3. 老旧厂房

截至 2018 年，北京已腾退老旧工业厂房 233 处，总占地面积超过 2 500 万平方米。其中 110 个已得到保护、改造和利用，占地 605 万平方米，另有 200 万平方米正在转型改造。北京市出台《关于保护利用老旧厂房拓展文化空间的指导意见》。随着成功案例不断涌现，老旧厂房保护利用的路径也越来越明晰。首都核心功能区加强老旧厂房功能性流转和创意性改造，打造融观光、展示、体验、娱乐为一体的文化空间。

### 4. 各类市场

作为首都核心功能区的西城区，共有大小商品交易市场 91 家，总面积 42.5 万平方米，经营商户近 2 万户，其中专业市场主要聚集在动物园地区，12 家市场总建筑面积超过 30 万平方米，占西城区市场总量的约 80%。2014 年，"动批"疏解正式启动。2016 年，"动批"将彻底疏解全部市场，疏解就业人员 3 万人，减少流动人口 5 万～10 万人。

### 5. 地下空间

2015—2018 年，第二轮地下空间整治工作，共清理腾退了 3 000 多处地下空间，清退了这些地方的违规散租户、员工宿舍等。从 2018 年下半年开始，北京市开启了第三轮整治工作。在这三轮整治中，除了严防反弹、实现动态清零外，还将探索如何再利用地下空间。

### 6. 其他类型的建筑

西城区为助力金融科技核心区的布局与发展，对于辖区内的低效写字楼等空间进行了腾退再利用。腾退出四达大厦、万容市场、北矿金融大厦、首建金融中心等 10 栋楼宇资源，加上"动批"周边疏解的楼宇，总的建筑体量约 80 万平方米。此外，中关村、西城园德胜地区和广安地区也在推进低效楼宇整治提升工作。上述区域总共可腾退出 140 万平方米建筑，为金融科技核心区的发展提供空间资源保障。

（二）对首都核心功能区腾退及闲置空间的认识

"闲置空间"是指原随着社会发展机制的逐渐转变，许多既定使用的空间原先的功能逐渐丧失、遭到废弃乃至呈现出一种闲置现象。但是，首都核心功能区的腾退和闲置空间，不是传统意义上的城市"萧条区"，也不是类似于其他国家或地区的"锈区"，而是暂时闲置、但开发动力仍然强劲的空间，是难得的城市再开发的空间。它们大部分位于寸土寸金的二环之内，其中的一些是拥有历史人文特征、文化风貌的建筑遗产，也包括具有特殊资源特性和场所感的旧厂房等。这些空间往往反映着当时的使用形态、建筑风格、建筑空间和建筑语汇，乃至周边环境所构成的社会脉络及纹理，如社会风貌、经济活动及当地产业等。因此，它们仍然具有历史意义和重要的文化价值。

在"二战"之后，西欧国家工业厂房等闲置空间"大变身"就已经开始。英国、法国、德国和奥地利等国家的城市中，大量工业厂房经过重新设计后，转型为现代的美术馆、博物馆、餐厅和会议中心，甚至化身为高级公寓和旅店，也可以转变为孕育当地表演艺术的剧场。其中比较典型的有美国纽约苏荷（SoHo）区、英国伦敦沙德·泰晤士街区、圣路易斯克莱德码头区以及日本京都府舞鹤市红砖区等。近年来，中国有了北京798艺术区、上海苏州河南岸M50创意园等。因为大中型城市的旧厂房、旧码头等闲置建筑，具有特殊地理环境或完整的文化风貌，而且内部空间可塑性较大，并且租金相对低廉，生活和工作环境也相对宽松和自由。但是，当创意环境逐步形成之后，会逐步发展成为消费较高的创意时尚区域。随着更加富裕的个人和企业的进驻，房租上涨使许多未成名的艺术家被迫选择迁移到周边其他闲置空间，引起了文化创意产业集聚区的扩散、转移和循环，如北京798艺术区附近延伸的797艺术区、751艺术区、草场地艺术区等。

## 三、北京市城市社区建设与文化服务的现状及问题

目前，北京市共有各类社区和农村居委会5 000多个，其中首都功能核心区及城市主要功能拓展区社区共计1835个，并形成了多种社区并存的格局。城市社区的逐渐形成使得原有的社会共同体发生了巨大的变化，单位人逐渐演变成了社会人，流动人口总量大大增加，各种社会组织不断涌现，越来越多的社会管理和服务功能由政府转向让社区来承接，社区逐渐成为功能比较齐全的"小社会"。

在社区这个小社会中，居民需求是多方面的，概言之可以分为三方面：其一，基本层次需求。它是指社区居民的基本物质需求，即社区居民维持日常工作生活的基本物质生活和医疗卫生的需要等。其二，中等层次需求。它是指对社区居民为了提高其日常生活水平而需要的社区公共服务，包括养老托幼、文体娱乐、家政帮扶和商业金融服务等方面。其三，高等层次需求。它是实现个人理想、抱负，发挥个

人能力到最大程度，达到自我实现境界的一种需求。社区居民的高层次需求并非社区居民日常生活必需，但是却能在精神层面和自我实现领域丰富居民生活，从而进一步提升社区居民的生活品质，包括高级休闲娱乐、社区文化、教育培训和社区自治需求等。随着经济的快速发展，带来了人民物质文化生活水平的大幅度提高，城市社区居民的需求也呈现出向中、高端发展的趋势。

目前北京市在城市社区建设方面取得了很多成就，相对于北京城市社区的住宅及其硬件建设发展迅速的状况，社区内部成员的互动要求普遍较弱，自愿团体的内生性不足，缺乏对社区事务的管理与参与，可以说，真正意义上的社区仍然尚未形成，和谐社区的建设任重而道远。在社区建设中，政府各个部门职能交叉，文化管理机制尚不完善；社区组织和活动持续发展乏力，资金配套明显不足；社区商业零散，服务内容低端，远远无法满足群众的物质精神文化等方面的需求。社区建设是一个综合性、系统性的过程，需要政府、社会组织、企业和居民各方面的合力，才能够取得良好的成效。其中基层党建是立党之本，社区组织的完善与建立诚信社会密切相关，社区商业需要结合技术进步和人文关怀。由此，我们主要围绕社区中等层次需求和高等层次需求来开展工作，其中社区的文化服务是发掘北京文化资源，能够得到长足发展的方面。

### 四、首都核心功能区空间腾退的政策导向和再利用的调查研究

（一）首都核心功能区空间腾退的政策导向

首都核心功能区的定位决定着城市产业布局和发展模式，疏解非首都核心功能才能进一步促进北京城市的发展。其中，如何把北京丰富的文化资源的保护和开发融入在当地社区居民的文化生活之中，并发展出特色文化产业，服务于首都核心功能区的公共文化发展，是促进社会和谐的题中应有之义。

1. 北京市委市政府的指导政策。2017 年，在北京市第十四届人大五次会议上，北京市代市长蔡奇提出了开展"疏解整治促提升"专项行动，旨在疏解非首都功能、治理"大城市病"，优化提升首都核心功能。目前，北京市发改委正在积极研究制定《北京市腾退空间使用管理办法》提出腾退空间主要的四个方面用途中，就包括完善基础教育、养老及文化活动场所等设施方面的内容。

2. 东城区编制出台《2018—2020 年"疏解整治促提升"专项行动方案》。这是在 2017 年东城区第十六届人民代表大会第三次会议上提出的，坚持人口规模与

建设规模双调控，减量发展与创新发展双促进，首都功能与城市品质双提升，着力增强"四个服务"能力行动方案明确，将持续推进古都风貌保护。坚持规划引领，加强老城整体保护，着力打造一批文化内涵厚重、特色功能彰显、风貌保护完好的精品工程，塑造首都风范、古都风韵、时代风貌的城市特色。

3. 东城区和西城区政府联合编制核心区控制性详细规划。2019 年，由北京市"规自委"牵头，会同东城区、西城区政府联合编制核心区控制性详细规划。核心区控制性详细规划编制将从保障首都政务功能的角度加强统筹和做出规划安排，例如，中轴线"申遗"、重要点位的腾退提升等内容都将纳入规划当中。

上述政策都提出，首都核心功能区腾退和闲置空间的再开发，要坚持"人民为中心"的思想，应该以增进广大市民生活的舒适度、安全度和满意度为根本目标，重点优化"四生空间"，即优化北京的生活空间、生产空间、生态空间和生命空间的结构与布局，让广大市民生活在更加美丽和安全的首善之都。

（二）首都核心功能区腾退和闲置空间再利用的调查研究

1. 地下空间的再利用。北京市的地下空间拆除工作进行得比较早，各区的改造利用提升工作已经逐步在尝试，形成了一些宝贵的经验和利用模式。

（1）纯公益模式。"地瓜社区"是设计师周子书在亚运村街道办事处支持下做的一个地下室改造项目，通过"社区会客厅"的形式连接居民。西长安街街道的和平门社区地下空间已转变为服务居民文体生活的红墙系列"氧吧"。西城区牛街街道、白纸坊街道均利用地下空间建设了上千平米的街道博物馆，保护和还原了传统的历史街区文化。石景山区五里坨天翠阳光第二社区近千平方米的地下空间，成为燕京八绝文化长廊，展示老北京"非遗"文化。

（2）纯商业模式。"社区教育超市"位于海淀区志强北园小区 30 号楼的地下室，是由原地下旅馆承租人改造之后成为集游泳、健身、艺术教育等功能于一体的社区教育中心。位于牡丹园的仰源大厦地下空间 1 000 多平米变身为"自助仓储间"，采用人脸智能识别等实时监控技术。

（3）便民设施。东城区东花市北里 6 号楼的地下市场升级改造为社区商业便民服务综合体。海淀区田村路街道景宜里小区 5 号楼地下便民超市，形成了便利店、早餐、快递、家政服务、美容美发等其他 7 项便民服务业态。北下关街道四道口 5 号院 1 号楼一层及地下腾退空间整体改造为街道养老照料中心。朝阳区平房地区已经完成 8 处闲置地下空间的再利用，主要用于居民活动、文化传媒、宣传教育基地等。

（4）党建服务。牛街街道牛街西里一区社区党委以"利用腾退地下空间打造多元文化活动场所"为目的社区党群驿站项目，将城市基层党建与民族"非遗"文化深度融合，探索出了城市民族社区治理的"和合"之路。

2. 老城区胡同院落改造。

（1）"白塔寺城市再生计划"。西城区的"白塔寺再生计划"，试图通过对这些传统院落的修缮整治，挖掘并引入文化触媒，复兴区域胡同文化，重新找回传统的居住理想，并探索和开辟一条新的城市升级和社区复兴发展之路。

（2）东四南街区的改造与利用。北京市城市规划设计研究院于2011—2012年编制完成了《东四南历史文化街区保护规划》，开展了长期、全面、深入基层的规划公众参与和社区营造探索，试图以此为切入点推动历史街区规划实施和社会治理创新。史家胡同24号被改造为胡同博物馆，以社会组织"史家胡同风貌保护协会"为平台汇集社会资源，推动了街区物质环境的改善与人文精神的凝聚。

（3）城市森林公园。首都核心功能区违建林立的闲置地变身建成新中街城市森林、广阳谷城市森林、西革新里城市森林和常乐坊城市森林等4处城市森林公园，打造城市"绿色名片"，提升城市形象。

3. 老旧厂房。"工业遗存＋文创园"，正成为北京的文化新景观。东城区可利用的老旧厂房空间资源共有50余处，其中已转型升级为文创园区的有31处，在建的有6处。东城区文创园区协会成立于2019年，是国内首家地区级文创园区协会，搭建了文化金融专营机构和文化金融服务平台。2015年，北京市文化局通过政府购买服务的方式，整体租赁了北京胶印厂3560平方米老旧厂房，改造成功能多样的19个排练厅，租金是市场价的3—6折，力图打造"戏剧界横店"模式，并已经逐渐成为艺术创作的一个孵化基地，成为"京城文艺青年大本营"，是对完善公共文化体系的一种探索和尝试。

4. 文物古建。西城区在砖塔胡同路口建成的正阳书局暨砖读空间，以北京历史文化为主题，介于传统实体书店和公共图书馆之间，体现了公众文化事业和文化产业的深度融合。骡马市大街9号林白水故居（复建）的椿树书苑是椿树街道文化惠民的重点项目，打造了一所街道公共图书馆＋特色阅读空间＋历史名人展览馆融合的公共阅读服务平台。东城区北极阁三条22号的宁郡王府家庙缘庆禅林，变身为"缘庆书苑"，吸纳更多专业文化力量走进社区，在充分挖掘胡同历史文化的基础上，打造区域性公共文化服务窗口和示范品牌。

5. 各类市场。西城区的"动批"和天意等批发市场的腾退空间，为西城区金融产业的发展提供了新的助力。丰台区白盆窑村腾退启动仓储物流中心的40万平方米土，一部分建设成为花乡花卉历史文化博览园，是集花卉示范、种植、科研、文化展示和旅游休闲结合的生态旅游公园。

## 五、利用腾退空间在首都核心功能区开展社区文化服务的可行性分析及政策建议

2017 年 8 月，北京市市委书记蔡奇明确提出了古都文化、京味文化、创新文化和红色文化是"首都文化"的四个方面，这一论断对于北京市社区文化建设具有着指导性的意义。

### （一）可行性分析

首先，首都核心功能区具有丰富而又独特的文化资源，是推进社区文化建设的有力支撑。北京三千多年历史中形成的独特文化元素，形成了北京的城市底蕴。北京的古都文化是典型的中国皇家文化的缩影，北京拥有独一无二的皇家宫殿坛庙、别具一格的皇家园林和帝王陵墓等；还有元、明、清三代的国子监等官学机构。同时，北京特色鲜明的京味文化，"京"是指京城，"味"是指特色。北京民俗文化大多以汉族文化为主体，综合其他如蒙古族、满族和伊斯兰等文化特色，形成了雅俗共赏的多元化、多层次的风俗民情。自民国开始，原天子脚下的市民在皇城根、什刹海、钟鼓楼、天桥等处逐渐形成特色鲜明的市井民俗文化，这种文化行为大气、维护正义、服务周到、有礼有面、京腔京味，在此基础形成了所谓的"京味文学"。在北京还有驰名京华的老字号，这些老字号注重诚信，服务周到，成为京味文化重要组成部分。尤其可贵的是，北京更是中国红色文化最重要的发源地，红色文化元素丰富且厚重，中国共产党的孕育、成立与发展，打倒北洋军阀，全民抗日及解放战争时期，中国共产党人在北京都留下了一连串可歌可泣的红色印迹。作为新中国的政治中心，从西柏坡到香山、到开国大典，十大建筑落成，改革开放春天发生的故事，一直到走进社会主义新时代，代表新时代全国红色文化的发展方向。

其次，疏解非首都核心功能区的大量腾退和闲置空间，为进一步建设社区文化提供了物理空间和文化资源价值的可能性。首都核心功能区疏解腾退的大量闲置空间，地理位置非常优越，文化资源非常丰富，其中很多都保留着地方发展过程中的历史文化信息，各具特色的民间文化活动和生存活动，展示着各地特有的社会结构和生活方式，承载着民众的精神生活，是地方最具有生命力的组成部分之一。这些腾退和闲置空间应用于社区文化建设，能够以增进广大市民生活的舒适度、安全度

和满意度为根本目标，促进生活空间、生产空间、生态空间和生命空间的结构与布局的优化，是最符合坚持以"人民为中心"的思想原则的。

最后，党中央和各级政府高度重视社区建设和社区文化建设，发布了多项关于社区建设方面的文件。其中主要有《中共中央、国务院关于加强和完善城乡社区治理的意见》（2017）、《民政部关于大力培育发展社区社会组织的意见》（2017）和《全民阅读"十三五"时期发展规划》（2016）等。北京市也先后出台了《关于大力推动首都功能核心区文化发展的意见》（2010）、《中共北京市委关于繁荣发展首都社会主义文艺的实施意见》（2016）、《关于政府向社会力量购买公共文化服务的实施意见》（2016）、《北京市关于支持实体书店发展的实施意见》（2018）等。

（二）相关政策建议

1. 提升文化保护的观念意识，以创新方式来营造社区居民的文化空间。文化赋予了空间以灵性和生命，通过对独特物理空间的文化营造形塑地方意象，能够使居民感受到自己生活的场域的文化气息，可以重塑社区记忆。文物保护的核心和最终目的是实现文物历史文化价值传承传播的最大化。目前首都核心功能区的历史遗存主要侧重于文物保护方面，缺少文化保护的意识，一些名人故居沦为大杂院。例如，西城区现有三级以上文保单位181处，还有尚未核定等级的不可移动文物建筑182处，其中有165处用于居民居住、存在安全隐患或被不合理使用。但是，这些大杂院是历史原因形成的，加之权属关系复杂，腾退修缮资金投入较大，居住其中的居民利益难以协调。目前文物腾退后，不再完全由政府"全包"，而是可以明确公益性使用方向、明确管理使用规则，然后引进社会力量，把文物古建变成一个个传承历史文化、接续文脉的复合型文化场所。

2. 弘扬主流价值观，提升社区居民的文化认同。主流价值是得到多数人群认可的积极向上的价值体系，它是实现社会认同和维护社会秩序的文化基础。通过社区开展内容形式多样的文化活动来传播党和国家的大政方针，引发人们爱党、爱国、爱社区的情感，有助于为日益"原子化"的个体居民找到本体性的安全感和归属感。近代北京曾对中国社会的发展产生过重大而深刻的影响，留下了类型丰富、分布广泛、权威性强等大量的红色文化资源，如以北大红楼为中心的民主广场、五四大街等。北京作为新中国的首都，天安门广场、中南海、人民大会堂、京西宾馆、全国政协礼堂等建筑成为党的领袖和重要党史人物的活动场所，见证了新中国建设和改革开放的伟大历程，具有突出重要的地位。同时，北京市民中很大一部分是国家机关、国有企事业单位的工作人员，普通民众的政治意识强，政治觉悟比较高，这为北京能够引领全国主流价值观奠定了重要的社会基础。

3. 复兴传统文化内在价值，构建社区的和谐关系。从文化功能主义的角度看，中国传统文化一个重要的功能就是保持农耕时代的熟人社会关系，这恰恰是当前社区共同体中的一个目标。习近平总书记指出，中华优秀传统文化是中华民族的精神命脉。保护和发掘首都核心功能区的优秀传统文化资源，复兴传统文化的内在价值，对于推动中华优秀传统文化创造性转化和创新性发展，提高人民的文明素养，才能够坚定新时代的文化自信。如西城区把推进全域博物馆体系构建作为保持老北京记忆和传承的重要举措，其中白纸坊的纸文化博物馆、广内的空竹博物馆、牛街历史文化展陈室、西单商业文化博物馆、椿树街道的安徽会馆京剧博物馆、月坛传艺荟和天桥历史文化展览等都很好地保护了传统文化。

4. 发掘特色街区文化，增强街道和社区居民的凝聚力。其一，发掘传统宗教文化特色，有助于实现民族宗教和谐共存。在历史上，北京地区民族宗教之间是互相尊重和谐相处的，留下了解决民族和宗教矛盾的宝贵历史经验。例如，牛街街道发掘原汁原味的市井文化，使不同民族和信仰宗教的居民都能够参与进来，有助于促进社会的稳定和谐。其二，发掘特色街区社区传统经贸文化特色，有助于促进诚信商业文化的建设。老北京的商业文化体现出以儒家思想作为立身之本，恪守诚信为本、重利尚义的价值观。文化底蕴浓厚造就了京商的平和稳、恬淡安闲，礼仪之都的繁缛礼节，使京商在经营中以热情周到、浓浓的人情味著称。

5. 创新发展文化创意产业，提供社区文化建设以新的活力。文化创意产业作为一种低碳、绿色的产业门类，契合首都经济结构调整升级的历史发展趋势。北京悠久深厚的社区在地文化资源是文化创意产业的强助力，又可以借助文化产业得以传承和弘扬。在老旧厂房的基础上融入新时代文化元素改造而成文化产业园区，成为城市文化新地标。因此，应进一步研究出台市级园区配套支持政策，为文化产业园区发展营造良好的营商环境，并结合特有的历史文化资源发展社区的创意产业，从而带动社区的永续发展，并进一步提高城市文化品位和文化包容度。

## 六、结论

首都核心功能区腾退和闲置空间具有多种资源特性的共同效用，能够互相促进并协同发展。由于老城区受胡同肌理、城市风貌、建筑格局及文物保护等条件限制，一些政府部门现行的规范要求与现状条件之间存在着矛盾，难以满足再利用的需求。所以，应该尽快研究制定一个多部门联动、具有可操作性的协商机制，以协调多方利益，用多元使用方式重新焕发腾退空间在历史文化、经济社会、建筑美学和生态环境等多领域的价值。因此，社区文化的建设一定要深入发掘首都核心功能区的空间资源特性，才能够促进社区的文化认同和凝聚力，重建和谐的社会关系，从而达到建设世界性大都市的目标要求。

# 从工业遗迹到公共文化场域

## ——以 798 艺术区和 751 时尚设计广场为例

冯仕亮　毕浩哲[❶]

摘　要：工业遗迹的妥善处理是城市完成经济结构转型升级并进一步加强城市规划与建设的客观要求。随着北京市 798 产业园、台湾松山文创园等工业遗迹改造成文创产业园案例的成功，利用工业遗迹的历史文化元素并在其基础上发展文化创意产业，为所在地提供公共文化服务的道路得到了广泛的试验与推广。798 艺术区经过长期的发展已经成为北京市最重要的艺术园区，成为北京都市文化的一个新地标。毗邻 798 文创园的 751 时尚设计广场也开辟出一条独特的设计产业园之路，逐步在国内外扩大其影响力。二者地理位置相邻，但在园区定位、运营模式等方面存在着众多不同，双方也各有其优势与不足。文章对二者进行比较研究，相互借鉴经验，总结不足，进而针对两者提出各具特色却又彼此联系的进一步发展建议。

关键词：工业遗迹；公共文化场域；798 艺术区；751 时尚设计广场

## From Industrial Relics to Public Cultural Fields

### ——Take 798 Art District and 751 Fashion Design Plaza as Examples

Feng shiliang　Bi Haozhe

**Abstract**：Industrial sites is to properly handle the city to complete the transformation and upgrading of economic structure and further strengthen the objective requirement of the urban planning and construction, with the Beijing 798 industrial park, songshan Taiwan wen gen garden written and industrial park industrial sites including the success of the

---

❶　冯仕亮（1985—），男，四川省绵阳市人，对外经济贸易大学公共管理学院讲师，研究方向：文化经济学等。毕浩哲（1997—），男，对外经济贸易大学公共管理学院 2015 级本科生。

case，using industrial sites of historical and cultural elements，on the basis of the development of cultural creative industry，and provide public cultural services for local road widely test and promotion. Through long - term development，798 art zone has become the most important art park in Beijing and a new landmark of Beijing's urban culture. Adjacent to the 798 cultural and creative park，751 fashion design plaza has also opened up a unique design industrial park road，gradually expanding its influence at home and abroad. The two are geographically adjacent to each other，but there are many differences in park positioning and operation mode，and each has its own advantages and disadvantages. This paper makes a comparative study of the two，draws lessons from each other's experience，sums up the insufficiency，and then puts forward the further development suggestion that each has its own characteristics but is related to each other.

**Keywords**：industrial relics；public cultural field；798 art district；751 design square

## 一、研究背景与意义

随着全球面临经济一体化的压力，城市的发展告别了过去的工业时代，大量的工业社区面临转型的阶段。北京市老旧工业厂房、仓储用房及相关工业设施，其建筑风格独特，承载着近现代北京工业发展的历史记忆，是传承发展历史文化、促进城市有机更新的重要载体和宝贵资源。保护和利用好老旧厂房，充分挖掘其文化内涵和再生价值，兴办公共文化设施，发展文化创意产业，建设新型城市文化空间，有利于提升城市文化品质，推动城市风貌提升和产业升级，增强城市活力和竞争力。❶

2017 年，北京市政府依据国家有关政策，结合本市实际，就保护和利用老旧厂房拓展文化空间提出了《关于保护利用老旧厂房拓展文化空间的指导意见》，为工业遗迹的文创改造提供了政策支持。798 艺术区作为北京市文化园区发展的典型代表，已经发展成为画廊、艺术中心、艺术家工作室、设计公司、餐饮酒吧等各种空间的聚合，形成了具有国际化色彩的"SOHO 式艺术聚落"和"LOFT 生活方式"，引起了相当程度的关注。但近些年来，园区也暴露出管理混乱、艺术家流失等问题，文化生态环境受到一定的破坏，进一步发展活力不足。而毗邻 798 艺术区的 751 时尚设计广场，以其与众不同的工业符号和独特的定位抓住了"设计"这一独

---

❶ 节选自《关于保护利用老旧厂房拓展文化空间的指导意见》。

立的文化元素，主打设计产业发展，并用7年时间发展出了一条以活动举办、场地出租等内容为主线的发展道路。但是从整体来看，目前751设计广场与"邻居"798艺术区在影响力和关注度上仍存在很大差距，751设计广场并没有将自身存在的文化潜力发挥到最大，其商业模式和营销策略仍然具备很大的开发空间。

笔者基于798艺术区与751设计广场的比较研究，分析二者在园区定位、文化内容、发展路径、商业模式、营销策略等方面的不同，并据此分析二者各自的优势与不足，从而相互借鉴。针对两者提出各具特色却又彼此联系的发展建议，既有利于798艺术区在新时期迸发新的发展活力，也可以帮助751设计广场学习798艺术区的营销策略，进一步发掘资源，提升国内外影响力，从而形成二者各具特色又相得益彰的文化生态环境，进一步促进北京市文创产业园区与文化产业的发展。

## 二、研究文献述评

本文所用的研究文献主要来源于"中国知网"，以"798艺术区""751时尚设计广场""工业遗产""文创园区""文化产业商业模式""文创园区营销策略"等作为关键词检索相关文献得到下列数据。首先，以"798"为关键词得到的学术关注度较多，见图1。以"751"为关键词进行搜索得出的文献基本是对"751设计节"的采访与介绍，并未得到与本研究主题紧密相关的文献，"751"得到的学术关注度并不高。以"工业遗迹"和"文创园区"为关键词进行搜索得出的研究趋势分析我们可以看到自2009年以后研究数量逐步增长，开始得到较大的学术关注度，见图2。以"文创园区的商业模式"为关键词搜索，无法得到契合主题的文献，笔者因此选择从"文化产业"这个更宏观的角度进行搜索以为本研究提供借鉴。由"文化产业商业模式"和"文创园区营销策略"为关键词进行搜索得出的研究趋势分析，我们可以看到，学术界对这二者的研究相对来说一直保持在一个不错的研究热度，见图3、图4。

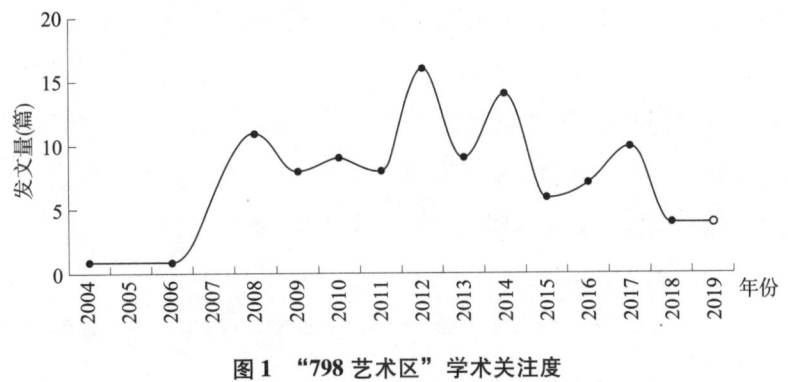

**图1 "798艺术区"学术关注度**

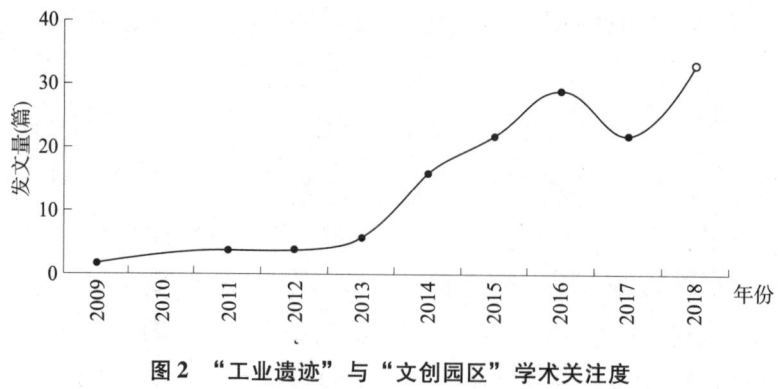

图2 "工业遗迹"与"文创园区"学术关注度

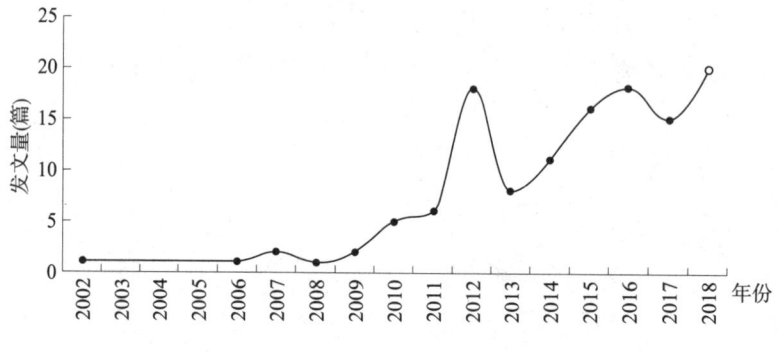

图3 文化产业商业模式学术关注度

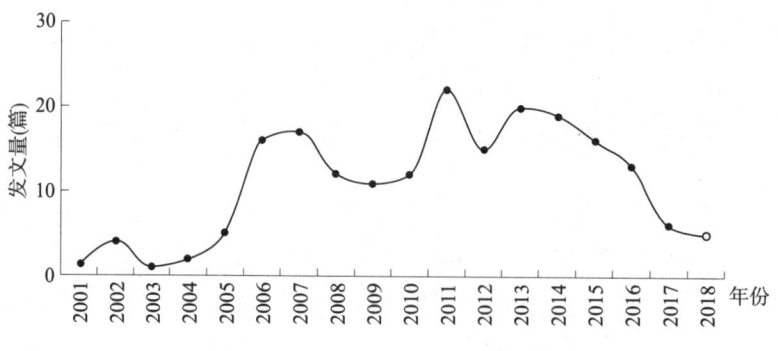

图4 文创园区营销学术关注度

从"798"和"751"两个研究主体来看，目前对于798艺术区的研究方向主要在于分析其成功的原因，从而为其他文创园区提供建议；而有关751设计广场的研究较少。石兴（2018）认为，798艺术区的租金价格和地理位置优势是促进其成功的主要因素。根据798的经验，威海市佳润文化产业园要从规划性、识别性入手，引进相关文化创意人才，避免趋同的情况出现。❶ 任禹丞（2017）根据赤峰市的文

---

❶ 石兴，冯小楠. 北京798艺术区发展对威海市佳润文化创意园区的启示 [J]. 现代经济信息，2018 (19)：495.

化概况认为，应当打造赤峰市798文化创意产业园区，应遵循历史与现实交汇融合的方式，注重地理位置和交通的便捷性，深度发掘历史文化内涵，汇聚文化创意产业。[1] 张玉华（2017）从艺术空间、文化空间、交易空间、消费空间、服务空间几个方面将798艺术区与南宁唐人文化园进行了比较研究后认为，相较之下唐人文化园的艺术空间狭小，缺乏群众参与性和体验性，且交易空间过大、服务空间不足、消费空间层次低。[2] 丁炜（2017）以798为例对山东省中小城市文化产业发展提出建议，他指出要为地方艺术家打造艺术展示平台，并建立一系列配套服务设施，引进各种艺术培训机构。[3] 黄欢（2017）以798艺术区为例指出，目前文化产业园区发展存在缺乏文化产业专业人才、文化创新意识薄弱、产业结构不合理等问题，应调整政策、协调产业链、引进人才。[4]

在基于798自身发展的研究中，李欣然（2017）将798艺术区的发展道路总结为"艺术家集聚引起政府重视并加以规范引导，园区名声大噪引进更多商业机构，在市场的选择下留下了具有经济实力的商业机构"，但这也导致了艺术区文化效益与社会效益的削弱。[5] 谭乔西（2018）运用"扎根理论"对798艺术区的游客感知评价情况展开了研究，通过开放式、主轴式、选择式三层编码，认为游客对798艺术区的正面评价高于负面评价，但存在管理混乱、交通不便、价格偏贵等问题，需要从文化内涵、园区管理、园区规划等几个方面加以改进。[6] 胡琳（2018）对798艺术区的品牌营销策略进行了研究，认为798艺术区的品牌传播主要包括媒体传播、行为传播和借势传播三个方面，并存在定位模糊、存在矛盾、传播内容缺乏特色、新媒体传播应用率不高等问题。[7]

北京市751时尚设计广场副总张军元与文化创意办公室主任严明丹（2016）指出，751作为一个设计园区，有"北京国际设计周"期间的751设计节、中国国际时装周、中国大学生时装周等专业领域的重要活动作为每年的保留项目，还引入了

[1] 任禹丞. 打造赤峰文化创意产业集聚区初探——以北京798艺术区为例 [J]. 赤峰学院学报, 2017, 38 (7): 86-90.
[2] 张玉华. 南宁唐人文化园的空间结构体系及其优化——基于与北京798艺术区的比较 [J]. 山西高等学校社会科学学报, 2017, 29 (8): 98-102.
[3] 丁炜. 山东文化旅游产业下中小城市艺术产业发展新机遇——以北京798艺术区为例 [J]. 大众文艺, 2017 (13): 282.
[4] 张晓翠, 黄欢. 文化创意产业园区发展的前景及对策研究——以北京798艺术区为例 [J]. 中国商论, 2017 (17): 123-124.
[5] 李欣然. 在曲折中发展的798艺术区 [J]. 美与时代（城市版）, 2017 (9): 96-97.
[6] 谭乔西. "扎根理论"视角下的文化产业园游客感知评价研究——以北京798艺术区为例 [J]. 兰州大学学报（社会科学版）, 2018, 46 (3): 70-82.
[7] 胡琳. 北京798艺术区品牌传播策略研究 [D]. 石家庄: 河北大学, 2018.

奥迪中国、荣麟国际等知名品牌进驻园区，这两点是 751 设计广场的主要商业模式与营收来源。在经年累月地陪伴设计师成长的过程中，751 也建立了一支专业的文创服务队伍，由他们对整个园区进行发展战略与商业模式规划、市场营销与推广等。●

　　基于"798"和"751"两个研究主体，笔者认为，应从主体和内容两个方面入手进一步探讨文创园区的建设与发展。从主体入手应主要探讨"工业遗迹改造成文创园区"的相关问题；从内容入手则要抓住文创园区的商业模式和营销策略两个关键点。

　　在主体层面，荣树云（2017）认为，798 艺术区在商业和艺术相遇的时候，商业层面会使艺术被推入一种更加复杂的关系中，运营者必须对艺术园区的核心价值进行精确定位与保护，以园区内经典的艺术符号为核心打造具有园区特色的商业模式，整个社区的平衡点与核心价值才不会受到破坏。● 上海房地产研究院专题组（2017）对上海市文创产业园区的现状和问题进行分析，认为其新兴业态发展不足，商业模式单一且缺乏持续性。创客空间等新兴业态主要停留在地产模式，仍是以出租空间为主，盈利模式也主要依靠租金收入。所谓的孵化功能、公共服务，仍是噱头大于实质。● 李玉秀（2017）指出，文化创意已被纳入台湾六大新兴产业之一，产业群聚化是文创园区发展的必然趋势，通过群聚可以人力、资源、信息共享并提高创新能力，有助于产业经济提升，打造园区核心竞争力。园区战略规划与商业模式打造应从文化品牌和文化消费两个方面进行，以激发文化创意与经济生产效益的文化产业群聚，提供给消费者文化体验的互动平台为目标，将创意人才群聚化作为文创园区的核心竞争力。● 潘冬东（2017）通过对福州旧厂房改造文化产业园区的发展研究，提出该种业态的文创产业园应从文化休闲商业、文化旅游与展览、创意产业集聚办公三种形式进行商业活动。● 张乔棻和柴彦威（2017）以台北松山文创园区为例进行研究，认为以工业遗迹为基础进行文化创意产业的开发与营销应该充分考虑原有遗址的特性与风格，古迹保存与空间功能置换、采用公私合作的 BOT模式是一种很好的方法，可为文创园区打造商业模式提供借鉴。● 陈畅（2014）认

● 张军元，严明丹. 751 与中国当代设计十年［J］. 装饰，2016（9）：24 – 29.
● 荣树云. 798 艺术区田野调查报告［J］. 美与时代（城市版），2017（3）：69 – 70.
● 上海文化创意产业园区现状和问题分析［J］. 上海房地，2017（7）：31 – 35.
● 李玉秀. 产业群聚化：台湾文创园区独特建构特征［J］. 中国外资，2017（23）：60 – 62.
● 潘冬东. 福州旧厂房改造文化产业园区发展研究［J］. 福州党校学报，2017（1）：75 – 80.
● 张乔棻，柴彦威. 台湾工业社区再利用之经验与启示——以台北松山文创园区为例［J］. 地域研究与开发，2017，36（05）：69 – 74.

为，每个园区在空间利用、环境塑造、景观特征上都形成独特的气质，主要发展方向和商业模式规划要根据这些气质塑造一些差别，但对于现代艺术与历史工业厂房的结合是这些园区的共同特点。根据原有厂区的权属情况选择适当的管理者和商业模式，也是园区成功的关键。❶张晓翠（2017）认为，文创园区的发展应该加强产品的创新与人才的引进，在人才和产品的基础上打造商业模式，进行推广营销。❷

在内容层面，首先，在文化产业的商业模式方面，陈柏福（2017）认为，在互联网背景下，文化产业在制定商业模式时要把握共享经济趋势，优化供需双方结构，扩大文化要素使用效能，细化需求市场，减少中间环节，优化流转效能。❸柏定国（2012）认为，商业模式有 4 个主要方面，分别是客户、提供物、基础设施和财务生存能力，文化产业商业模式的优化要从客户洞察和创意构思两个方面入手。❹徐文明（2017）认为，融合文化是对互联网时代文化变迁的一种范式描述，是产业发展特别是商业模式创新的重要参照。融合文化的本质在于文化消费者与生产者的权力结构发生变化，在文化消费层面表现为个性化、社会化、生产化和跨媒体化四个趋势。❺陈亚民（2010）认为，文化产业商业模式的制定要分别经过五个步骤，即确定价值目标、明确目标群体、构筑商业模式内部与外部运作体系、建立有效保护利润的制度屏障。❻沈修庆（2017）以丽江雪山小镇为案例进行研究，指出文化产业的商业模式是以客户体验为中心的经济的新时代来临的重要体现，也是中国创意产业向创意经济跨越的关键。❼

其次，在文创园区的营销策略上，王继欧（2017）认为，"互联网＋"才能实现价值的最大化，中国文化园区如何结合互联网信息技术，整合各新兴渠道手段开展营销，全面提升园区品质服务，打造具有国际竞争力的品牌园区，成为未来行业发展变革的重要挑战。❽余学志（2015）以体验经济为视角对文创园区的营销策略

❶ 陈畅. 台湾文创园区营运模式对工业遗产保护利用的启示［A］. 中国城市规划学会. 城乡治理与规划改革——2014 中国城市规划年会论文集（08 城市文化）［C］. 中国城市规划学会：中国城市规划学会，2014：15.

❷ 张晓翠，黄欢. 文化创意产业园区发展的前景及对策研究——以北京 798 艺术区为例［J］. 中国商论，2017（17）：123 - 124.

❸ 陈柏福，杨辉. "互联网＋"背景下文化产业商业模式研究［J］. 湖南商学院学报，2017，24（3）：23 - 32.

❹ 柏定国，陈鑫. 论文化产业的商业模式［J］. 福建论坛（人文社会科学版），2012（10）：49 - 55.

❺ 徐文明，吴倩. 融合文化与互联网文化产业商业模式创新［J］. 齐鲁学刊，2017（6）：96 - 102.

❻ 陈亚民，吕天品. 文化产业的商业属性及商业模式［J］. 商业研究，2010（3）：153 - 157.

❼ 沈修庆，钟逸. 文化产业商业模式研究——以丽江雪山艺术小镇为例［J］. 旅游纵览（下半月），2017（4）：181 - 182.

❽ 互联网时代的企业会展营销［J］. 纺织服装周刊，2017（19）：38 - 39.

进行研究，认为体验营销较传统营销相比有着巨大的优势，是顺应体验经济这一时代潮流的表现。❶ 郝容（2015）认为，文创园区推行"微"营销策略，在用户需求基础上制定微营销战略能将线上、线下完美结合，吸引更多机构与潜在客户。❷

综合上述，笔者认为，国内学术界对于工业遗迹发展而成的文创产业园具有较高的研究热度，尤其是具有典型意义的 798 艺术区成为研究的焦点；但将 798 艺术区与其他艺术区联系起来研究时，往往局限于学习 798 的经验，而不是将二者放在平等的位置上、为促进二者的共同发展进行比较研究。对于文化园区如何发展的问题已经取得了一定的研究成果，但大部分文献只局限于一个方面，少有文献能涵盖多个维度展开论述，尤其是文创产业园的营销战略与商业模式两个最重要的维度。

## 三、798 艺术区与 751 设计广场的基本情况

### （一）798 艺术区的基本情况

798 艺术区位于北京朝阳区酒仙桥街道大山子地区，又称"大山子艺术区"，为原国营 798 厂等电子工业的老厂区所在地，当前属于七星集团所有的 718 大院。798 艺术区园区面积约为 60 万平方米，建筑面积约 23 万平方米。从 20 世纪 90 年代开始，因为 798 地区地理位置优越、交通便利，且区域内有大量保存完好、历史积淀厚重的包豪斯建筑以较为低廉的租金出租等原因，开始有一部分艺术家进驻 798。2002 年，徐勇的"事态空间"成立，美国人罗伯特在 798 建立"八艺时区"，开书店、东京画廊的入驻以及随后的"798 再造"等活动，使 798 艺术区开始进入大众的视野，这些入驻者也开始尝试将 798 建设成为艺术的殿堂。经过与七星集团的博弈，2004 年，人大代表李象群提出了《保留一个老工业的建筑遗产，保留一个正在发展的艺术区》的议案，呼吁从政策上对工业遗产和文化产业提供支持；2007 年 3 月，798 艺术区建设管理办公室成立，使一直处于自由发展状态的 798 终于走上了"正轨"。

经过十几年的发展，如今 798 已逐渐发展成为画廊、艺术中心、艺术家工作室、设计公司、餐饮酒吧等各种空间的聚合，形成了具有国际化色彩的"SOHO 式艺术聚落"和"LOFT 生活方式"。"798"也已演化为一个文化概念，对各类专业

---

❶ 余学志. 体验经济视角下品牌展会营销策略探究 [J]. 商场现代化，2015（2）：64 - 65.
❷ 郝容. 微时代背景下的展会营销探究 [J]. 现代营销（下旬刊），2015（6）：53 - 54.

人士及普通大众都产生了强烈的吸引力，并成为北京市现代艺术的新地标，在城市文化和生存空间的观念上产生了不小的影响。798 艺术区被美国《时代》周刊评为全球最有文化标志性的 22 个城市艺术中心之一，也正是因为 798 的存在，北京于 2004 年首度入选《新闻周刊》年度 12 大世界城市，并被列入美国《财富》杂志一年一度评选的世界有发展性的 20 个城市之一。

（二）751D·PRAK 时尚设计广场的基本情况

751 北京时尚设计广场位于朝阳区酒仙桥路 4 号，占地面积 21 万平方米，建筑面积 13 万平方米。园区采用政府引导，规划先行的方式，实现产权方与专业机构战略合作，自行投资改建运营引导模式转型升级。

园区原为北京正东电子动力集团有限公司（原 751 厂）下属的煤气厂。2003年，煤气生产线退出运行，并进行厂区空间和产业发展整体规划，改造转型升级发展文创产业，以时尚设计业态为主，立足高端，引入中国服装设计师协会战略合作；2006 年改造完成并投入使用。园区以时尚设计为主题，以服装服饰设计为引领，致力于发展创意设计、产品交易、品牌发布、展演展示、时尚体验等产业内容，推动以时尚设计为核心，并涵盖多门类跨界设计领域的创意设计产业发展。目前，园区引进了中国服装设计师协会及郭培、刘薇、王晓琳、曾凤飞、武学伟、武学凯等一批"中国十佳服装设计师"工作室及相关时尚设计类知名文化创意企业150 家，年度国际会展及新品发布活动达到 500 场，形成了以设计为主题的国际时尚文化交流平台。

目前，751D·PRAK 时尚设计广场正式名称为"迪百可文化发展责任有限公司"，为正东集团的子公司。依靠正东集团众多能源服务业务板块，园区用能源反哺创意，用能源服务板块的利润补贴创意产业，为设计师们提供租金等方面的优惠。751 时尚设计广场是 751 设计节、中国国际时装周、中国大学生时装周等专业领域的重要活动的场地的赞助者，更是活动的组织者、服务者以及主办方和策展方。"北京 751 国际设计节"已发展成集展览、论坛、活动（市集、工作坊、开幕式、设计之夜和其他体验式活动等）于一体的大型系列活动，累计吸引了近 200 万人的业内人士与普通游客参观。此外，751 还引入了奥迪中国、荣麟国际等知名品牌进驻园区，以时尚设计、办公、产权交易、艺术家酒店、演艺娱乐为主要产业内容，成为北京市知名的时尚设计产业聚集区。

## 四、798 艺术区与 751 时尚设计广场的比较分析

### （一）基本情况比较

根据前文所述，笔者将 798 艺术区和 751 时尚设计广场的基本信息情况归纳如下。

**表 1　798 艺术区与 751 设计广场基本情况比较**

| 维度/主体 | 798 艺术区 | 751 时尚设计广场 |
|---|---|---|
| 成立时间 | 2002 年前后 | 2007 年 |
| 园区面积（万平方米） | 60 | 21 |
| 建筑面积（万平方米） | 23 | 13 |
| 园区所属单位 | 七星集团 | 正东集团 |
| 管理机构 | 798 艺术区管理委员会 | 迪百可文化发展公司 |
| 园区建筑特色 | 包豪斯建筑群 | 大量工业设施遗迹 |
| 园区知名入驻商户 | 事态空间、"八艺时区" 书店、东京画廊等 | 奥迪中国、荣麟国际、大众设计等 |
| 园区知名活动 | 798 艺术节 | 751 设计节 |

从表 1 我们可以看到 798 艺术区较之 751 时尚设计广场，无论是从建园时间还是园区规模上都具有较大的优势，这也是目前 798 的影响力远远大于 751 的原因之一。二者都是在政府支持下，以工业遗迹为基础发展起来的文化园区；在近些年的发展过程中，两个园区都吸引了大量有实力、有特色的品牌企业、艺术家工作室入驻，并打造了具有一定影响力的园区品牌活动。

但从二者的管理主体及园区特色来看，二者存在着很大的不同。首先，798 艺术区和 751 时尚设计广场虽然都属实力雄厚的国有企业所有，但二者管理机构的性质却截然不同，而这是由二者成立过程的不同导致的。798 艺术区是由入驻的艺术家自发组织起来发起 "再造 798" 运动，是在与园区所有者七星集团的博弈过程中得到政府支持而成立的，最终北京市朝阳区政府成立了 "798 艺术区管理办公室"（后改名为 "798 艺术区管理委员会"）来管理 798 艺术区，七星集团只拥有场区的所有权，可以获得场地租金，但不再拥有管理权限。而 751 时尚设计广场是在政府提出相关保护政策后，由正东集团主动做出转型，成立子公司——迪百可文化发展公司负责园区的管理运营。进一步说，798 艺术区管理委员会是 "跳出" 七星集团，由官方

成立的、带有一定社会效益的管理机构；而迪百可文化公司则是 751 场区所有者——正东集团的全资子公司，是以盈利为主要目的的商业机构。

此外，二者虽只有一街之隔，却有着截然不同的园区特色。798 艺术区内以保存完整的包豪斯房屋建筑为主，适合各种类的艺术家工作室入驻使用；而 751 的风格明显更加"粗犷壮美"，与 798 以包豪斯建筑为主要风格不同，751 留存了大量裂解炉、巨型储气罐和锅炉群以及经过时光沉淀的铁路专用线、输煤带、大型吊机等工业设施，其本身的房屋建筑面积较小。二者在园区特色上的区别还体现在引进商户类型的不同上，798 艺术区入驻的多为规模较小的艺术家工作坊，而 751 设计广场则吸引了众多大体量、大规模的知名企业入驻。

综上所述，798 艺术区和 751 时尚设计广场虽然存在众多相似之处，但二者在管理机构和园区特色上的区别，意味着二者在运营主体和文化内容这两个最重要的层面上存在着本质差异。正因如此，二者才会在园区定位、发展路径、商业模式等各个方面走上了截然不同的道路。

(二) 园区定位比较：现代艺术地标 VS 时尚设计工厂

由于管理主体和文化内容的不同，使得 798 艺术区和 751 设计广场在发展历程中获得了不同的园区定位。如今，798 艺术区已经成为北京市现代艺术的新地标，它既是北京市艺术创作的重要阵地，更是北京市展示其城市魅力的高端旅游经典；751 设计广场则紧紧抓住"时尚设计"这一主题，深耕设计行业，成为业内的重要平台。

1. 798 艺术区：从"再造 798"到"国民 798"

作为北京市第一个获得政府支持的文创园区，798 艺术区是北京市发展最早、规模最大的艺术园区。作为工业遗迹改造成为文创园区的先驱，早在其正式成立之前、在入驻园区的艺术家和七星集团博弈期间，它就广泛吸引了海内外艺术爱好者的目光。在其正式成立之后，各个领域内具有影响力的先锋艺术家们纷纷入驻园区内的包豪斯建筑，艺术家的"扎堆效应"和"名人效应"不断凸显。这些艺术家创作的艺术作品充满着对现实生活独特、个性的反映，使相当一部分人产生了观看、揣摩、购买的兴趣和爱好。同时这些包豪斯建筑既是艺术家们进行艺术创作的理想工作室，也因为其高大、墙体厚、采光好、保暖性好、古朴、墩实的特点，在艺术家们对厂房的原生态装修之后，使得厂房的建筑特点更为突出，对游客更有吸引力。

正是依赖以上原因，798 艺术区接纳了越来越多前来参观的中外游人，呈现了持续火爆的局面。798艺术区管委会作为官方的管理机构，也开始有意将798打造成具有一定社会效益的大众艺术区。同时798艺术区也不断引入新业态，餐饮业和各种商铺如雨后春笋般涌现，进一步提高了受众接受度。如今，798艺术区虽然仍是北京市重要的艺术创作基地，但已不可能重新成为当年"再造798"时纯粹的艺术创作基地，而是作为北京市现代艺术的地标，以一个高端旅游景点的身份向世界展示北京这座城市开放与包容的文化心态，并成为普通公众接触艺术的重要窗口。

2. 751设计广场：紧跟"时尚"潮流，深耕设计行业

751设计广场一方面规模较小，且并无适合的条件引入大量艺术家工作室，像798艺术区一样通过艺术与包豪斯建筑的结合吸引大量游客；另一方面，751设计广场拥有的大量烟囱、储气罐、锅炉群、吊机等造型粗犷、别具美感的工业设备遗迹是天然的时尚造型背景地。因此，迪百可文化公司选择了"时尚设计"这种艺术形式作为园区发展主题，在设计行业领域内不断扩大自己的影响力。迪白可文化公司是以盈利为目的的商业机构，它不会将751设计广场发展成为像798艺术区一样成为国民皆知的艺术地标，但它会通过深耕设计行业，不断扩大自身在业内的影响力，提高经济效益，最终成为中国设计行业展示自己、发展自己的重要平台。

3. 总结分析

总结来说，798艺术区因为提供文化内容对大众的吸引和管理主体的引导，在成为涉及现代艺术各个领域的艺术创作园区的同时，也成为了吸引大量游客的知名旅游区，它的受众既包括艺术爱好者，也包括普通游客；园区内已经形成了丰富的业态结构，这既是它进一步吸引游客的原因之一，也是游客大量增多的必然结果。751设计广场则因为其自身规模、建筑特色等原因，成为专于时尚艺术设计一个领域的文化公司，同时也是设计行业内的重要平台；它的受众以设计行业相关人员为主，园区内的业态也以设计公司或知名品牌的设计部门为主，辅以少量的餐饮服务业。

表2　798艺术区与751设计广场园区定位比较

| 维度/主体 | 798艺术区 | 751时尚设计广场 |
|---|---|---|
| 性质 | 艺术创作园+高端旅游区 | 文化公司+设计平台 |
| 领域 | 现代艺术各个领域 | 时尚设计 |
| 受众 | 艺术爱好者+普通游客 | 以设计行业从业人员、爱好者为主 |
| 业态 | 艺术工作坊+大量餐饮业、商铺 | 设计公司（部门）为主 |

（三）发展路径比较

798 艺术区与 751 时尚设计广场在园区定位上的不同主要是由二者所提供不同的文化内容造成的，而二者在发展路径上的不同，则主要是不同的管理主体依据不同的园区定位导致的。

798 艺术区管理委员会是官方的管理机构，但 798 艺术区内众多的入驻商户彼此独立，各负盈亏，它们与管委会共同构成了一个较为松散的园区管理模式。在这样的情况下，798 艺术区需要保证自身影响力，通过对园区的进一步设计与规划既要留下具有艺术生命力的入驻者，又要进一步满足游客需求，平衡二者的矛盾，让798 继续向"高端"的道路迈进，最大限度地发挥艺术创作和展示的社会效益。而751 设计广场的运营主体是文化公司，所以 751 的发展目标就是盈利，整个园区是企业性质的文产聚集地，它不断通过商业模式和营销战略的创新促进发展，以提高经济效益。

## 五、商业模式比较：商业与艺术的博弈 VS 在商言商

在对宏观的园区定位和发展路径进行比较后，我们再通过比较 798 艺术区和751 设计广场的商业模式，对二者发展过程中的微观层面进行分析。

（一）798 艺术区：商业与艺术的博弈

前文提到 798 艺术区是由管委会和各入驻机构构成的松散的园区组织，由于入驻机构的独立性、管理主体的官方性质，除一年一度持续举办的 798 艺术节，管委会基本上不会设计、组织一系列商业活动，而是由各入驻机构独立经营，自负盈亏。在这种情况下，管理主体与各商户就只存在一种商业上的关系——租金的收取和缴纳。若只以管理主体——管委会的角度来讲，这就是 798 艺术区的商业模式，也是管委会追求扩大艺术区社会效益的表现。

但管理主体不开拓其他的商业模式并不代表其对商业的不重视。近些年来，各种餐饮企业、商铺的涌入使得 798 艺术区的游客数量大增，这些入驻者创造了更大的经济效益，随着 798 艺术区知名度越来越高，直接导致了租金的不断上涨，这就挤压了艺术机构的生存空间。在市场的选择下，只有经营状况良好的艺术机构才能留在 798，不至于被其他后来入驻的商业机构驱逐出去。但反过来讲，正是由于这些艺术机构的存在，798 才能成为 798。这是艺术区内商业和艺术的博弈，如何找

到一个平衡点，是影响798今后发展的决定性因素。

（二）751设计广场：在商言商

不同于798艺术区，751设计广场作为文化公司性质是以经济效益为主要目的的，为其自身发展制定了一系列商业模式战略。笔者根据实习时的了解和对相关领导、同事的访谈，将目前751D·PARK时尚设计广场的商业模式总结如下。

1. 总体战略

751设计广场的发展战略主要有以下四个步骤。

第一阶段：此阶段为园区创意产业的培育期。主要任务是：完成总占地面积55 998平方米的园区建设，以2008年北京奥运会为契机，做好751时尚设计广场的初期建设与基础配套工作，使园区快速形成以时尚设计为主题的创意产业集聚区。

第二阶段：此阶段为园区创意产业的成长期。主要任务是：完善总占地面积71 108平方米的园区建设，形成时尚设计类"产业集聚效应"，以时尚设计、办公、艺术家酒店、演艺娱乐等为主要产业内容。

第三阶段：此阶段为园区创意产业成熟区。主要任务是：完善园区的产业链结构，增强主产业的产业竞争力，形成国际级的时尚产业规模。

最终目标：将751设计广场建成国际级时尚基地和国际级服装服饰展示交易中心，使751D、PARK成为时尚界和设计界的国际级"晴雨表"。❶

2. 具体商业模式

751设计广场的起始资金主要来自其总公司——正东电气的资金支持，部分资金来源于自身营业收入。其主要盈利模式如下。

（1）举办品牌活动，获得相关收入。经过近10年时间的沉淀，依靠在业内积累的人脉资源，751时尚设计广场会通过举办751国际设计节、大学生时装周等具有一定知名度和影响力的品牌活动来获得营收。该部分营收主要由以下几部分构成：通过举办体验式活动向公众收取门票等费用；与参展商合作举办相关活动，与参展商进行门票等盈利分成；需找合作商，获得赞助等。

在品牌活动期间，751设计广场自己举办或与参展商举办的活动包括市集（持门票进入）、售票式展览、体验式工作坊等，单价一般在30—200元不等，视具体情况而定；盈利分成比例也要视具体合作情况而定。合作商提供赞助一般不会以现金形式发放，而是提供免费住宿餐饮服务、活动奖品等。这样做虽然不能给751带

---

❶ 黄德荃，赵华. 老树新枝——D·PARK751北京时尚设计广场［J］. 装饰，2009（4）：71－77.

来直接收入，但也可帮助主办方节省一笔较大额度的开支。

（2）收取场地租金。该模式是751设计广场目前最重要的盈利模式。依靠园区独特的建筑风格与工业化气质，751吸引了奥迪中国、上海大众集团、荣麟家居等知名品牌进驻园区，另外还包括小柯剧场、ACE机车主题西餐厅、植物园餐厅等极具特色的演艺、餐饮服务提供商也入驻园区。笔者在向相关人员询问园区内的企业租金情况时，受访者虽未透露具体的金额，但表示引进的企业与园区的气质相融，既提高了整个园区的格调，也给751带来了一笔较为可观的租金收入。另外，在品牌活动举办期间，一般情况下参展商进驻园区参加展览也需要向751支付场地租借费用。以751国际设计节为例，除了某些受邀前来的知名设计师和设计品牌，设计节期间参加展览的参展商一般要缴纳10 000～200 000元的租金，并且还要缴纳30 000～50 000元的押金。

（3）其他形式的营收。除去以上两个最重要的收入来源，751设计广场还有其他一系列形式的营收项目。如开办设计品商店，售卖高档设计品；依靠独特的场地优势开发摄影业务，与摄影公司、服饰商家等开展合作，作为其摄影场地提供方；吸引、接待有组织的业内人士或游客参观，获取一定费用等。

3. 751设计广场商业模式总结

基于以上内容，笔者将751设计广场目前商业模式的运作机制总结如下。

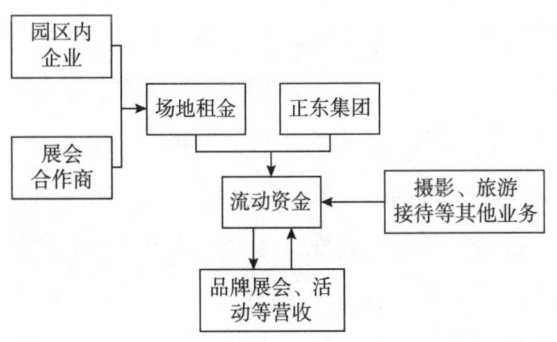

**图5　751设计广场商业模式运作机制图**

首先，751设计广场通过自身商业模式带来的营收来自上文所提到的三个方面，即场地租金（包括在常驻园区内的企业和临时租赁园区场地的展会等活动的合作商）、品牌展会、活动等的营收与摄影、旅游接待等其他业务。其中，场地租金是最重要的收入来源，但笔者认为该部分收入主要收取较大数额的场地租金，以充分发挥工业遗迹"余热"，也是正东集团设立园区的主要初衷；另外，751设计广场举办品牌展会、活动等会获得一定的营收，但举办这些活动也需要付出高额成本，因此这项营收与 751 的资金是一种双向流动的关系。

其次，这三方面的营收虽然是 751 设计广场用来维系园区各项开支、开展各项工作的流动资金的主要构成部分，但就流动资金而言，来自总公司——正东电气集团的资金支持同样必不可少。

最后，从 751 商业模式的运营结果来看，751 设计广场的财务部门主要负责与正东集团对接，上交营业收入，并从正东集团获得资金来满足开支和各项工作的需求。但上文指出，751 设计广场的流动资金除三项营收来源外仍需正东集团给予资金支持，这说明以 751 目前的营收状况是无法实现自给自足的，若无正东集团支持，751 设计广场将处于亏损状态。这一点笔者通过与相关对象访谈也得到了证实。从目前的状况来看，751 设计广场的商业模式设计与实施仍有很大的改进空间。

（三）总结分析

在商业模式的设计与规划上，751 设计广场更具明显的优势。作为商业性质的文化公司，其对经济效益的追求和企业形式的紧密系统可以助其作出纯粹的商业模式设计，并以较高的效率执行下去。而 798 艺术区则无法像 751 那样，为整个园区制定统一的商业模式，这种较为松散的模式也在一定程度上导致了园区内商业环境的混乱。

798 艺术区和 751 设计广场都将场地租金的收取作为重要的收入来源，但相比之下，751 设计广场为整个园区规划了更多的商业模式；751 能把整个园区作为一个主体开展商业活动，这是 798 艺术区无法做到的。但在具体的商业效果上，798 艺术区的商业模式虽然单一、不够完善，且呈现了一系列问题，但却可以凭借其前期的积累和影响力获得持续的经济效益；而 751 设计广场虽然制订了明确的商业计划，但因为 751 设计广场还处于初步发展时期，在单一的文化市场中也要不断面临新困难、新挑战，在该商业模式下想达到的商业效果还未完全实现。

## 六、营销战略比较

798 艺术区和 751 设计广场在营销效果上的差距，是二者影响力不同的主要原因。751 设计广场虽然对园区，尤其是品牌活动制定了一系列专门的营销战略，但相较 798 艺术区未形成成熟的运作体系。798 艺术区所运用的品牌营销战略对 751 设计广场在内的众多文创园区都具有很强的指导意义。

（一）798 艺术区：综合三大营销战略，扩大品牌影响力

798 艺术区对于 798 品牌的营销，是如今 798 能有对公众影响力的重要原因。品牌传播策略一般由传播主体制定并实践，因此需要传播主体根据阶段性特征充分利用园区资源调动不同的传播手段进行品牌传播的开展。● 798 艺术区综合运用了媒体传播、行为传播和借势传播三大策略，在此之下形成了成熟的品牌营销体系。

1. 媒体传播战略

互联网时代受众接触的信息渠道更广，媒体传播也较从前更加快速而准确，受众受媒体影响更大。利用媒体进行信息传播是当代品牌传播策略的重要手段。798 艺术区主要通过新闻报道传播、自媒体下信息传播、媒体组合传播三种战略开展媒体战略传播。

在新闻报道传播中，798 艺术区擅长以精准报道和品牌精神传达为切入点的宣传类信息引起受众兴趣。关于 798 艺术区的新闻报道主要有以下两种：一是 798 艺术区自身出发，主要是 798 艺术区园区推介及园区内部发展陈述等；二是关于 798 艺术区活动报道，宣传介绍艺术区要举办的大型活动及新店开张等。

在自媒体下信息传播中，798 艺术区通过自媒体"原创内容"的个性化传播，以获得话语权来影响受众的认知和行为。北京 798 艺术区的微信公众号及其论坛经常发布个人展评及观展感受；除官微以外，798 艺术区也注重通过个人帐号进行个性化信息的散布与传播，如通过微博、微信朋友圈、博客等发表游玩攻略、街拍照片、体验感受等个人亲身体验性信息和自主拍摄的视频，引发受众好奇和兴趣，从而达到品牌传播目的。

以前两种传播策略为基础，798 艺术区通过利用多种不同形式媒体进行信息传播，实现传播效果多管齐下的效果。798 艺术区主要呈现出以主流媒体报道宣传为主，户外媒体、网络媒体为辅的传播格局。主流媒体关于 798 艺术区的报道多聚焦于其园区发展轨迹及深厚历史韵味的挖掘，还有大型活动报道等角度。园区内部地标、路牌、楼体广告、宣传册纪念品等户外媒体更能直击受众视觉，带来视觉刺激提高品牌感受。除此之外，798 艺术区还通过启用官方网站、官方微信公众号、移动客户端等自媒体进行品牌传播，同时这种自媒体特有的私信功能可以提高用户黏性，这种传播力度较传统报道而言是更为可观的。

---

● 胡琳. 北京 798 艺术区品牌传播策略研究［D］. 石家庄：河北大学，2018.

## 2. 行为传播战略

798 艺术区运用行为传播战略主要是通过举办品牌公共活动，提高受众参与度，达到传播效果。每年 9 月份举办的 798 艺术节是最重要的品牌活动，也是一年一度园区展示的"窗口"。798 艺术节的存在使艺术区成长为一个集艺术性展示、交流、生产与消费的文化基地，并已成为国际化艺术交流的重要平台。798 艺术区还不定期地举办活动，如艺术家艺术品展览、与企业合作的发布会、推介会等，一方面通过展览、论坛等集结艺术界的学术力量，增强 798 艺术区的艺术品位和艺术区地位；另一方面通过节事活动，吸引中外游客参与进来，提高 798 艺术区的影响力，为 798 艺术区带来知名度和持续的人气，从而达到品牌传播的目的。

同时，798 艺术区非常重视受众的体验传播。体验传播可以使人参与进来，以亲身经历提升品牌认知，从而提高对品牌的认同感。在北京 798 艺术区中，互动体验项目多为进驻企业的商业性消费点，或是不定期举行的展览、体验活动。参与性极强的项目能够吸引大批受众，为 798 艺术区带来源源不断的来自世界各地的游览者，有效地进行了品牌传播。

## 3. 借势传播战略

798 艺术区是区域内部最具号召力和影响力的文化符号，依据此优势，798 艺术区可以选择有一定知名度的知名人物、品牌、活动等展开合作，从而借助这些组织或个人获得其受众的关注点偏移，实现自身品牌传播。798 艺术区展开借势传播战略主要通过权威机构互动和"名人效应"。

在与权威机构的互动中，798 艺术区一般在举行大型品牌活动时引入权威机构展开合作，如 798 艺术节由 798 艺术区主办，会引进大量文化机构和企业承办，包括朝阳区文化馆、北京文化发展基金会等。在吸引受众吸引力的同时，权威部门的威信力也会带动园区"品牌效应"，增强园区的社会影响力。

通过"名人效应"展开传播，主要是看重粉丝经济在今天的重要性。从一定程度上说，"名人效应"相当于一种"品牌效应"，其带动力巨大。在品牌传播过程中，园区一方面可以利用名人的知名度来提高自身新闻的曝光度；另一方面，获取名人粉丝情感的关联性偏倚，从而获得更多受众关注。798 艺术区在利用"名人效应"时，注重选择贴合园区定位以及品牌形象的名人及活动，促进了品牌传播内容的一致性。

### （二）751 设计广场：丰富的形式，有限的资源

751 设计广场虽在品牌营销上取得的效果不大，但也推出了"751 设计节"等

具有特色的 751 品牌活动。751 设计广场也有各种形式的营销活动，但受限于掌握资源，无法取得理想的效果。笔者根据在 751 设计节筹备阶段的工作时了解到的情况以及对相关领导、同事的访谈，将 751 设计广场的营销策略总结如下。

**1. 聘请专业公关公司，代理相关业务**

751 设计广场在举办重要活动时聘请专门的公关公司来为主办方制定推广营销战略，在活动举办期间与主办方一道联系与接洽相关媒体，处理紧急事项；并对设计节提供的产品内容与形式进行调研，给出反馈建议。

**2. 寻找合作媒体**

751 设计广场重视媒体的作用，如 751 时尚设计广场会在设计节举办前一个月左右的时间点召开新闻发布会，邀请主办方的合作媒体出席并报道，为活动造势。751 国际设计节的合作媒体主要集中在中国设计网、设计癖、设计之家等设计行业业内网站。

**3. 利用自身官方新媒体**

迪百可文化公司主要负责园区运营的部门——751 文化创意办公室设有媒体组和宣传组，负责 751 时尚设计广场的官网与公众号运营。在相关活动举办之前和举办过程中，这些官方媒体会定期推出活动相关内容、安排、时间等的推送，官方媒体的推送也成为其他合作媒体宣传和公关公司活动的主要内容。

**4.751 行业内部资源与活动参与方**

751 设计广场在设计行业内部的资源也是其进行营销的重要方式，邀请、吸引行业内专业人士合作并得到他们的宣传支持是 751 设计广场立足高端和专业的重要表现。另外，参与园区活动的各方合作伙伴为其活动的宣传也是帮助主办方推广营销的重要手段之一。

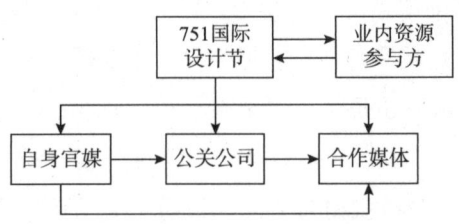

**图 6　751 设计节营销框架图**

以 751 国际设计节为例，751 国际设计节可通过公关公司、自身官媒、合作媒体和业内资源、参与设计界的各方推广营销，其中设计节与业内资源和参与方可起到互相宣传的作用；合作媒体可由公关公司与主办方一同联络接洽；主办部门的媒体组、宣传组不但负责联系和接洽媒体，还要通过官媒推送设计节内容；官媒推送的内容又成为其他几个营销主体开展营销活动的依据。

经过各方的推广宣传，751国际设计节给主办方带来的盈利主要集中于以下四个方面。

（1）参与方缴纳租金。751时尚设计广场是751国际设计节的场地负责方，在一般情况下，参与展览和体验活动的各方需要向751设计广场缴纳一定的租金费用。

（2）盈利分成。参与方在设计节举办期间所获得的收入（如市集商铺收入、场馆内展览附带销售等）可能需要与主办方分成，视具体的合作情况而定。

（3）主办方举办体验活动收费。除去参与各方举办的展览、论坛等活动，主办方每年会根据主体举办一系列体验活动，体验活动会选择性地进行收费。另外，市集等活动的门票收入主办方也会参与分成。

（4）赞助。设计节每年的赞助费用也是维系设计节期间开支的一笔重要收入。

（三）总结分析

798艺术区的营销战略无疑是成功的。对于798这一品牌的营销，798艺术区抓住了时代发展过程中的各个重要因素，综合媒体、权威机构、名人等各方力量。751设计广场在自身的营销上也做出了较大的努力，有798艺术区为范例，751为自己设置的营销方式不可谓不丰富，但受限于自身的资源数量，其号召力和影响力都无法与798艺术区相比，所设置的营销方式也就无法获得预期的效果。

从媒体营销战略来看，798艺术区的合作媒体涵盖主流媒体和大量具有影响力的自媒体，而751设计广场的合作媒体往往来自设计行业内部，在设计行业领域有一定影响力，大众知名度却不足。从行为营销战略来看，798艺术区和751设计广场都推出了具有园区特色的品牌活动，但与798艺术区"全民感受艺术"的影响力不同，751设计节的影响力还是主要局限在业内。从借势传播战略来看，751设计广场与798艺术区的差距更大，考虑到751设计广场目前举办活动的成本规模，798艺术区所能邀请到的权威机构与名人对目前751设计广场来说难以与之建立合作，所带来的传播效果也就大大不同。

## 七、798艺术区与751设计广场的各自优势与存在问题分析

基于以上对798艺术区和751设计广场在园区定位、发展路径、商业模式和营

销战略等维度的比较，笔者将分析二者各自的优势和存在的问题。这些优势和存在的问题是在二者比较的过程中通过与另一方对比凸显出来的，其中有些问题是在分析过程中扩散发展出来的。

（一）798 艺术区的优势

目前，798 艺术区仍然是北京市乃至国内最具代表性和影响力的文化产业园区，与751 设计广场等仍处在初步发展期的园区相比，798 艺术区前期所获得的政策支持，加之地区交通、地理等区位优势，使798 在现在具有无可比拟的影响力和知名度，不管是园区入驻的艺术家，还是与其合作的各方媒体都具有业内顶尖水平，这就保证了798 艺术区只要保持住一定的艺术创造能力，对园区作出进一步规划以适应增多的游客，就能维持其在国内文化园区的领军地位。

（二）798 艺术区存在的问题

1. 商业挤压艺术空间，艺术家大量流失

前文提到，798 艺术区管委会与园区入驻的独立艺术家只保持租金收取这一种商业模式，再加上餐饮服务业、各类商铺等业态和游客的大量增多，园区经济效益提高了，但也使得租金大幅上涨，严重压榨了园区艺术家的生存空间。大批经营状况不是很好的艺术家工作室迫于房租压力，不得不选择离开798 艺术区。这是市场环境选择带来的必然结果，但放任市场淘汰再造798 的园区艺术家，引入更多能带来更大经济效益的新业态，再加之游客数量的不断增多，798 艺术区终将失去它原来的味道，成为商业性质的旅游区。

笔者在之前的走访中对园区的艺术家进行深度访谈，目前还留在园区内的艺术家们无一不对将来的发展前景表示担忧，采访记录如下。与751 设计广场相比，798 艺术区已经不再那么纯粹。

"10 年前，我是独立画室，我在屋里面画画，然后别人可以进来参观我的画，我画我的画，你看你的创作。但是现在不一样了，全部商业了，卖什么的都有，甚至我都不得已加了这些东西，不然没有收入。现在来的都是老百姓，全都旅游来了，'长城烤鸭798'，来的人都和艺术没什么关系。"

"好多真正的艺术家都撤离798 了，我算是能坚持下来的。其实798 里独立的艺术家都很少了，这么大的园区，2%、3% 吧，我也没统计过。……完全的商业区了，独立画廊非常少了。"

"751 规划得不错，至少格局比较整，专注设计。798 这边卖什么都有，小商品一条街，但是没有人呼吁这个事……这些年租金年年提高，我目睹过很多艺术家朋友是被园区直接轰出去的……798 的这种走向是所有人都不想看到的……现在佩斯画廊办花舞森林，票价相当贵，天天排队……这种快餐式的文化，只会让人们对真正的艺术麻木。"

### 2. 新业态带来园区规划压力，园区管理问题凸显

从单纯的艺术创作区域到高端旅游区发展，除了要保持艺术特色、留住艺术家外，也要面临大量新业态和游客涌入给园区之前规划带来的压力。目前，798 艺术区已经感受到了这种压力，主要体现在以下三个方面。第一，是承接上一点，艺术区内的关于艺术空间和商业空间的规划混乱，需要给二者做出明确合理的空间界定才能既保持园区的艺术特色，又提高商业收益。第二，园区在可进入性和交通便利性方面存在问题。作为一个经常有游人参观访问的区域，园区内缺少游览引导图，游客找到各类艺术空间难度大，同时出租车和公交车位置太远，又禁止出租车进入，影响园区交通便利性。第三，园区环境差、卫生差，存在着道路乱、脏、差，绿化、路况不好，垃圾箱数量不足等问题。

## （三）751 设计广场的优势

### 1. 管理主体——拥有资金支持的大型企业分公司

751 设计广场与目前国内大部分文创园区最大的不同就是 751D·PARK 本身就是一个现代文化企业。751 设计广场虽然也是一个文化产业集聚地，但其企业性质决定了它与 798 艺术区为代表的松散管理体制园区存在着根本性的不同。作为一家公司，营利是企业创办的动机和目的，751 设计广场在理想状态下可以高效地调动内部资源与人力投入到商业活动中，联系更加紧密就意味着能提供更多的便利，也意味着更大的创造力与创新能力。

同时，751D·PRAK 时尚设计广场还是知名国企——正东集团的子公司。正东集团作为我国极具活力与实力的知名国企，它既能得到政府的政策支持，又背靠雄厚的资金与经济实力，为 751 自身的发展免去了后顾之忧，让其得以"背靠大树好乘凉"。正东集团提供的支持可以让 751 在相当一段时间内悉心探索适合自己商业发展的道路，在这段发展时期内，751 对盈利的需求就不那么迫切，这也就意味着更大的容错空间。

### 2. 独特的文化资源，多样的文化内容

从事商业活动、打造商业模式要以提供的商品为基础。基于以下两点，笔者认为 751 设计广场凭借其特有的文化资源，可以提供独特而又丰富的文化商品，吸引

大量受众。

（1）独特的工业符号与发展定位　798艺术区是北京的著名景点之一，而751尽管总被误认为是798或其一部分，但它完全是一个独立的存在，其风格明显更加"粗犷壮美"。与798以包豪斯建筑为主要风格不同，751留存着具有历史风貌的裂解炉和巨型的储气罐、锅炉群，经过时光沉淀的铁路专用线、输煤带和大型吊机，承载了工业时代的记忆，往往会给设计师带来更多灵感。而且，园区为适应园区内建筑风格而选择了时尚设计这一精准的发展道路，也与798文青聚集地的风格明显不同。仅仅一条街之隔，参观者就能享受到两种截然不同的艺术风格与特色，这无疑会引导798的游客多迈一步至751，领略其别样的美感。也就是说，751拥有并不逊色于798的旅游资源。

（2）品牌活动内容的丰富性与体验性　在每年的旅游旺季，751设计广场总是能推出不同的品牌活动来吸引大量人群。以最重要的品牌活动——"751国际设计节"为例，经过7年的沉淀，751国际设计节在内容设置上日臻成熟与完善。751将展览、论坛和活动的基本格局固定了下来，每年基本能够保证有来自大约10个国家和地区的40—50家参展机构参与。同时，每年的751国际设计节都有明确的主题和倾向，根据上一年的反馈、行业形势和社会发展，主办方在751国际设计节上提出和倡导某种观念和价值取向。截至2017年，北京751国际设计节已发展成集展览、论坛、活动（市集、工作坊、开幕式、设计之夜和其他体验式活动等）于一体的大型系列活动。展览和论坛每年都会邀请到设计界的大咖前来站台，市集、工作坊各种体验活动也会给参观者带来优质的体验。如在2017年751设计节，为适应本届设计节"为众设计"的主题，主办方特意设置了让普通人感受孕妇、盲人等生活不便利人士的不便利之处，获得广泛好评。

（3）极佳的地理区位优势　751设计广场还拥有极佳的地理区位优势。751坐落在北京著名的商业区之一——望京，这里人口稠密交通发达，最重要的是它与已经成为北京市著名景点的798艺术区毗邻，798吸引的巨大客流量完全可以转化为751设计广场的受众。

（四）751设计广场存在的问题

751设计广场虽然具备以上几项优势，但充分发挥这些优势依然只存在于一个"理想"的状态中，751设计广场与798艺术区相比，在以下五个方面仍有很大的发展空间。

## 1. 文化资源挖掘不足，商业模式缺乏园区特色

751设计广场本身具有极具特色的文化资源，工业风正是时下热门的风格特色，但751却并没有因此收获更多受众，并以此为基础打造出一套极具效力的商业模式。以目前来看，收取场地租金、举办相关活动等都是文创园区较为普遍的盈利模式，但751设计广场的旅游资源也应给予一定程度的利用。而且园区内企业都是通过审核并且认为与园区风格相配才准许进驻的，这两点会让751设计广场产生一种更加独特的气质，因此如何在商业上利用这种气质是751设计广场在内容设计上应首先考虑的重要内容。

## 2. 缺乏专业人才，创新能力欠缺

目前751D·PARK文化公司在部门机构设置上存在较大问题。在公司高层制定了751主要发展战略之后，公司只有文化创意产业办公室一个部门负责相关商业活动的策划与实施（设计品商店也属于该部门），其他部门均为财务部、后勤部、人力资源部等负责企业日常工作，并无专门的市场营销部门。这就导致了751在制定商业战略时的非专业性，制定商业模式前缺乏市场调研，实行商业模式前缺乏对其有效性与盈利性的科学论证，也极少有相关的创意人才能提出创新性的点子。

## 3. 管理模式僵化，效率低下

企业性质的主体本是751的最大优势之一，但与798各工作室自行举办活动不同，国企长期以来的弊端降低了效率，最终使商业和营销效果大打折扣。领导的建议往往占到太大的比重，主要负责部门——文化创意办公室举行商业活动时需要层层上报，不同层级的领导反复把关，最终导致效率的低下，一份方案或者合同要经过数次的修改与签字。

## 4. 行业资源有限，"品牌效应"不足

首先，751设计广场以"设计"作为关键词，所开展的商业活动也主要与设计领域有关，如国际设计节、时装周等。但在业内，751所掌握的行业内部资源不足以接触到业内最顶级、最广泛的相关人士，这也与团队本身的专业性存在关联。具体来讲，举办这些活动虽然在租金、盈利分成、体验活动收费、赞助等多种方式给751设计广场带来收入，但在具体的合作过程中往往无法达到这样的效果，对于知名度高、有实力的参与方要尽可能通过优惠邀请其前来，而相对差一些的参与方又无力承担太过高昂的费用，加上举办活动所需要的高昂成本，最终常导致需要正东电气每年拨出专款交751设计广场举办活动，出现了亏损的局面。其次，在社会公众范围内，751的"品牌效应"与798相差甚远。虽然毗邻798能为751带来众多的流量，但却因无法将二者作出区分而将751误认为是798的一部分。这又涉及

751 的内容设计如何凸显出与 798 的不同。

基于以上，751 设计广场的商业活动在业内与公众的推广均存在问题，这对其活动效果就会产生不利影响，之前制定的商业模式的有效性便大打折扣。

5. 营销部门能力不足

上文提到 751 设计广场只有一个主要负责商业活动的部门——文化创意办公室，其人员构成如表 3 所示。

表 3　751 文创办公室人员组成

| 部门 | 人数 | 主要职责 | 备注（设计节期间） |
|---|---|---|---|
| 策划组 | 8 人 | 各项活动策划与实施 | 实习生 2 名 |
| 媒体组 | 4 人 | 联络接洽媒体 | 实习生 2 名 |
| 宣传组 | 3 人 | 宣传品设计与制作 | 实习生 1 名 |
| 行政组 | 2 人 | 后勤行政保障 | 无实习生 |
| 设计品商店 | 18 人 | 设计品商店的运营 | 实习生 3 名 |

从表 3 可以看出，该部门也没有专门负责营销的部门，唯一直接提到与运营有关的部门是设计品商店，但设计品商店只负责自身的运营，且其体量相较于整个园区的需要的资金来说太小，并无实质性作用。商业活动的策划也由策划组完成，包括具体的场地租金、盈利分成商定等，但该组的主要成员是文化产业出身，并非专业的商业人士；宣传组也只是负责宣传品的设计与制作，且成员最少。这样的宣传营销能力对商业模式具体执行所能起到的能力实在令人堪忧。

## 八、基于比较分析的针对性发展建议

本部分将基于前文对 798 艺术区和 751 设计广场的比较分析，根据二者不同的优势与问题，为二者在今后的发展提出针对性建议。

（一）798 艺术区

1. 把握商业尺度，保持艺术特色

对目前的 798 来说，最重要的是注意平衡商业和艺术的尺度，不让商业侵蚀艺术，留住艺术家，避免 798 最终成为富人的房产区。首先，政府应对艺术区采取一些特殊政策，在税收、贷款方面给予一定的倾斜，降低或减免艺术区内文化艺术公司的税收，缺额部分由政府给予补贴和支持。其次，798 艺术区管委会应对入驻的机构设置一定的审核机制，在一定程度上避免"经济利益至上"的观念，尽量保证入驻园区的机构与整个园区的气质相符。最后，要从官方的角度将798确定为"艺术特色区"来加以保护和利用，并对商业空间和艺术空间做出明确且合适的区间规划。应只允许文化艺术方面的机构进入艺术区，其他商业机构和公共服务实施也应体现艺术内涵和时尚因素，达到与艺术区的创作展示空间的时尚性风格相一致的效果。

2. 引入旅游机制，实现专业管理

要将798艺术区打造成为既保留艺术特色又吸引大量游客的高端旅游区，引入专门的旅游机制进行专业管理是必不可少的。目前798艺术区管委会主要由原798物业人员组成，七星集团作为电子企业也没有能力为园区提供更专业的服务。这就需要在几个关键的环节上介入旅游要素，如制订区外的交通规划和区内的发展规划，应有旅游管理部门、旅游企业和旅游专家的参与。通过旅游业介入既让艺术区更多地考虑游人的需求，也有利于通过科学地规划区内的艺术空间、艺术类型，保留艺术特色；对在何处必须设立商店、厕所、停车场，道路建设如何符合进出大客车的要求等各方面做出比较全面的考量，按照高要求和高标准设计规划艺术区，如按照A级景区和旅游示范点的要求规划建设798艺术区。

3. 优化环境，防止污染

要搞好艺术区的环境卫生，解决艺术区内比较脏的问题。配备专人进行保洁，对艺术区内的卫生提出具体要求。所配备的垃圾箱数量应达到一定要求，方便游人扔倒垃圾。同时建立更多的有艺术风格的、卫生状况良好的卫生间，并在艺术区内植树种草，美化和净化艺术区的小环境，防止扬尘污染。在治污方面，主要是要从艺术区迁出那些产生噪声和空气污染的企业，不允许大货车进入艺术区，由国家承担迁出艺术区企业的损失，还艺术区一片宁静，还艺术区一片蓝天。

（二）751 设计广场

1. 确定价值目标，明确目标群体

首先，751设计广场应明确的价值目标与价值群体是设计行业与公众。在设计行业领域内，751时尚设计广场可凭借其愈发凸显的影响力与设计行业内知名度高、有实力的参与方制定合作协议，同时凭借更广泛的受众获取更广阔的销售空间与赞助，将租金、盈利、赞助等多种盈利模式真正结合起来，发挥其应有的作用；对于公众群体，751要将自身的工业遗产资源、园区内企业资源整合成为一种别具一格的旅游资源，尤其要与园区内企业产生联动，充分发挥园区内饮食、展览和演艺等各行业的优势，与其合作开展商业活动，让751设计广场也成为公众知晓的知名艺术区。

### 2. 完善管理模式，提高管理效率

751 设计广场应打破传统的弊端，一般的商业活动应设立专门的、高效的机构直接领导相关工作的决定、监督与审批，以打破领导层层把关的局面，同时领导要与具体策划、执行人员加强面对面交流，协商解决问题，制定具体商业战略。

### 3. 设立专业部门，打造专业团队

一方面，751 时尚设计广场应设立市场部、销售部等直接负责商业活动的部门，大力引进相关商业人才，在对 751 的文化资源、文化产品和市场环境做出正确的判断之后再设计商业模式，并负责后续的运营；另一方面，要引进专门的设计行业人员、媒体从业人员作为顾问，与其他人员一道接洽代表行业资源水平的各个合作方与合作媒体，并注意加强人员的流动性和定期的创意练习，加强自身的创新能力。

### 4. 商业模式外部运作体系打造：整合行业资源，形成"品牌效应"

行业资源是 751 设计广场继续发展的基础，更多的行业资源意味着更多的优质文化产品，也意味着更多的商业选择。整合行业资源需要建立完备的联系和反馈机制，通过近些年积攒的影响力与合作过的参与方保持联系与沟通，拓展合作，并通过参与方获取更多资源。在品牌效益方面，751 应通过多种渠道将自己的特色传递给公众，表现出与 798 的不同，在园区建设和宣传中有意突出自己的特色与区别。

## 参考文献

[1] 李玉秀. 产业群聚化：台湾文创园区独特建构特征 [J]. 中国外资，2017 (23)：60 - 62.

[2] 张乔棻，柴彦威. 台湾工业社区再利用之经验与启示——以台北松山文创园区为例 [J]. 地域研究与开发，2017，36 (5)：69 - 74.

[3] 上海文化创意产业园区现状和问题分析 [J]. 上海房地，2017 (7)：31 - 35.

[4] 张晓翠，黄欢. 文化创意产业园区发展的前景及对策研究——以北京 798 艺术区为例 [J]. 中国商论，2017 (17)：123 - 124.

[5] 王继欧. 互联网时代的企业会展营销 [J]. 纺织服装周刊，2017 (19)：38 - 39.

[6] 荣树云. 798 艺术区田野调查报告 [J]. 美与时代 (城市版)，2017 (3)：69 - 70.

[7] 潘冬东. 福州旧厂房改造文化产业园区发展研究 [J]. 福州党校学报，2017 (1)：75 - 80.

[8] 张军元，严明丹. 751 与中国当代设计十年 [J]. 装饰，2016 (9)：24 - 29.

[9] 郝容. 微时代背景下的展会营销探究 [J]. 现代营销 (下旬刊)，2015 (6)：53 - 54.

[10] 余学志. 体验经济视角下品牌展会营销策略探究 [J]. 商场现代化，2015 (2)：64 - 65.

[11] 陈畅. 台湾文创园区营运模式对工业遗产保护利用的启示 [A]. 中国城市规划学会. 城乡治理与规划改革——2014 中国城市规划年会论文集 (08 城市文化) [C]. 中国城市规划学

会：中国城市规划学会，2014：15.

[12] 黄德荃，赵华. 老树新枝——D·PARK751 北京时尚设计广场 [J]. 装饰，2009（4）：71－77.

[13] 徐文明，吴倩. 融合文化与互联网文化产业商业模式创新 [J]. 齐鲁学刊，2017（6）：96－102.

[14] 陈柏福，杨辉. "互联网＋"背景下文化产业商业模式研究 [J]. 湖南商学院学报，2017，24（3）：23－32.

[15] 沈修庆，钟逸. 文化产业商业模式研究——以丽江雪山艺术小镇为例 [J]. 旅游纵览（下半月），2017（4）：181－182.

[16] 臧金英. 文化产业商业模式和发展模式内涵、构建之辨析 [J]. 文化学刊，2016（4）：202－203.

[17] 王红，孙敏. 移动互联网时代文化产业的商业模式与创新路径 [J]. 学习与实践，2015（10）：121－126.

[18] 柏定国，陈鑫. 论文化产业的商业模式 [J]. 福建论坛（人文社会科学版），2012（10）：49－55.

[19] 陈鑫. 文化产业商业模式研究 [D]. 长沙：中南大学，2012.

[20] 陈亚民，吕天品. 文化产业的商业属性及商业模式 [J]. 商业研究，2010（3）：153－157.

[21] 石兴，冯小楠. 北京798艺术区发展对威海市佳润文化创意园区的启示 [J]. 现代经济信息，2018（19）：495.

[22] 胡琳. 北京798艺术区品牌传播策略研究 [D]. 石家庄：河北大学，2018.

[23] 谭乔西. "扎根理论"视角下的文化产业园游客感知评价研究——以北京798艺术区为例 [J]. 兰州大学学报（社会科学版），2018，46（3）：70－82.

[24] 李欣然. 在曲折中发展的798艺术区 [J]. 美与时代（城市版），2017（9）：96－97.

[25] 张玉华. 南宁唐人文化园的空间结构体系及其优化——基于与北京798艺术区的比较 [J]. 山西高等学校社会科学学报，2017，29（8）：98－102.

[26] 任禹丞. 打造赤峰文化创意产业集聚区初探——以北京798艺术区为例 [J]. 赤峰学院学报（汉文哲学社会科学版），2017，38（7）：86－90.

[27] 丁炜. 山东文化旅游产业下中小城市艺术产业发展新机遇——以北京798艺术区为例 [J]. 大众文艺，2017（13）：282.

[28] 张晓翠，黄欢. 文化创意产业园区发展的前景及对策研究——以北京798艺术区为例 [J]. 中国商论，2017（17）：123－124.

[29] 黄仲山. 798艺术区存在的价值和意义 [N]. 中国社会科学报，2016－08－29（006）.

# 做精神服务业供给侧结构性改革的生力军

## ——记北京文投集团艺术银行发展之路

吴　桐[1]

**摘　要：** 艺术银行自产生以来，对于扶持艺术家发展、提升公共空间环境、培养公众美育和促进大众精神文化消费均起到了积极的促进作用。由于国内艺术银行业务起步较晚，所以目前仍处于探索的阶段。北京文投集团北文艺术开展的艺术银行业务作为国家文化产业供给侧结构性改革的生力军，为夯实坚守文化自信，更好地弘扬和发展中华优秀传统文化和社会主义先进文化，壮大中华文明，并以充足的文化自信应对今天国际国内新形势和新挑战。

**关键词：** 供给侧结构性改革；艺术银行；文化产业

## To be a Fresh Force in the Supply – side Structural Reform of Spiritual Service Industry：Recording the Development Road of Art Bank of Beijing Cultural Investment Group

Wu Tong

**Abstract：** Since its inception, the art bank has played a positive role in fostering the development of artists, improving the environment of public space, cultivating public aesthetic education, and promoting the consumption of public spiritual culture. The domestic art banking business is still in the exploratory stage because of its late start. Beijing wen cast group north, art of banking as the main force of the national cultural industry supply side structural reform, to strengthen cultural self – confidence, to better promote the development of Chinese excellent traditional culture, and an advanced socialist culture, Chinese civilization, and with plenty of cultural self – confidence to deal with the new situ-

---

❶　吴桐（1981—），男，北京市人，北京文投集团艺术银行 CEO，文化产业专家。

ation of international and domestic new challenge today.

**Keywords**：Supply – side structural reform；Art bank；Cultural industries

## 一、艺术银行的产生与发展

### （一）何谓"艺术银行"

"艺术银行"（Art Bank）："艺术品为存取租赁物的委托机构，在国际上通常是指非政府文化艺术机构购买艺术家作品，再将作品转租或销售给政府机关、公共空间、企业、私人用于陈列、装饰、收藏等。"而艺术银行业务则是指包括"在私人银行业务中占据越来越重要地位的艺术银行"，即指艺术投资的银行服务，为收藏家服务，扶持年轻艺术家。❶ 在国际上通常是指以艺术品租赁为主要业务的艺术机构。

1972 年，最早的艺术银行在加拿大成立，发展到今天已基本形成"加拿大模式"与"澳大利亚模式"两种体制完备、机构完善的运行模式。西方其他一些国家如英国、德国、瑞士和挪威等国都相继成立了艺术银行。在亚洲，韩国和中国台湾的艺术银行发展已经初具规模。这些国家和地区的艺术银行运营具有以下三个特点：第一，商业性与职能性并存。艺术银行既有政府主导，也有民间商业机构运作。其中政府主导的艺术银行的宗旨是扶持本土有潜质的年轻艺术家，推动本土原创艺术品市场的发展，倡导美学教育，让艺术品走进日常生活。而民间机构其业务更多与商业性诉求相关。第二，需求复合型人才。艺术银行的运营需要很强的市场营销和创造收益能力，其人员少而精，大多是艺术、市场和技术方面的复合型专业人才，运营专业高效。第三，多样化盈利模式。其业务包含艺术品租赁、艺术品授权、艺术衍生品销售等，同时也有一些展览与展示的业务。

虽然欧美国家艺术银行盈利之路漫长且艰辛，但最后在经营上都取得了不错的成绩，这在某种程度上可归因于欧美国家的美术教育、艺术品消费习惯与规范的艺术品资产评估体系等环境优势。在欧美国家，艺术品美育深入人心。例如，在加拿大，近1/4 的青年人会在闲暇时间以观览艺术品作为消遣，成年人的比例则大概是17%。艺术品租赁业务是艺术银行较为成熟并发展良好的主要业务之一。但并不能因此认为单一的艺术品租赁业务的模式在商业上是成熟的。欧美学者在广泛调查中得出的结论是，商业的艺术品租赁只在很有限的范围内存在，和汽车、房子的租赁

---

❶ 龙海霞：艺术银行的起源、功能与运作模式［J］. 西北大学学报，2005（5）：57.

相比，不仅市场很小，而且租赁的作品主要是较为便宜的艺术品。在欧洲，艺术品租赁项目大多接受补贴，且租金低于应有的市场价格。

近年来，互联网的发展推动了艺术品租赁市场发展，艺术品展示、推广的效率大幅提高，经营艺术品租赁的商业机构不断涌现。例如，有机构租赁版画或衍生品，在不影响原作的情况下，使艺术家在市场得以推广并取得收入。与实体艺术品银行相比，电商租赁服务不仅下单、送货、换货更加方便快捷，而且重视客户的体验。同时，利用科技手段将现实与虚拟结合，打造多业态的艺术品体验场景，也为租赁业务增加了新的附加收入可能。

（二）中国艺术银行的产生与发展

21 世纪以来，随着中国经济社会的发展，人们对精神文化领域的追求和消费日益增强，期待更为愉悦的自我生活，体验式消费行为在文化艺术领域尤为显现。因此，艺术银行在国家政策的扶持下，在一些地区不断涌现出来。

2006 年，上海市文化发展基金会与徐汇区政府协同合作，共同筹建了号称"国内首家公共艺术银行"，然而该计划与机构在三年的筹备期之内最终未能顺利完成。2007 年，北京世纪墙美术馆推出公益性质的艺术银行服务，但也不很成功。2014 年 12 月，广州艺术银行成立，以艺术品租赁业务为主，艺术金融服务中心亦随之建立，形成了良好的互动性服务。2015 年 6 月，作为全国第一家被国家工商部门批准的艺术银行——河南艺术银行在中原股权交易中也挂牌上市，标志着艺术产业在跨界经营上迈出了具有风向标意义的实质性的步伐。2015 年 11 月，江苏南京艺术银行项目成立。这些努力和探索，均为中国特色的艺术银行服务提供了具备实践意义与探求式的发展方向。

## 二、北京文投集团艺术银行的定位与功能

（一）北京文投集团艺术银行成立的深刻背景

改革开放以来，中国社会的经济发展取得了举世瞩目的成就。北京是中华人民共和国的首都，是全国政治、文化、国际交往、科技创新的中心，在城市建设方面飞速发展，成为世界级的国际大都市。世界城市研究机构之一 GaWC❶ 发布了

---

❶ 全球化与世界城市研究网络（Globalization and World Cities Study Group and Network，GaWC），是由英国拉夫堡大学地理系创建的，专注于研究世界地理的对外关系。

"2018年世界级城市名册",北京市在世界一线城市中排名第4位。2014年2月,中共中央总书记习近平在视察北京时对北京的核心功能做出过明确的城市战略定位,即坚持和强化北京作为全国政治中心、文化中心、国际交往中心、科技创新中心的核心功能,这为北京市的发展指明了科学的方向。

党的十九大报告中指出,文化是一个国家和民族的灵魂。北京市作为国家的政治中心和文化中心,不仅是中国特色社会主义文化建设的重要组成部分,更应该在中国的社会主义先进文化建设中发挥更大的作用。首先,北京市文化产业的改革与发展必须围绕增强首都核心功能,将文化发展战略谋划自觉纳入首都城市总体发展大局,把文化建设自觉与城市规划建设管理有机结合起来,自觉从国家和人民需要的高度来思考和谋划城市文化发展的问题。其次,全国文化中心的定位赋予了北京市文化建设以新的历史使命。即形成意识形态引领高地,弘扬主旋律,立足社会主义主流价值观,倡导文明社会新风;成就艺术创作高峰,打造反映时代特征,凝聚民族精神,代表先进文化前进方向的精品力作、不朽之作;为群众提供高品质的文化生活,有效供给、高效供给、高质量供给,提高文化产品和服务的供给水平与质量。

(二)北京文投集团艺术银行的定位及功能

大国崛起必须要有强大的文化支撑,中华民族伟大复兴必然包括中华文化繁荣兴盛。北京文投集团艺术银行业务(以下简称"北文艺术银行")正是在国家文化产业大发展和北京作为首都功能的战略定位的大的环境下孕育而生的。

北京市文化投资发展集团有限责任公司(以下简称"北文投集团")是由北京市政府授权市文资中心出资设立的市属一级企业,成立于2012年11月。集团成立以来,围绕文化产业投融资服务体系建设、文化要素市场建设、文化功能区建设、市政府重大项目投资、文化产业股权投资等方面开展工作,进行业务布局。目前,集团已经形成了"投、保、贷、孵、融"多支点、全方位的服务体系;以组建北京市文化产权交易中心为突破,积极推进文化要素市场建设;以北京市文创基金产业园开发建设为起点,展开北京市文化创意产业功能区建设布局;全力贯彻落实市政府重点项目投资,投资国家体育场及环球影城等重大项目;实施对文化企业并购重组,打造资本运作平台,整合文化产业资源。

北文艺术银行隶属于北文投集团,在北京市宣传部的统一指挥下,依据北文中心实现艺术生活化、生活艺术化的核心宗旨的业务战略目标,旨在以艺术品租赁、艺术品交易、艺术品投资为核心业务内容,实现艺术品全产业链的构建及艺术资源的整合，提升文化软实力，践行文化建设的创新发展。

艺术银行立足长远，针对艺术品市场现状，积极创新，致力于打造艺术品全产业链，使传统行业成为产业，从"小众"变为"大众"，激活艺术品市场，培育艺术品消费理念，推动艺术品市场发展，实现以文化创新提升文化软实力，以文化建设实现创新发展的社会实践，为首都的文化中心建设发挥着重要作用。

## 三、北京文投集团艺术银行的实践探索之路

### （一）探索符合中国国情的文化艺术发展新途径

习近平总书记高度重视弘扬文化建设，并准确回答了如何实现传统文化的创造性转化、创新性发展等重大理论和现实问题。北文艺术银行项目就是秉承和弘扬中国优秀文化艺术，提升首都文化氛围的一颗初心进行努力探索的。针对公共艺术资源不足的问题，有效利用市场的力量，合理配置文化产业要素，致力于打通大众与艺术联结的通道，帮助过去只能在有限的专业领域发展的优秀中国艺术家群体得到更多公众展示的机会和成长的空间，创造艺术家、企业和大众多方共赢的良好局面，从而成为国家精神服务业内容供给侧结构性改革的生力军。

1. 努力提升首都公共文化艺术，为城市发展增强活力和展现独特的文化面貌

艺术银行项目成立后的第一个大型项目落地在长安街沿线的人保大厦总部。络绎不绝的参观民众惊喜地发现一系列当代优秀艺术家的作品——以"天书"系列闻名的徐冰利用环保材料制作的大型装置《富春山居图》、中央美术学院教授苏新平的大幅油画作品《风景》、著名雕塑家隋建国的不锈钢喷漆作品《长沙的沙》等。传统观念中金融机构的空间拘谨而严肃的印象从此被突破，观众非常直观地感受到了艺术带来的人文关怀和情感连接，文化承载于有形的建筑之中，更是一种无形的精神气质，高品质的展览与艺术呈现。

2. 弘扬新时代中国特色社会主义的主旋律，传播正能量

北文中心艺术银行通过在公共空间精心策划和组织红色主题展览等来弘扬社会主旋律，满足企业和机构对于艺术品位提升的需求，为群众提供高品质的精神文化生活。为庆祝中华人民共和国成立 70 周年，北文艺术银行"不忘初心 牢记使命"系列主题展览与支部共建相结合的主题党日活动深入到各个企事业单位。展览旨在面对未来，要不忘初心，牢记使命，深刻把握新时代、新使命、新征程和新理论，自觉用党的十九大和"两会"精神统一思想和行动，坚定理想信念，立足岗位创新

发展，为促进北京文化产业发展贡献力量。北文艺术银行还通过将巡展与企业内部的党建活动相结合的形式，同步起到党员学习、内部非党员员工教育、客户精神文化熏陶培养等多方面作用。展览现场气势宏大，感染力强，将自新中国成立以来波澜壮阔的历史以直观的形式展现在企业的空间内部，得到了企业员工及客户的一致好评，参加党建活动的党员纷纷表示要不忘初心、牢记使命，为新时代的建设继续贡献力量。

### 3. 推动优秀传统文化的继承、普及和发扬

推动优秀传统文化在首都的普及也是艺术银行的重要工作方向之一。通过与全国各级书画协会的紧密合作，艺术银行遴选出上千幅优秀的中国书画作品，有意识、有重点地布展到各级企业单位，比如，将著名书法家颜世举撰写的《朱子家训》系列书法作品布展到工商银行和平里支行，将青年书法家胡献军创作的大型系列毛泽东书法作品布展到北京银行。同时针对年轻人群体，挑选风格轻松活泼的国画作品，以起到潜移默化、逐步带动和感染年轻大众的目的。

艺术银行将优秀艺术体验源源不断地带进了首都 300 家企业及机构空间，包括影响人群数量巨大的金融机构、国企央企、众创空间、医院、酒店、养老社区等。通过建立合理而高效的筛选合作艺术家、艺术品流程与制度，组建专业团队，精心挑选在不同空间中展出的艺术品，确保作品来源真实、品质优良、价格合理，并有意识地加强针对优秀传统文化艺术及紧扣时代要求的主旋律意识形态作品的展出，宣扬正能量，加强公众艺术教育，让首都人民在工作之余无须专门走进美术馆，随时能领略到优秀中华文化艺术的熏陶。

### （二）多维度业务发展的艺术银行

北文艺术银行以立足于艺术品市场，将"艺术＋金融"为发展目标，意在扶持艺术市场的创新探索。其现阶段的业务板块包含租赁、交易、投资与其他服务，旨在通过这几项业务的创新，培育大众美学素养及艺术消费理念，促进文化金融融合，真正实现文化创新，进而提升文化软实力，以文化建设实现创新发展的社会实践。

租赁业务作为艺术银行的主营业务，通过艺术品租赁的方式为广大的企业用户和个人用户解决艺术品消费的传统难题。传统的艺术品消费是建立在画廊、拍卖行、博览会等销售场景上的周期长、频率慢、资金体量大的只有极少数人才能参与的艺术投资。艺术银行已经完成的租赁项目全部是采用零押金的新型业务形态。这样节省了企业提前预支高额费用或者全额购买的成本，并且艺术银行项目定期还有

艺术品更换的服务。在把公共空间变成美术馆来满足大众精神文化消费的同时，也帮助企业实现了场地文化艺术升级的诉求。2020年，艺术银行项目与银行合作开始把艺术品租赁的业务推广到个人用户当中去，让更多的个人用户也能通过租赁的方式把自己喜欢的艺术作品带回家里挂在墙上。

艺术银行项目业务发展兼顾B端和C端客户，一方面，继续扩大布展规模，定位目标群体为国企央企、金融机构、上市公司、商业地产、星级酒店等需求明确的客户；另一方面，艺术银行项目积极探索服务C端客户的模式，降低文化投资门槛，培育文化消费新模式，加大文化体验以提升百姓文化生活水平，推动艺术普及、艺术教育和艺术社会化，体现文化的"艺术价值"和"投资价值"。

艺术品交易则是通过线上、线下多种渠道进行艺术品的销售推广。线上会以网站、微信公众号、手机App等多种互联网形式进行展示，客户可在线上浏览，支持多维度筛选，下单成交；线下则通过在租赁客户企业空间的展示，艺术品展览展示、举办艺术沙龙等多种形式进行销售宣传。在各种空间展示的艺术品都会附带二维码，并配套纸质宣传画册，详细介绍艺术家、作品、艺术创作背景等资料，客户扫描二维码或在纸质宣传页上均可获取购买方式。

艺术品投资包含艺术品托管、艺术品抵押融资、艺术品基金与艺术品信托，多维度实现艺术与金融资本的有效结合。通过嫁接金融手段，资本运作手段使艺术品发挥自身的投资功能及属性，建立健全艺术品市场的相关业务产业链条，实现艺术与金融资本的有效结合。另外，还包含艺术品鉴定、艺术品保险与艺术品仓储物流，这些也是艺术银行的业务区间。

经过两年的发展，北文艺术银行在初期业务的开展基础上，进一步深入在艺术品版权应用、资产管理及投资服务，不断积累市场化经营能力，组建和完善专业团队，提高自身行业竞争力，为客户提供优质服务，吸引更多有实力的合作伙伴参与文化产业建设，促进文化要素市场建设发展。

## 四、关于我国艺术银行未来发展的几点思考

艺术银行作为艺术文化市场的一个重要形式和发展趋势，对于发扬本土文化、活络文化市场、满足多元需求等均发挥着重要的作用。但是，由于我国的艺术银行及业务发展目前尚处于起步阶段，因此机遇与挑战并存。

首先，我国艺术银行在新时代、新时期具有发展的良好优势，面临着发展的机遇期。新时代中国特色社会主义社会的坚实基础使艺术银行的发展成为可能。当前

中国作为世界第二大经济体具有强劲的经济实力，日渐壮大的富裕阶层和中产阶级有着巨大的消费能力和艺术消费潜力，因此文化艺术品投资市场得以快速成长，整体行业已经初具规模。同时，国家把文化产业作为支柱性产业之一，在政策方面给予大力的扶持。北京作为文化中心城市拥有丰富的文化艺术资源，为北京的在地企业——北文艺术银行提供了强大的支撑。可以说，我国艺术银行在投资、政策及技术方面都具有光明的前景。

其次，我国艺术银行在当前复杂的社会环境下也存在着一些劣势，面临着一些威胁和挑战。虽然近年来我国文化产业发展较快，但与美国等消费发达国家相比尚存在着较大的差距，由于文化竞争力相对疲软，艺术品市场不完善，消费结构不合理，相关的配套要素不完善等一系列因素，所以难免会存在一些不稳定的稳患。亟待解决的有估价与监管困难、相关法律保障缺失、艺术金融专业人才匮乏等一系列的难题。所以，政府部门、艺术协会、金融部门、艺术群体、收藏家、美术机构等要协同合作，借鉴外国先进优良的艺术市场和金融产业管理模式和经验，结合我国经济社会的实际，发展出一条适合我国艺术银行及其相关业务的道路。

再次，关于我国艺术银行的创意产业开发要进一步加强。艺术银行自身有着丰富的艺术品典藏，通过媒体渠道与商业模式将其打造成颇具"品牌效应"的商业推广点。通过收藏机构与社会性组织机构的跨界合作模式，通过艺术作品所属机构或者艺术家个人的授权模式，与社会商业营销生产企业的组合，相互借鉴资源，将艺术品文化创意化、商品化的模式进行生产营销，实现产业化的互利共赢的最终目的。这样艺术衍生品的开发就能够提升民众的艺术素养和文化感受，实现服务大众、回归大众、文化大众的当代使命，从而拓展了艺术银行的品牌价值与社会意义。

最后，谈谈关于我国艺术银行的运行模式。艺术银行作为艺术文化市场的一个重要形式和发展趋势，具有多重的经济和社会功能，有助于文化产业的繁荣和发展，因此，我国应该从国家高度来重视"艺术银行"这一特殊艺术、经济、文化多元的集合体，整合公益文化基金，联合各类艺术机构，政府机关、科研机构参与共建，吸引文化事业单位、社会文化学者、艺术家共同支持和参与的艺术平台，努力打造一个多元化的合作模式。

我国经济、社会、文化等方面的发展、国家政策的鼓励、民间机构的不断探索，使得艺术银行在国内已经具备了良好的成长环境。我们相信，在艺术银行自身努力和社会各界的积极帮助下，通过不断健全法律支撑体系、完善制度保障、拓展业务渠道等手段，一定能够打造出富有中国特色的艺术银行业务新未来。

# 大雅宝胡同甲 2 号红色文化艺术资源发掘和保护的思考

陈智勇 吴京辉 邵 鹏[❶]

**摘 要:** 北京具有丰富且深厚的红色文化资源,原大雅宝胡同甲 2 号是其中的典型代表。在中华人民共和国成立之初,原大雅宝胡同甲 2 号的艺术家为新中国形象的设计作出了卓越的贡献,为新中国美术的转型发展和艺术教育奠定了坚实的基础。在中国特色社会主义的新时代,发掘、整理原大雅宝胡同甲 2 号的红色文化艺术资源,传承和弘扬这些红色文化艺术基因,对于弘扬社会正能量、塑造良好的文化氛围有着积极的意义。

**关键词:** 大雅宝胡同甲 2 号;红色文化艺术;新中国国家形象

## Thoughts on the Exploration and Protection of Red Cultural and Artistic Resources in No. A2 of Dayabao Hutong

Chen Zhiyong Wu Jinghui Shao Peng

**Abstract:** Beijing has rich and deep red cultural resources, the former dayabao alley A2 is a typical representative. At the beginning of the founding of the People's Republic of China, the artists of the original jia 2 dayabao hutong made outstanding contributions to the design of the image of the People's Republic of China, and laid a solid foundation for the transformation and development of fine arts and art education of the People's Republic of China. In the new era of socialism with Chinese characteristics, it is of positive significance to explore and sort out the red cultural and artistic resources of no. A2 of dayabao hutong, and to inherit and carry forward these red cultural and artistic genes to carry for-

---

❶ 陈智勇 (1964—),男,北京市人,著名艺术家陈伟生之子,艺术评论家和画家,中华国际科学交流基金会科学与艺术委员会副秘书长,现居住于大雅宝胡同甲 5 号。

ward the positive energy of society and shape a good cultural atmosphere.

**Keywords**：No. A2，dayabao alley；Red culture and art；National image of new China

## 一、大雅宝胡同甲 2 号红色文化艺术发掘的重要意义

（一）新时代中国特色社会主义与北京红色文化艺术的弘扬

党的十九大报告指出："文化是一个国家、一个民族的灵魂。文化兴国运兴，文化强民族强。"在中国特色社会主义的新时代，文化强国建设被提升到了前所未有的战略高度。作为中国特色社会主义文化的组成部分，红色文化是中国共产党领导人民在革命、建设、改革进程中创造的以中国化马克思主义为核心的先进文化，是凝聚国家力量和社会共识的重要精神动力。新时代更需要发挥好红色文化的精神力量，不断实现红色文化的创新发展，弘扬社会正能量，推进中国特色社会主义现代化事业不断向前。

北京市是一个具有 3 000 多年历史的世界现代大都市和全国文化中心，文化多元且复杂。2017 年 8 月，北京市委书记蔡奇明确提出了古都文化、京味文化、创新文化和红色文化是"首都文化"的四个方面，深刻说明了北京的独特文化特色和丰富的文化资源优势是首都的城市底蕴。北京是中国红色文化最重要的发源地，涵盖了中国共产党从孕育、成立到发展的全过程，北京地区的红色文化丰富且厚重，代表新时代全国红色文化的发展方向。

北京历史正是鸦片战争以来一个多世纪中国人民自强不息、反抗封建压迫和外敌侵略的顽强抗争的历史，更是中国新民主主义革命的发生史、发展史、成长史和胜利史，是一部书写着中国共产党领导下新中国革命的发展史，而且是一部非常伟大的、非常辉煌的中国革命的成长发展历史。从 1919 年新文化运动和"五四运动"的爆发，到马克思列宁主义的传播，从打倒北洋军阀，到全民族抗战，再到解放战争时期，中国共产党人在北京留下了一连串可歌可泣的红色故事、人物和遗迹。作为新中国建设的政治中心，从开国大典到十大建筑落成，改革开放春天发生的故事，一直到走进社会主义新时代，北京积淀了更加丰富厚重的红色文化和遗迹。在北京这座城市中的一街一巷、一门一院、一人一物、一桌一凳，甚至一字一句、一砖一瓦、一草一木，一个个事件历史的瞬间都可以直观而真实地呈现出来。可以说，北京就是一座巨大的、鲜活的、立体的革命历史文物宝库和红色文化基因宝库。

### （二）大雅宝胡同甲 2 号红色文化艺术资源发掘迫在眉睫

北京是我国的政治中心，是党和国家大政方针的决策和制定地，民众的政治觉悟比较高，具有无与伦比的红色文化资源和社会基础，为引领全国主流价值观奠定了重要的社会基础。北京的红色文化资源可以说多不胜数，有许多标志性的地址和建筑，如"五四运动"的标志性建筑组合、天安门广场、中南海、人民大会堂等，具有突出重要的地位。其中位于北京市东城区金宝街东段原大雅宝胡同甲 2 号（现大雅宝胡同 5 号），是一个曾经位于北京市东城区金宝街与二环路相交之处的四合院。这个门牌号在北京的地图上已不复存在。然而，这个大院在中国美术史上却是一个永远不会消失的传奇之地，它是新中国红色文化艺术的最重要的典型代表，承载着新中国半部美术史。

大雅宝胡同甲 2 号作为一个艺术大院，缘起于 1946 年抗战结束后北平国立艺术专科学校的复校。当时徐悲鸿先生作为接收大员及复校后第一任北平国立艺专校长，指派其助手宋步云先行到北京接收位于东城区东总布胡同的校舍及购置教职员工学生宿舍，于是大雅宝胡同甲 2 号因临近学校就成为其中一个教职员工的宿舍。在这个院里，先后曾居住过许多杰出的艺术家，如叶浅予、戴爱莲、李苦禅、李可染、邹佩珠、董希文、张林英、李瑞年、王朝闻、韦江凡、滑田友、蔡仪、范志超、彦涵、祝大年、吴冠中、张仃、程尚仁、黄永玉、张梅溪、柳维和、袁迈、常任侠、周京丽、常濬、孙美兰、丁井文、万曼、宋怀桂、贝亚杰、王曼硕、陈沛、陈伟生、李得春、周令钊、陈若菊、侯一民、邓澍、张凭、吴竞、李林琢、杜飞等人。这些艺术家在此居住期间，本着为新中国成立创作、为社会主义事业而创作的初心，参与了新中国的各个时期的各种艺术文化设计创作及艺术教育工作，留下了丰富的红色文化艺术基因，从而使这个院落在中国的艺术史、文化史、城市史、文物史和革命史等史册当中拥有非凡的地位和耀眼的光芒。

时值中华人民共和国建立七十周年和中国共产党成立一百周年之际，发掘和整理大雅宝胡同甲 2 号的红色文化艺术资源，发扬老一辈艺术家的伟大奉献精神，对于为新时代中国特色社会主义而努力创作出更多的、积极的、向上的和充满正能量的艺术作品有着积极的促进作用。通过传承和弘扬这些红色文化艺术基因，能够塑造良好的文化氛围，引导市民热爱自己居住的城市和爱党爱国的热情。但是，在这批老艺术家中，一些人已经故去，一些人则年事已高，甚至一些老艺术家的第二代也已经退休多年了，因此，对之发掘与保护成为迫在眉睫的任务。

## 二、大雅宝胡同甲 2 号艺术家与新中国的形象设计

中华人民共和国是红色的，这是习近平总书记的科学论断，他强调："共和国是红色的，不能淡化这个颜色。无数的先烈鲜血染红了我们的旗帜，我们不建设好他们所盼望向往、为之奋斗、为之牺牲的共和国，是绝对不行的。"大雅宝胡同甲2 号正是老一辈艺术家满怀"艺术为人民服务、为社会主义服务"的信念与情怀，积极投身到建设新中国的伟大事业之中，奠定了新中国红色文化艺术的基础。因此，发掘整理、弘扬宣传大雅宝胡同甲 2 号的红色的、革命的基因与文化艺术，正是响应了习近平总书记提出的艺术家为红色而创作的艺术精神，是理解贯彻习近平总书记关于文物及文化的指示精神的重要举措。

（一）新中国国家形象设计者群像

中华人民共和国作为人民当家作主的新政权，需要与以往政权不同的崭新形象，关于新中国国家形象的设计受到极大重视，周恩来主持 1949 年的新政协筹备会常委会第一次会议，决定设立六个小组来进行筹建工作。这也是大雅宝胡同甲 2 号的艺术家们接受的光荣的首要任务。

1. 共同设计开国大典中的形象设计

中国人民政治协商会议委托梁思成、林徽因等人主持的清华大学营建系以及张仃、张光宇、周令钊等人为主的中央美术学院实用美术系设计国徽图案。国徽的主题形象主要有：天安门、五颗五角星、麦稻穗、齿轮、绶带。其中，天安门主题，1950 年 6 月由中央美术学院实用美术系张仃提出；五颗五角星主题，由清华大学营建系梁思成、林徽因提出。

张仃先生还主持参与设计了 1949 年全国政协会徽与第一届全国政协会议纪念邮票，负责和参与开国大典、设计改造中南海的怀仁堂、勤政殿，设计天安门广场、人民大会堂等新中国十大建筑、人民英雄纪念碑和新中国第一批纪念邮票等。开国大典前夕，周令钊还和夫人陈若菊一起，共同绘制了新中国第一张天安门城楼上的毛主席像。

在人民英雄纪念碑的建造过程中，油画家董希文负责浮雕《武昌起义》的起稿工作，雕塑家邹佩珠负责手绘制图，滑田友则完成了浮雕《五四运动》的创作，木刻家彦涵则成为设计浮雕《胜利渡长江》的最佳人员。

## 2. 设计国宴上的"建国瓷"、解放军勋章及人民币等

1952 年，政务院副总理郭沫若向中央人民政府建议，组织生产建国瓷作为国家庆典用瓷。建国瓷由中央美术学院实用美术系设计，故宫提供参考资料，江西景德镇生产。1953 年 2 月，经评选采用祝大年的设计方案：青花斗彩缠枝牡丹纹中餐具、青花海棠纹饰西餐具。1954 年 9 月，国庆五周年如期完成建国瓷任务。

1953 年 9 月 8 日，彭德怀正式提出实行勋章、奖章制度的建议，并获得了毛泽东的批准。中国人民解放军八一勋章、独立自由勋章、解放勋章设计三大勋章有关勋章和奖章的图案设计由中央美术学院周令钊等人负责。他们付出了诸多心血，不仅使整套勋章、奖章浑然一体，而且独具匠心地将荣誉内涵与图案寓意和谐地搭配到每一枚勋章和奖章中。

1948 年 12 月 1 日，在河北省石家庄市成立中国人民银行，同日开始发行统一的人民币。到 1953 年 12 月，陆续发行的第一套人民币共 12 种面额 62 种版别。人民币整体设计用精致画框装点主景图案，四角有典雅的装饰角花与花球，四周有花边，构图均衡，色彩柔和，气质庄重。周令钊教授和陈若菊教授夫妇、侯一民教授和邓澍教授夫妇、王益久、沈乃镛等分别参与了人民币的设计。

## 3. 完成《开国大典》油画的创作以及《毛泽东选集》封面的设计

中国民族风格油画大师董希文教授和张林英女士创建了"油画系董希文工作室"，即后来的中央美院油画系第三工作室。著名的《开国大典》是董希文先生住在大雅宝胡同甲 2 号这个院子里创作出来的。此外，张林英女士还完成了《毛泽东选集》的封面设计。《毛泽东选集》由她邀请王朝闻塑圆形毛泽东侧面浮雕像，又邀请滑田友摄影用于封面设计。

## 4. 弘扬抗战精神，设计城市景观等

著名壁画家侯一民教授和邓澍教授夫妇是"卢沟桥抗日战争纪念馆"大型艺术群等著名城市景观的设计者。著名版画家、延安老鲁艺著名艺术大家江丰，在文艺宣传上为抗日战争与解放战争的胜利作出了很大的贡献，并且通过他的艺术作品，让世界也了解了中国人民的抗日力量与抗日热情。美国《时代周刊》把抗日战争时期曾以江丰的作品作为抗日战争中的中国人民反法西斯事例而做了大篇幅的报道。

## （二）新中国美术转型发展及艺术教育的奠基

大雅宝胡同甲 2 号的艺术家为新中国的美术发展和艺术教育呕心沥血，为中国美术史写下了浓墨重彩的一笔。在新中国"取消中国画"的民族虚无主义浪潮中，李可染和张仃等人希望通过写生的方式去改变中国画的困境，为当时的中国画坛带

来一股春风，也为中国画的转型提供了新的方向。李可染大师和夫人邹佩珠先生，以创新的山水画歌颂祖国的大好河山，创作了著名的《万山红遍》。著名国画大师李苦禅先生曾经是与毛泽东同为旅法勤工俭学会成员，在日伪期间从事地下党活动被逮捕入狱，并为北平的和平解放作出了贡献。李苦禅在此居住期间曾上书毛泽东主席，为中国画及中国画画家"请命"，为中国画争取了其应有的地位。中国画大家吴冠中教授为新中国创作了很多形式新颖的歌颂祖国大好河山的艺术作品，并且培养出了众多的著名的艺术家，为新中国的艺术事业做出了巨大的贡献。

中央美院成立之初，大雅宝胡同甲2号的艺术家为建设新中国美术院校的教育教学体系呕心沥血，不断继续尝试和探索，最终取得了丰硕的成果。黄永玉教授在版画教育、国画教育等方面设计了完整的专业设计和教学体系。祝大年教授是中国古代陶瓷研究和陶瓷收藏大家，他在陶瓷设计和壁画专业都做出了巨大的贡献。陈伟生教授积极践行倡导徐悲鸿先生的现代艺术教学理念，是西方科学教学理论中国化的实现者及传播者，是中央美院美术技法理论教研室的创办者之一。陈伟生教授在艺术教育领域第一线从教60余年，先后任教于中央工艺美院、北京大学、中国人民大学，解放军艺术学院、中央民族大学、北京服装学院、北京工业大学、北方工业大学、北京航空航天大学、北京师范大学和首都师范大学等院校，学生弟子达3万之众，其中有些人已成为中国美协主席及副主席、中央美院、清华美院、北京服装学院、北京印刷学院院长、副院长等国家优秀艺术人才，并且有许多著名艺术家参与新中国发展和建设的艺术创作及宣传活动，如周思聪《人民和总理》《周总理和纺织女工》，沈尧伊《地球的红飘带》、孙景波《马克思和家人的莎士比亚之夜》、马刚《毛泽东会见尼克松》、唐勇力《新中国诞生》等，为社会主义中国的艺术繁荣做出了重要贡献。

## 三、大雅宝胡同甲2号的红色文化艺术资源的发掘与保护

习近平总书记历来高度重视历史文化遗产的保护，他指出："历史文化是城市的灵魂，要像爱惜自己的生命一样保护好城市历史文化遗产。"并对文物保护做出"保护为主、抢救第一、合理利用、加强管理"16字方针的重要指示。发掘、整理大雅宝胡同甲2号的红色文化艺术资源正是在习近平总书记的指导下的一项具体工作。对于建构红色文化记忆，加强红色符号传播，增强新时代的文化自信均具有独特的典型意义。

笔者认为，大雅宝胡同甲2号是"新中国红色文化艺术发端地"具有十分重要

的典型示范价值和功能，能够实现红色文化艺术的多种功能的统一。其一，它具有历史印证价值功能。红色文化艺术记载着中国共产党为人民利益而奋斗的历史和在建设社会主义的实践中进行的艰辛的探索。其二，它具有政治教育价值功能。红色文化艺术倡导的是崇高思想境界和革命道德情操，传播其理念、彰显其精神有利于红色革命精神深入人心。其三，它还具有经济开发价值功能。文化产业在现代经济结构中已成为新的国民经济增长点，而红色文化则是文化产业的重要组成部分。因此，应该调动政府机构、高等院校、社会组织和文化企业的各种资源并相互配合，发掘其中的红色文化艺术元素，并通过文化"活化"的方式打造地区性的"文化名片"，实现其知识教育、科学研究、文化传播、艺术审美等多项功能的统一，实现红色文化资源"物化——活化——内化"的目标，实现经济效益与社会价值的平衡，起到传承和发展，并为新时代的红色文化艺术精神的弘扬和传播做出应有的贡献。

首先，对于大雅宝胡同甲 2 号的红色文化艺术资源应该尽快进行抢救性发掘整理工作。其中"口述历史"是非常重要的保留第一手文献的方式。口述历史通过简短的录音、录像和简洁的文字更有利于记忆和阅读，可以给人以深刻、形象的启迪，更有利于传播。口述历史的主要任务就是挖掘、采集、保存、整理口述者的历史记忆。口述历史不仅是对当事人的简单采访和记录工作，更是对历史事实的真实复原和展现的过程。在当事人口述历史的基础上进行文本化之后出版发行，才能够形成学术价值。口述历史的重要关节是史料印证工作。历史记忆是口述历史的基础，发掘历史记忆是口述历史的主要工作，但受口述者生理、心理及社会环境因素等影响，这些都在一定程度上影响着口述历史的真实性和准确性。这就需要一个通过对相关史料的发掘和口述者本人叙述之间的印证过程。因此，需要相关专家对于两者之间的联系进行梳理和印证，在探寻记忆之真过程中无限逼近历史之真，才能够做到对当时历史情境的真实还原。

其次，建立"红色文化艺术发端地博物馆"，全方位地展示其红色文化艺术成就，并在此基础上建设红色历史教育宣传基地和红色文化研究中心。该博物馆作为公益性、永久性的开放式的博物馆，建成后将成为青少年历史教育基地、科普教育基地及爱国主义教育基地，成为提升知名度的新品牌、新名片。博物馆将积极打造红色文化产业链，通过对红色文化的宣传，来推动红色旅游文化产业链，打造亮点。中国红色文化博物馆通过定期举办各种相关的主题活动，来提高知名度和影响力。

再次，在具体的项目工作安排上，要设计科学合理的程序和适合的方式方法。

例如，在程序上可以采取"两步工作法"，其一是文化景观的真实再现的溯源性工作，即"口述历史"资料的收集和整理以及相关历史物品的分类与登记；其二是发掘红色文化艺术元素的活化性工作，可以根据具体内容采用承袭性保护、修复性保护、还原性保护、创意性保护和假借性保护等多种方式方法。

最后，对于在地基层政府而言，能够打造地区性的"红色文化名片"，积极宣传社会主义的优秀文化，体现党建引领在文化建设中的重要作用。党的十九大报告指出，我国社会的主要矛盾已经转化为人民日益增长的美好生活需要和不平衡不充分的发展之间的矛盾。红色文化艺术的发掘和保护，正是为了不断丰富人民群众的精神内涵。所以通过红色文化艺术的传承和弘扬，能够使人民群众的精神世界不断得到升华，共同实现和谐宜居、美好幸福、安定宜居的目标。

我们相信，通过发掘、整理大雅宝胡同甲2号的红色文化艺术资源，力求建立和完善当地民众与红色文化遗产资源之间良好的依存关系，获得更多的福祉和文化归属感，能够展示红色文化艺术的独特魅力，能够更好地为建立新时代中国特色社会主义的价值体系服务，增强新时代的文化自信和价值观自信。

# "小院议事厅"：一个案例解读

李卫华[1]

2019 年 2 月 1 日，习近平总书记来北京视察慰问基层干部群众，高度肯定了前门街道草厂社区"小院议事厅"的做法，强调要增强社区居民的归属感和主人翁意识，提高社区治理和服务的精准化、精细化水平。时下，"小院议事厅"已然成为北京市创新社区治理的前沿阵地和展示窗口，社会关注度持续升温，越来越多的干部群众慕名前来调研考察、参访交流。

## 一、"小院议事厅"的发端及意义

"小院议事厅"发端于老北京胡同院落，根植在原生态睦邻亲亲的文化底蕴中。据成员丁淑凤回忆称，2012 年的时候她作为居民组长，时常与街坊邻居聚一起闲聊，在大家熟识的过程中互帮互助，这种自觉自发的邻里守望后来发展成为一种常态，彼时号称"胡同里的 120"。

时任草厂社区的书记听闻后，认为胡同聚会是一种倾听民声、畅通民意，实现上传下达的好做法，鼓励引导发展成为居民自治组织，并在回社区报到的党员中动员了另一位成员孙振西的参与，就这样，在社区党委的领导和指导下，胡同聚会发展演变成了"小院议事厅"。

党的十八大胜利召开，提出社会建设必须以保障和改善民生为重点，指出要加快形成党委领导、政府负责、社会协同、公众参与、法治保障的社会管理体制。这是党深入分析发展阶段性特征得出的新结论，回应了时代新课题和人民新期待。"小院议事厅"生逢其时，是一种幸运，也是一种必然，其往后的发展过程深刻彰显了街道党工委坚决贯彻党中央、市区委决策部署，深化改革，攻坚克难，提升基

---

[1] 李卫华（1974—），男，陕西省米脂人，北京市东城区前门街道办事处工委书记。

层社会治理能力和治理水平的决心与力量。

诚然，"小院议事厅"的成长发展顺应了创新社会治理的时代大趋势，在社区治理实践中形成了独特的路径和模式，时至今日，其内涵和外延仍在不断迭代，持续更新升级。要读懂"小院议事厅"，需要穿透其作为自治组织、议事平台、社区空间乃至治理品牌的外象，找到最深层的逻辑和第一性原理，进而预见其未来发展的可能性。

## 二、"小院议事厅"的组织

"小院议事厅"是居民自治组织，这是"小院议事厅"的发展基点和定位，也是其存在价值的本源。纵观其组织化的过程，生动呈现了基层社会治理的发展脉络，体现了党政主导下，社会多元主体意识归位、广泛参与，在动态交互中协同达成治理的路径。

2013年，党的十八届三中全会通过的《中共中央关于全面深化改革若干重大问题的决定》（以下简称《决定》）指出："创新社会治理，必须着眼于维护最广大人民群众根本利益，最大限度增加和谐因素，增强社会发展活力，提高社会治理水平。""坚持系统治理，加强党委领导，发挥政府主导作用，鼓励和支持社会各方面参与，实现政府治理和社会自我调节、居民自治良性互动。"前门街道和草厂社区在学习贯彻落实《决定》精神和战略部署的过程中，带领"小院议事厅"开启了组织化的发展历程，大致经历了以下两个阶段。

2013年，"小院议事厅"通过参与草厂社区"六型社区"创建工作，从胡同层面发展到社区层面，走向社区建设的大舞台，期间参与策划组织了"民俗运动会"和"胡同健步走"等社区服务活动。2014—2015年，"小院议事厅"仍处在概念与实践相互印证的发展阶段，社区在发挥主导性的作用，行动集中在社区党委的号令下，针对社区和居民关心的某项议题开展协商议事，研究可行的解决途径和办法。"小院议事厅"扮演着社区开展居民工作的协助者角色，尚欠缺社区治理主体参与者的意识和能力。彼时，社区提出"议百姓关心事，筑社区智慧家"的想法，"小院议事厅"在此框架下参与策划组织了邻里文化节等系列服务活动，在服务过程中，接受了社区治理的启蒙，社区也开始有意识进行"孵化"培育，让"小院议事厅"在协商议事中激发居民参与社区建设的积极性，逐步朝着自我教育、自我管理、自我服务的自治方向迈进。

2016年，前门街道成立了社会组织协同发展中心，开始系统培育社区社会组织，草厂社区借助街道级平台发力培育"小院议事厅"，加速其组织化发展进程，着力打造其议事平台功能。针对草厂文保区环境整治提升工作中遇到的各类问题，社区借助"小院议事厅"的"示范效应"积极开展协商议事，无论是"公厕革命"，还是"燃气切改"，只要是居民关切的问题都可以提到"小院议事厅"进行协商，让各利益相关方代表在议事会上充分表达诉求，发挥议事平台"多元参与、协商共治"的核心功能，推动社区治理走向精细化。

党的十九大召开后，"小院议事厅"在内外多种力量的推动下发展走向"快车道"。2017 年，民政部出台关于大力培育发展社区社会组织的意见文件，明确指出培育发展社区社会组织，对加强社区治理体系建设、推动社会治理重心向基层下移、打造共建共治共享的社会治理格局都具有重要作用。2017—2019 年，前门街道社会组织协同发展中心先后开展了"活源计划""活力计划""活跃计划"项目，借助专业力量助推社区社会组织取得了跨越式的发展，"小院议事厅"在"孵化"培育下作用发挥得越加明显，成为街区创新基层社会治理的有力支撑。

据统计，仅在 2018 年，草厂社区依托"小院议事厅"议事平台，召开针对各种问题的"居民恳谈会"10 余场次，协商议事主题涉及"环境整治""文明养犬""街区更新及院落提升"等诸多方面，参与人次达到 400 余人次，商议大小问题并达成共识 30 余个，有效解决了胡同环境提升、院落环境改善等问题，促进了居民自治与城市精细化管理的有效结合，极大地增强了社区居民的获得感和幸福感。

## 三、作为议事平台的"小院议事厅"

"小院议事厅"是议事平台，这是"小院议事厅"的天然属性，无论是最早起源时胡同院落的露天聚会，还是今天有草厂四条 44 号院的独立空间，其都在发挥最核心的议事平台功能。

早期的"小院议事厅"，议事协商的主体、内容、形式较为单一，机制制度、规则流程等保障措施尚不完善，协商议事能力也亟待提高，议事平台功能发挥得不充分。鉴于此，草厂社区于 2014 年启动了"小院议事厅"的制度化建设，成立了管理委员会，制定了管理办法，确定了议事规则等，完善了"小院议事厅"民主协商的功能。

2015 年，中共中央印发《关于加强社会主义协商民主建设的意见》，该文件对社会主义协商民主建设作出全面部署和纲领性的指导。2016 年，北京市印发《关于加强城乡社区协商的实施意见的通知》，积极推进"社区议事厅"建设，探索实践"参与型"社区协商模式，推进城乡社区协商制度化、规范化和程序化。"小院议事厅"作为早期走在实践第一线的代表，一直在探索创新基层协商民主建设的路径及模式，在协商主体、内容、形式及保障措施方面不断取得进步和发展。

在"小院议事厅"议事平台功能建设过程中，参与人的主体意识及议事协商能力很关键，早期都需要社区工作者的身先士卒，做出示范。2016年，前门街道在成立社会组织协同发展中心的同时，针对社区工作者队伍建设发起了社区建设"菁英计划"项目，人才发展、组织建设"两手抓"，全面推进人与组织的协同发展，为"小院议事厅"的规范化建设提供了坚实的人才支撑和组织保障，推动"小院议事厅"的发展从社区走向整个街区。

2018年，在总结"小院议事厅"实践经验的基础上，草厂社区创新性地发展了东城区倡导的"五民工作法"，即民事民提、民事民议、民事民决、民事民办、民事民评。该方法既能培养居民自治能力，发挥其自治作用，又能保障社会组织专业支持力量的有力发挥，同时也有利于驻区单位参与属地治理。通过实践中的不断改进与完善，该方法已成功指导了很多工作的开展，在各项中心工作和重点项目中都发挥了积极作用，2018年，被民政部评为"全国100个优秀社区群众工作法之一"。

## 四、"小院议事厅"的空间布局与空间管理

当"小院议事厅"走向组织完善、功能完备发展阶段时，需要一个固定的物理空间来承载支持其常态化的功能发挥，经过多次调研，最终选定了草厂四条44号院。选址后，"小院议事厅"发起组织"空间建设及运营管理"的专题议事会，商讨出了一整套的解决方案，最终获得街道党工委和社区党委的采纳和支持。

在空间布局上，议事会上各方代表一致表示整体的立意要营造一种"里仁为美、睦邻乃大"的传统文化氛围。为此，"小院议事厅"发起"印象·乡愁"老物件故事汇展项目，联合北京大学政府管理学院青年志愿者协会，在社区居民中征集珍藏的老物件，挖掘老物件背后的故事，彰显胡同文化底蕴，展现改革开放40周年来居民生活发生的翻天覆地的变化。社区居民自发捐献的老物件后经专业设计团队布置，成了"小院议事厅"当前的实景空间。

在空间管理上，街道、社区及"小院议事厅"形成了共建、共治、共享的格局，功能发挥走向多元化。这里是学习交流的空间、服务活动的空间、展览展示的空间，是"小院议事厅"的空间、街道社区的空间、社会大众的空间，也是春节前

夕习近平总书记到前门视察慰问干部群众时亲临的空间。此后，这里成了社区治理实践和研学的空间。截至 2019 年 6 月，这里共接待来自政府机关、企事业单位、社会组织等参访团上百个，3000 多人次，越来越多的故事正在从"小院议事厅"生发出去。

## 五、"小院议事厅"的品牌打造

随着"小院议事厅"得到党和各级政府的肯定，客观上具备了"网红效应"，但这不是"小院议事厅"的属性，"小院议事厅"的品牌影响力建立在其创造的核心价值上，其内涵和外延的发展取决于人民群众对其认知价值的升级。

当下，"小院议事厅"的品牌定位已经从草厂社区的品牌社区社会组织发展升级到了前门地区基层社会治理品牌，正朝着成为北京市乃至全国基层社会治理样板案例的方向迈进，以期持续创造和输出经验模式，做出更大的社会贡献。

为此，"小院议事厅"在扎实发挥自身功能价值的同时不断提高站位，依托自身组织、平台、空间"三位一体"融合发展的经验优势，与街道社会组织协同发展中心一起，围绕当前街区精细化治理过程中面临的院落提升、环境美化及民生改善等方面的典型问题，发挥"居民的事居民议、居民的事居民定"的议事平台功能，带领街区其他自治类社区社会组织和辖区社会单位等，一起议事协商后发起了"善治·前门"联合行动，协同响应"吹哨报到"和"接诉即办"，实现"民有所呼、我有所应"。"小院议事厅"致力于在社区治理的前沿探索实践中不断去创造新的价值，拓展丰富品牌内涵，成为有深度、有广度、有温度、有满意度的人民群众信赖的治理品牌。

## 六、"小院议事厅"的理念

用一句话来概括"小院议事厅"秉持的核心价值理念，那就是"一切为了人民、一切依靠人民"，基于此，其发展思想就是"从人民群众中来，到人民群众中去"，实践路径先是"中心化"，再是"去中心化"，这就是"小院议事厅"的职责和使命，也是街道党工委提升基层治理水平的目标和措施。

目前，"小院议事厅"还处于"中心化"的发展阶段，它要肩负起"带头大哥"的职责，要内强素质、外树形象，一方面继续在组织规范化、业务专业化上持续精进，不断打磨迭代出新的方法和成功案例，继续引领社区治理的创新实践；另一方面充分发挥品牌影响力，激发更多的人与组织投身到社区治理的发展中来，并将自身从实践中沉淀下来的经验、模式和方法分享出去，提供孵化培育、技术支持等服务，为构建共建、共治、共享的社会治理格局贡献更多更大的价值。

未来，"小院议事厅"将走向"去中心化"的发展阶段。届时，社会治理的体系和网络已经发展到一定阶段，类似"小院议事厅"这样的组织和品牌成百上千，百花齐放，百家争鸣，"小院议事厅"仍然是这个宏大体系中不可或缺的有机部分，但不再是中心节点，它将完成自身的蜕变，从星星之火升华为熊熊烈火，一起发出更大的光与热，照亮人民群众奔向幸福美好生活的康庄大道。

## 七、结语

回溯"小院议事厅"的发展历程可以看到，它从草根萌芽，逐步组织化，走向平台化，到今天发展到组织、平台、空间融为一体，多元功能发挥突出，成为社区治理的理念和品牌。这不是偶然的，其背后的逻辑及驱动力有两方面：其一是中国共产党的领导，从社会管理到社会治理，从"五位一体"到"四个全面"，党和政府的执政理念不断更新，新时代共产党人不忘初心、牢记使命、砥砺前行，迸发出为人民服务的磅礴力量；其二是广大人民群众对美好生活的不懈追求和向往，前门街区更新、院落提升、产业升级切实增强了人民群众的获得感和幸福感，激发了大家参与社会建设的热情和动力。当自上而下与自下而上的两股力量汇聚到一起时，华夏儿女的激情和创造力就得到了极大的释放，中国梦的理想照进现实，筑梦的洪荒之力成就了"小院议事厅"的昨天，也将开创"小院议事厅"更加美好的明天，在建设文明、活力、宜居、平安前门的进程中发挥出更大的作用。

# 文化关怀的时代价值

## ——北京市东城区安定门街道文化建设案例介绍

冀辉杰[1]

### 一、"文化"的概念及其作用

"文化"是一个大概念,任何定义都不会很准确。过去我们说"唐诗宋词""四书五经","四书五经"其实只是知识点,根据儒家注疏,给学子出题,不管申论、策论,以八股文的形式阐述自己的观点。清代康熙时期,有些官员认为以八股取士不很合理,曾经一度想取消它,但是由于另外一些大臣的极力反对,而且当时也没有更好的替代方案,结果不了了之。直到 20 世纪初期,清政府才真正取消了科举制度,但科举文化的影响仍然持续。目前的公务员录取,仍然是基于笔试和面试基础上的考试,只不过关注的是社会热点问题,以此阐发议论,因此直今还没有从根本上杜绝"一考定终身"。但是,分数高的考生实践能力不一定很强,其中的原因是十分复杂的,其中有一点就是"知识"与"文化"的区别,两者并非是完全统一的。有知识未必有文化,但是,没知识不见得没文化。例如,著名的评剧演员赵丽蓉由于时代的限制,并没有读过几年书,但是她能够非常熟悉和把握中国的传统文化。

作家梁晓声是茅盾文学奖获奖者,他把"文化"的四句话概括:"根植于内心的修养;无须提醒的自觉;以约束为前提的自由;为别人着想的善良。"他说的其实就是中国文化先贤们倡导并实行的格物致知,也是今天普通人能够理解,并可以付诸行动的。

其实,文化还有更进一步的内涵和作用,那就是相互的关照。第一是文人之间的关照。文人之间惺惺相惜,相濡以沫,曾经给我们留下许多脍炙人口的文化佳

---

❶ 冀辉杰(1965—),男,北京市人,北京市东城区安定门街道办事处社区专员。

作。比如，李白《送孟浩然之广陵》写道："故人西辞黄鹤楼，烟花三月下扬州。孤帆远影碧空尽，唯见长江天际流。"《赠汪伦》写道："李白乘舟将欲行，忽闻岸上踏歌声，桃花潭水深千尺，不及汪伦送我情。"王勃的《送杜少府之任蜀州》写道："海内存知己，天涯若比邻。无为在岐路，儿女共沾巾。"苏轼怀念自己的爱妻王弗感叹："十年生死两茫茫。不思量，自难忘。千里孤坟，无处话凄凉。纵使相逢应不识，尘满面，鬓如霜。夜来幽梦忽还乡。小轩窗，正梳妆。相顾无言，唯有泪千行。料得年年肠断处，明月夜，短松岗。"这些都是古人的一种文化关怀。近现代以来，更有文学大家不惜笔墨，流露真情，比如，鲁迅先生的"横眉冷对千夫指，俯首甘为孺子牛"，表达了一位批评家柔弱的一面。毛泽东在《和柳亚子先生》写到："饮茶粤海未能忘，索句渝州叶正黄。三十一年还旧国，落花时节读华章。牢骚太盛防肠断，风物长宜放眼量。莫道昆明池水浅，观鱼胜过富春江。"柳亚子是一个十分高傲的人，曾经说过大儿斯大林、小儿毛泽东，他谁都不服，解放以后感觉没有得到重用，有一些牢骚话，因此毛泽东主席为开导他而做了这首诗。

第二是文学的关照。在文学的关照当中，重点是纪实报告文学。在纪实报告文学当中，首推历史性纪实文学作品。比如，二月河的《康熙大帝》《雍正皇帝》全景式地再现了康雍盛世，为我们认识封建帝制、了解帝王日常提供了参考，同时也全面认识了作家二月河的心路历程。路遥的《平凡的世界》，横跨两个时代，以孙少安、孙少平俩兄弟为中心，刻画了当时社会各阶层普通人的形象。劳动与爱情、挫折与追求、痛苦与欢乐、日常生活与巨大社会冲突纷繁地交织在一起，深刻地展示了普通人在大时代历史进程中所走过的艰难曲折的道路，读来令人唏嘘。法国作家雨果的《悲惨世界》，冉·阿让（马德兰、割风先生）、珂赛特、马吕斯、沙威、德纳第，人人都悲惨，人人都不幸。有的人背负忏悔与赎罪的十字架，艰难前行，最终灵魂升华，让人敬仰；有的人，貌似幸福高尚，但是面对现实，身上的十字架从无到有，从小到大，最后与身同体；有的人，天生龌龊，内心阴暗，看似行尸走肉，实则祸害众生，遭人唾弃。小说对所处历史方位的铺陈，对当时社会环境的描述，甚至对黑帮语言都有详尽解释，对小人物的大段演讲也都如实记述，让我了解了 19 世纪初至 19 世纪 30 年代那个风雨飘摇的法国，以冉·阿让为主角、主线，完整再现了法国当时的政治、法律、社会和经济现状，特别是冉·阿让那令人尊敬的善举，令人折服的灵魂，令人敬佩的大无畏的斗志。

第三是文艺的关照。文艺的关照就很多了，现在的一些电视连续剧，如《都挺好》《小欢喜》《钢铁时代》《情满四合院》《蜗居》等，大家都耳熟能详；包括现在德云社郭德纲、岳云鹏的相声。这些文艺作品均源于生活又高于生活，说的也都是日常生活的小事琐事，小事情、大道理。观众看过之后产生共鸣，能在剧情当中或多或少地看到自己和他人的影子，也能从中寻找生活的答案；也有劳累一天的心情放松，各取所需，各安其所。例如，由高满堂编剧的电视连续剧《老酒馆》产生了"热播效应"，就是上述情况的反映。

## 二、城市基层社区的文化建设与文化关怀

作为基层的政府和社区，应该更多地关注居民的感受，让身边人说身边事，通过文化影响，带给居民更多的文化关怀和心灵慰藉。

东城区安定门街道位于北京二环以里的北端。街道面积 1.76 平方公里，下辖 9 个社区，户籍人口 4.4 万人，加上流动人口 5.5 万人。辖区内有两处国家级文保单位——孔庙国子监和钟鼓楼文化广场，文化气息浓厚。目前九个社区都有自己的党建服务品牌，比如圣人邻里、钟鼓佳音、温馨天天、580 我帮您等。社区依托这些党建服务品牌，开展了丰富多彩的文化活动。

### （一）街道层面的文化建设

近几年，安定门街道举办了"孔庙国子监文化节"，文化节于每年的 9 月 8 日开幕，至 9 月 28 日闭幕，历时 21 天。文化节期间，主要举办开、闭幕式暨祭孔大典两场品牌活动，依托国学展示、国学交流、国学体验、国学传播四大板块，平均开展 22 场主题活动，市民直接参与达到 21 700 余人次，宣传覆盖近 1 000 万人次，目前已经是小有影响的国学文化活动。还有"钟鼓楼群言堂"活动，邀请社区居民就社会热点进行讨论。讨论的话题十分广泛，群众参与热情度高，话题基本涵盖了各个时期的热点。比如，垃圾不落地、纪律约束，有温度的党建更有生命力，养犬、戒除网瘾等。也形成了有需求、有人才、有特色、有效果的"四有"工作模式，主要是紧紧围绕社会热点、难点问题，围绕社区居民的需求，开展"钟鼓楼群言堂"活动；注重人才的培养与使用，抽调专门干部进行研究设计，选拔口才好、能力强的干部担任活动主持，认真组织，分工负责，使活动始终保持高标准；充分挖掘、整合区域文化资源，利用国子监、孔庙、钟鼓楼等人文景观，围绕国学文化传承，民俗文化推介等优势确定"群言堂"活动主题，以弘扬社会主义核心价值观，以新时代、新风尚为主旋律，得到了居民们的一致好评；通过"钟鼓楼群言堂"活动的开展，在提高地区居民文化素养的同时，还为地区居民反映问题提供了更多渠道，为解决百姓生活中的实际困难提供了路径。

### （二）社区层面的文化建设

在安定门街道工委和办事处的领导和组织下，各个社区依托自身优势，开展了一系列文化育人活动。比如，钟楼湾社区的"钟鼓佳音"，是本着"以人为本、服务居民、自我管理、自我教育"的理念而创建的社区党建服务品牌。其重点突出在社区服务的基础上拓展更宽的社区建设功能和领域，把党和政府的声音传达下去，把社区单位和社区居民的声音反映上来。通过社区"钟鼓佳音"这个平台，有机地结合在一起，把来自各个方面的问题梳理成文，为政府分忧，为民解难，使社会更加稳定，社区更加美丽。在"钟鼓佳音"这个平台上，传达党和政府的方针政策，挖掘钟鼓楼的人文地域文化，并引进国外带有地域色彩的西方文化，进行中外文化交流，让钟鼓楼民族民俗文化和社区丰富多彩的活动，丰富社区居民的精神文化生活，基本上发挥了"上和政府、下联百姓、畅通渠道的和谐桥梁作用；政府主导、市场运作、群众参与的合力发展作用；突出党建、民俗特色、满足需求的为民服务作用。

目前人民群众的物质生活已经日益丰富，在满足基本温饱的同时，也有了更高追求，人们的国内旅游、出国旅游已经成了司空见惯的事情。也就是说，街道和社区以往靠单纯的物质走访慰问等行为已经不能满足居民群众日益提高的精神文化需求，而文化的关照，才能够直达内心，形成共识，达到默契。

为此，安定门街道办事处与对外经济贸易大学公共文化服务研究中心、北大书同教育研究院、东城区社工联合会和安定门老物件陈列室共同开展了钟楼湾文化深度挖掘和整理工作。这也是遵循习近平总书记"让文化遗产活起来"的要求，以打造"老物件展览室"为契机，给予社区居民更多的亲近感、归属感，达到文化关怀的目的。在前期调研中我们发现，老物件博物馆至今已走过10年历程，事实表明，老物件博物馆是具有旺盛活力的、贴近基层、贴近生活的博物馆。但由于老物件博物馆藏品较多，现有的展览面积已经无法满足展览需要。为了更好地传承祖国文化，展示北京解放前后、特别是改革开放以来老百姓的生活变迁，急需有一个充分展示的空间，以满足文化学习交流、研讨和互动的需要，同时也是展示安定门地区文化品位与艺术涵养的"窗口"。在工作中，我们主要强化"三个契合"，一是要在认识上与党中央要求相契合；二是要在建设上与新时代、新形势要求相契合；三是要在运行中与地区百姓需求相契合。我们按照"四个模块"进行分类工作。"四个模块"分别是：硬件建设模块、老物件整理模块、口述历史模块、文化创意与宣传模块，都有明确的责任分工。例如，安定门街道办事处主要负责政策的把握和物理空间的提供。对外经济贸易大学公共文化服务研究中心主要是负责定基调、把方向、抓质量，确保工作不"荒腔走板"，沿着正确轨道开展。东城区社工联合会负责组织召集社工人员，执行具体的口述历史和资料整理等工作。在社区组织的基础上，老物件陈列室的工作人员主要进行老物件的归类整理，以及负责协调居民群众的参与工作。

目前，口述历史的工作已经逐步展开。口述历史的目的是唤起乡愁、回忆乡愁和牢记乡愁，进一步提升社区居民的荣誉感、自豪感，进一步提升社区居民的向心力、凝聚力，以点带线、以线带面，以时间为纵轴，通过新旧对比，串联起居民对钟楼湾历史沿革的美好回忆，进一步坚定社区居民的文化自信。口述历史的工作原则有以下六点。一是上面提到的"三契合原则"。二是培育组织原则。以文化为纽带，通过口述历史活动，整合老物件陈列室的工作人员、热心文化的志愿者和社区夜巡队等多方力量，形成社区治安巡逻、环境保护核心组织。三是实事求是原则。不做过多拔高、渲染，力求平铺直叙，还原生活本色。四是短小精悍原则。本着有利于传播、有利于记忆，制作简短的视频或录音，配合简洁的文字，便于受众阅读和记忆。五是贴近生活原则。用老百姓的话说老百姓的事，抒发老百姓的内心情感，给人以深刻、形象的启迪。六是准备充分原则。要拟定中性采访提纲，高度重视第一次约见，注重采访现场的环境氛围。

口述历史的主要任务就是挖掘、采集、保存、整理口述者的历史记忆。口述历史不仅是对当事人的简单采访和记录工作，更是对历史事实的真实复原和展现的过程。历史记忆是口述历史的基础，发掘历史记忆是口述历史的主要工作，但受口述者生理、心理及社会环境因素等影响，这些都在一定程度上影响着口述历史的真实性和准确性。

当然，我们的工作还有很多。口述历史只是我们工作的一个方面，后期工作还包括的老物件展览室建设、文宣、老物件的开发和活化工作等。虽然任务艰巨，但是前景广阔，也希望在座的同人，能够给予我们支持和帮助。

中国文化的传扬是一个系统工程，是一个传播工程，同时也是一项艰难的幸福工程。唯其文化才能把我们联系在一起，也唯其文化才能让我们心心相印，相互关照，才能不但在心灵中相互慰藉、相濡以沫，还能在浩瀚的海洋中自由驰骋，相忘于江湖，这也是文化关怀的时代价值。

# 社区公益慈善文化传承与创新：思诚社区案例介绍

王衍臻❶

自古以来，人类就生活在聚落、村落之中，传统村落不仅仅是居住的地方，更是一个生活共同体。在现代城市管理中，把城市居民委员会管辖的范围称作"社区"，期望把不同文化背景、居住在一个小区或一个区域内的人们，凝聚成为有共同文化认同、价值认同，且自觉遵守社区规则的人类生活共同体。自古以来，居住在生活共同体里的人们，就对公益和慈善活动有着深刻的认识，可以说，没有公益慈善就不存在生活共同体，就没有人类的生存和发展。进入新时代，作为社区公益慈善的践行者，对社区公益文化的传承与创新有一些新的思考和感悟，愿意与同行者分享，共同把社区公益慈善文化传承下去，并结合时代要求创新发展。

## 一、我国传统文化中的公益和慈善精神

从系统科学的观点看，几千年形成的中华民族传统文化体系是一个完整的文化生态系统，其中，向上、向善、天下为公等价值、伦理是其核心内容。运用大数据在传统典籍中搜索，善、慈、孝、仁、公、益这些字词在 3 000 年前的《华夏元典》中就已经使用，并作为治国平天下的核心价值。《周礼》中记载，以保息六养万民：一曰慈幼，二曰养老，三曰振穷，四曰恤贫，五曰宽疾，六曰安富。周礼中有 11 处提到善。

老子的《道德经》五千言，就用了 52 个"善"，7 个"慈"。"天下皆知美之为美，斯恶矣；皆知善之为善，斯不善已。"从这一段可以体会到，美和善是人类的共同追求，但是，美和善都具有相对性和复杂性，不能绝对化和简单化。"万物作焉而不辞。生而不有，为而不恃，功成而弗居。夫唯弗居，是以不去。"就是说，做大事、善事都不能有私心、功利心，功成不在自我，不能占为己有。"上善若水。

---

❶ 王衍臻（1960—），男，黑龙江省哈尔滨市人，北京市思诚社区公益基金会秘书长。

水善利万物而不争，处众人之所恶，故几於道。居善地，心善渊，与善仁，言善信，正善治，事善能，动善时。夫唯不争，故无尤。善建者不拔。善抱者不脱。子孙以祭祀不辍。修之于身，其德乃真；修之于家，其德乃馀；修之于乡，其德乃长；修之于邦，其德乃丰；修之于天下，其德乃普。故以身观身，以家观家，以乡观乡，以邦观邦，以天下观天下。吾何以知天下然哉？以此。"真正的善就是符合大道的指引，符合自然和人类社会的发展规律，一个人、一个家庭、一个民族和国家，都是要追求善，有向上、向善的能力，才能成其久远。在老子看来，追求善、选择善、实现善，是通向道的必由之路。

老子对孝慈也非常推崇，《道德经》中有7处提到"慈"。"六亲不和有孝慈。""我有三宝持而保之：一曰慈，二曰俭，三曰不敢为天下先。慈故能勇，俭故能广，不敢为天下先故能成器长。今舍慈且勇，舍俭且广，舍后且先，死矣！夫慈以战则胜，以守则固。天将救之以慈卫之。"慈幼孝老是人之本性，是人类生生不息的动力源，是人们勇敢生活、保家卫国的勇气源泉，也是归宿，只讲勇，而失去慈的本源，那只能是死路一条。

《道德经》对"公"和"益"也有论述。《道德经》有6处提到"益"。"知常曰明。益生曰祥。""不知常，妄作凶。知常容，容乃公，公乃全，全乃天，天乃道，道乃久，没身不殆。"能够包容是天地之大道和大德，是公而无私之作为，这样才能与大道合其一，与天地共长久，与日月同辉煌，就算出生入死，也生得健康，死得其所，就不会遇到什么灾难而危害自身发展，实现生生不息。

善和孝慈，公和益也是儒家思想的核心理念，《论语》中有42处"善"字。子曰："三人行，必有我师焉，择其善者而从之，其不善者而改之。"这是作为君子修身向善的自我激励。子曰："临之以庄则敬，孝慈则忠，举善而教不能则劝。"在孔子及其弟子看来，孝慈是做人的根本，君子务本，本立而道生。《礼记》曰："先王之所以治天下者五：贵有德，贵贵，贵老，敬长，慈幼。"周王治理天下的合理性在于他珍惜有道德的人，尊重群众领袖，孝敬老人，尊敬长者，培育下一代。"大道之行也，天下为公，选贤与能，讲信修睦。故人不独亲其亲，不独子其子，使老有所终，壮有所用，幼有所长，矜、寡、孤、独、废疾者皆有所养，男有分，女有归。"孔子发现，一个正常发展的社会，必然是一个公道的社会，掌握公权力者，不能自私自利。子曰："益者三乐，损者三乐。乐节礼乐，乐道人之善，乐多贤友，益矣。乐骄乐，乐佚游，乐宴乐，损矣。"孔子发现，有益于个人的喜好有三种，有害的喜好有三种，以礼乐调节自己、以称道别人的好处、以有许多贤德之友为喜好，这是有益的；喜好骄傲、闲游、大吃大喝，这些都是有害的。子曰：

"己欲立而立人，己欲达尔达人，夫仁也。"既然社会谁也离不开谁，那么，仁爱是人与人相处的"种子"，关心他人、利益他人是与人和睦相处、共同成长的法宝。

孟子在总结孔子思想的基础上，对发展农耕文明提出了自己的理想："乡田同井。出入相友，守望相助，疾病相扶持，则百姓亲睦。"建设生活共同体的乡村国家，是孟子的理想与追求，也是我们中华民族世世代代的理想和实践探索。当代社会的农村和城市，不仅仅是乡田同井，水、电、暖、通、路等无一不是共同拥有，共同使用，共同维护，谁也离不开公共设施，我们仰望同一片蓝天，呼吸同样的空气，谁都不能独善其身。孟子曰："见孺子将入井，人人皆有恻隐之心，人人皆有不忍之心。"当看到一个小孩子掉到井里，不管是否认识这个小孩子，你都会觉得很不忍心，想要拉他一把，这个善心就是公益慈善的精神，是人人皆有的。因此，在当代，公益和慈善应该成为我们的核心价值和信仰，并在传统公益慈善文化的基础上发扬光大。

## 二、思诚社区公益基金会应运而生

有人问我，为什么热心建立社区基金会？我在街道和社会建设办公室工作的时候，遇到很多社区问题，这些都是一些长期积累下来却又长期得不到解决的老大难问题，政府财政没法管，市场企业无盈利不能管，群众想管不知道咋管。比如，老旧小区物业管理、胡同和小区停车、公共空间管理等。还有，如何把社区资产转化为社区公益资本，破解管理中的人、财、物的资金和用人难题；生活中有的家庭突遇不测，需要紧急救助，公共财政又没有这笔预算；一些企业和个人想捐款给社区，发展社区文化、教育和公益事业，但社区居委会没有自己的账户，不能接受捐赠等。这些都是群众需要解决的公益服务问题，需要有一个合法合规、民主公开的资金管理和公益服务组织平台。所以，我一直在考虑如何解决这些问题。

2014 年，机缘来了。东城区被民政部确定为"全国社区治理和服务创新实验区"，时任中国国际民间组织合作促进会副理事长兼秘书长的黄浩明找到我，提出想在北京市成立首家基金会，希望我能参与筹备，并说服有关领导批准注册。我找到时任东城区民政局主管社区工作的李小洁副局长讨论社区治理和服务创新试验区建设的创新举措。我们认为，作为全国的试验区，应该培育成立首都首家社区基金会，开首都社区治理之风气。我又找到其所居住的朝阳门街道工委书记陈大鹏、主任陈志坚，他们也认为社区基金会是新时期社区治理的需要，支持在朝阳门街道试点开展工作，并委托分管社区建设的宗靖副主任参与筹备工作。北京市社会组织管理办公室主任温庆云率领工作组来朝阳门街道调研，表示支持社区基金会的探索与实践。就这样，共识促进行动，由中国国际民间组织合作促进会、桃源居公益事业发展基金会和爱德基金会三家共同出资 400 万元，北京市东城区社会组织指导服务中心和朝阳门街道办事处提供办公场地和人力支持。在各方面的积极努力下，北京市首家社区基金会于 2015 年 7 月开张营业了，开启了首都社区基金会发展的新探索。

## 三、思诚明善，公益奉献，服务首都社区发展

朝阳门地区的部分胡同在明朝时期叫作思诚坊，思诚是中华传统文化的核心思想之一，明善、思诚、修身、齐家、治国、平天下，讲诚信自古以来是立身之本，也是当代社会主义核心价值观的重要内容。社区基金会的文化根基、价值理念必须根植于中华文化沃土，同时运用现代管理运行方式，才能让首都的社区居民接受，才能不断发展壮大。经我提议，理事会筹备组决定将"思诚"作为社区基金会的字号。

会标的设计体现了社会和社区居民对思诚社区基金会的期许，也体现了思诚公益人的愿景、使命和奋斗路径。以共建有爱、有礼、有信和谐社区为愿景，通过搭建社区公益慈善平台，社区基金会与社区、社会组织和社工"四社"联动，助力社区公益事业、改善社区民生、促进社区共建、共治与共享，推动建设幸福和谐的美好家园。

思诚社区基金会从筹备，到探索、成长，已经走过 5 个年头，回顾几年来的历程，思诚人没有忘记初心，克服各种困难砥砺前行，为社区公益事业再辟蹊径。为了更好地总结经验，感恩所有遇见的人和事，特出此刊，敞开心扉，公开透明运作，接受社会和捐赠者的监督。